Neueste Entwicklungen zum Glücksspielstaatsvertrag

SCHRIFTENREIHE ZUR GLÜCKSSPIELFORSCHUNG

Herausgegeben von Tilman Becker

Band 10

PETER LANG

Frankfurt am Main · Berlin · Bern · Bruxelles · New York · Oxford · Wien

Tilman Becker (Hrsg.)

Neueste Entwicklungen zum Glücksspielstaatsvertrag

Beiträge zum Symposium 2011 der Forschungsstelle Glücksspiel

PETER LANG
Internationaler Verlag der Wissenschaften

Bibliografische Information der Deutschen Nationalbibliothek
Die Deutsche Nationalbibliothek verzeichnet diese Publikation in der Deutschen Nationalbibliografie; detaillierte bibliografische Daten sind im Internet über http://dnb.d-nb.de abrufbar.

ISSN 1861-759X
ISBN 978-3-631-63446-2

www.peterlang.de

Vorwort des Vorsitzenden des Beirates und des Kuratoriums

Dr. Wolfgang G. Crusen

Die Forschungsstelle Glücksspiel an der Universität Hohenheim führte am 24. März 2011 zum 8. Mal ihr Symposium durch. Während im Jahr 2010 das Symposium sich mit dem Thema „Zwischenbilanz zum Glücksspielstaatsvertrag für Lotterien und Sportwetten befasste, lag in diesem Jahr der Schwerpunkt bei dem Thema „Neueste Entwicklungen zum Glücksspielstaatsvertrag".

Die Evaluierungsphase des derzeit noch gültigen Staatsvertrages ist abgeschlossen und zum Zeitpunkt des Symposiums befand man sich auf der Zielgeraden der letzten neun Monate, bis der neue Vertrag seine Gültigkeit erhalten soll.

Schon beim ersten Vortrag wurde erkennbar, dass es den 16 Bundesländern bisher nicht gelungen war, einen in sich konsistenten Vertrag, der das gesamte Glücksspielumfeld in der Bundesrepublik erfasst, vorzulegen.

Es wäre wenig zielführend, wenn lediglich auf Länderebene nur wieder ein Kompromiss auf dem kleinsten gemeinsamen Nenner erreicht wird. Dies würde einmal mehr zeigen, dass der föderative Aufbau unseres Landes auch bei dem Thema Glücksspiel an seine politischen Grenzen stößt.

Begrüßenswert – ja notwendig – wäre, dass alle 16 Bundesländer ein einheitliches Konzept verabschieden, das auch vom Bund mitgetragen wird. Dies umso mehr als der große Bereich der rund 235.000 Glücksspielautomaten mit einem Umsatzvolumen von mehr als € 3,9 Mrd. in eine Gesamtkonzeption der Kanalisierung des Glücksspiels, das besonders auch die Suchtpotentiale der einzelnen Glücksspielarten berücksichtigt, einbezogen werden sollte.

Die Forschungsstelle hat der Politik hierzu vielfältige Anregungen gegeben.

Die Forschungsstelle, die inzwischen schon Nachahmer gefunden hat, konnte sich auch im Jahr 2011 weiter positiv entwickeln.

Neben internen Verbesserungen wie dem Internetauftritt, der noch mehr als bisher aktuelle Entwicklungen im Glücksspielmarkt aufzeigt und analysiert, konnten auch die internationalen Kontakte weiter ausgebaut werden.

Inzwischen kann die Forschungsstelle auf eine mehr als sechsjährige erfolgreiche Tätigkeit zurückblicken. In der interdisziplinär arbeitenden wissenschaftlichen Leitung sind inzwischen mehr als 25 Wissenschaftler und Experten aus den unterschiedlichsten Fachdisziplinen sowie Universitäten und wissenschaftlichen Einrichtungen tätig.

In Abstimmung mit dem Beirat legt die Wissenschaftliche Leitung das Forschungsprogramm und die Verwendung der Mittel fest, die der Forschungsstelle zur Verfügung stehen. Dabei zeigt sich immer wieder, dass der nicht nur vom Umsatzvolumen bedeutende Glücksspielmarkt nach wie vor zu wenig untersucht worden ist. Umso mehr ist die Forschungsstelle auch weiterhin auf externe Mittel angewiesen, um die vielfältigen Themen zu bearbeiten. Gerade der Förderverein bietet sich daher für Interessenten an, die an einer engeren Zusammenarbeit interessiert sind.

Ich freue mich mitteilen zu können, dass Herr Professor Becker in diesem Jahr für eine weitere Amtsperiode als geschäftsführender Leiter der Forschungsstelle bestätigt wurde.

Auch im Namen des Kuratoriums und Beirates danke ich ihm und seinem Team ganz herzlich für die erfolgreiche Tätigkeit, die auch in dem Themenspektrum und der Organisation des diesjährigen Symposiums wieder ihren Niederschlag gefunden hat.

Vorwort des Geschäftsführenden Leiters der Forschungsstelle

Prof. Dr. Tilman Becker

Das achte Symposium Glücksspiel am 24. und 25. März 2011 stellte eimal mehr den Glücksspielstaatsvertrag in den Mittelpunkt. Etwa 200 Teilnehmer informierten sich über rechtliche Aspekte und erfuhren darüber hinaus Wissenswertes über den aktuellen Stand der epidemiologischen Forschung, Möglichkeiten des Spielerschutzes sowie zahlreiche weitere Themen. Der vorliegende Konferenzband fasst die wesentlichen Ergebnisse der Tagung zusammen.

Im ersten Beitrag liefert Staatssekretär Salvatore Barbaro vom Ministerium der Finanzen Rheinland-Pfalz einen Etappenbericht über den deutschen Weg zum Glücksspielstaatsvertrag. Dem schließen sich zwei Beiträge zum viel diskutierten Begriff der Kohärenz an: Zum einen stellt Professor Siegbert Alber, Generalanwalt am EuGH a.D., die europarechtliche Sicht dar, zum anderen geht Joachim Brückner von der Universität Hohenheim auf die verfassungsrechtliche Perspektive ein. Professor Alber erläutert zunächst den Begriff der Kohärenz, bevor er die Anwendbarkeit im europäischen Kontext untersucht. Joachim Brückner, dessen Beitrag hier als Foliensatz berücksichtigt ist, stellt sich der Frage, ob das Bundesverfassungsgericht dem Kohärenzgebot des Europäischen Gerichtshofs mit einer verfassungsrechtlichen Argumentationslinie folgen wird.

Im nachfolgenden Beitrag beleuchtet Professor Joachim Englisch von der Universität Münster die rechtlichen Rahmenbedingungen für die Besteuerung des Online-Marktes, da aktuell die Möglichkeit einer teilweisen oder vollständigen Öffnung dieses Marktsegments diskutiert wird. Professor Holger Kahle von der Universität Hohenheim nimmt sich im folgenden Beitrag der Besteuerung von Sportwetten an. Auch in seiner Betrachtung spielt der Online-Markt eine Rolle, da die meisten Sportwetten mittlerweile im Internet abgeschlossen werden. Informationen zur Besteuerung aus Sicht der Praxis liefert Doktor Norman Albers, Vorstandssprecher des Deutschen Buchmacherverbands. Er schließt mit der Empfehlung für einen „Policy-Mix" aus verhaltenslenkenden Rahmenbedingungen (z. B. Jugendschutz, Selbstlimitierungen) in Verbindung mit einer „angemessenen Besteuerung".

Von den folgenden beiden Vorträgen – die „Darstellung des Glücksspiels in der Medienberichterstattung" (Professor Schenk, Universität Hohenheim) sowie der Vorstellung erster Ergebnisse aus dem PAGE-Projekt (Pathologisches Glücksspiel und Epidemiologie, Nadin Kastirke, Universität Greifswald) liegen leider keine Beiträge vor. In der Zwischenzeit sind im Internet jedoch Veröffentlichungen zum PAGE-Projekt einsehbar.[1]

Professor Häfeli von der Hochschule Luzern stellt nachfolgend ein Konzept für einen „individualisierten Schutz als Grundlage einer spielerzentrierten Regulierung des Glücksspielsektors" vor. Das Konzept folgt der Idee, dass jeder Mensch unterschiedliche Anforderungen an Schutzmechanismen hat. Seinem Beitrag folgt der Foliensatz von Professor Gerhard Bühringer: „Untersuchung zur Evaluierung der Novelle der Spielverordnung". Professor Bühringer stellt die Ergebnisse aus Befragungen von Besuchern und Betreibern von Spielhallen, eigenen Betrachtungen und Experteninterviews vor und zeigt konkrete Handlungsempfehlungen auf. Ergänzend zu dieser Thematik geht Professor Frank Peters, Richter am Oberlandesgericht Hamburg a.D. auf die Sinnhaftigkeit der Spielverordnung und die Zulassungspraxis der Physikalisch-Technischen Prüfanstalt ein.

Der Frage, wie Online-Spielhallen rechtlich einzuordnen sind, geht Professor Jörg Ennuschat (Universität Konstanz) in seinem Beitrag „Online-Spielhallen im Schnittfeld von Gewerbe-, Glücksspiel- und Medienrecht" nach. Mein eigener Beitrag schließlich beziffert die sozialen Kosten des Glücksspiels nach den „International Guidelines for Estimating the Costs of Substance Abuse" der World Health Organization (WHO). Diese Richtlinien stellen den weltweit akzeptieren methodologischen Standard für die Berechnung der Kosten des Substanzmissbrauchs dar.

Den letzten Beitrag des Symposiums steuerte Ingo Fiedler von der Universität Hamburg bei. Er konzentrierte sich auf Online-Poker in Deutschland, ein Spiel, das sich in kürzester Zeit zu einem Milliardenmarkt entwickelt hat und, obwohl zwar nicht legal, in Deutschland außerordentlich beliebt ist.

Den Abschluss des Bandes bilden das Programm des Symposiums sowie eine Zeittafel mit dem Rückblick auf die wichtigsten Ereignisse in 2011.

---

1 Vortragsfolien zu diesem Thema finden sich im Internet unter http://www.gluecksspielsucht.de/materialien/handout2011/tagung2010_PAGE_Meyer.pdf; der Endbericht ist unter http://www.jogoremoto.pt/docs/extra/FooxpP.pdf abrufbar (beide eingesehen am 04.06.2012).

Mein herzlicher Dank gilt allen Referenten, Teilnehmern und Mitwirkenden, die zum Gelingen der Veranstaltung beigetragen haben, sowie insbesondere auch allen Beitragenden zum vorliegenden Konferenzband. Mit Spannung sehen wir dem nächsten Symposium entgegen, das neben dem Dauerthema Glücksspielstaatsvertrag wie gewohnt auch wieder zahlreiche weitere interessante Aspekte ansprechen wird.

Mein ganz besonderer Dank gilt Frau Andrea Wöhr, die für die redaktionelle Erstellung dieses Symposiumsbandes verantwortlich war.

Inhaltsverzeichnis

ONLINE-SPIELHALLEN IM SCHNITTFELD VON GEWERBE-, GLÜCKSSPIEL- UND MEDIENRECHT
(PROF. DR. JÖRG ENNUSCHAT)

SOZIALE KOSTEN DER VERSCHIEDENEN FORMEN DES GLÜCKSSPIELS
(PROF. DR. TILMAN BECKER)

DER DEUTSCHE MARKT FÜR ONLINEPOKER: UMFANG UND SPIELVERHALTEN
(INGO FIEDLER / ANN-CHRISTIN WILCKE)

ANHANG:

Auf dem Weg zum Glücksspielstaatsvertrag: ein Etappenbericht

Salvatore Barbaro[1]

In der chronologischen Abfolge ist zunächst für die Gestaltung des Glücksspielrechts in Deutschland ein Urteil des Bundesverfassungsgerichts (BVerfG) vom 28. März 2006[2] zum bayerischen Recht von Bedeutung.

Grundsätzlich akzeptiert das Bundesverfassungsgericht, dass die Bekämpfung der Spielsucht, des problematischen Spielverhaltens sowie die Begrenzung der Spiel- und Wettleidenschaft ein hohes Gut des Allgemeinwohls darstellt, das ein staatliches Monopol und damit die Beschränkung der Berufsfreiheit nach Art.12 GG rechtfertigt. Voraussetzung hierfür ist jedoch, dass sowohl das Gesetz als auch die tatsächliche Durchführung diese legitimen Ziele verfolgen.

Für die konsequente Ausgestaltung des Monopols ist es aus Sicht des BVerfG notwendig, dass materiell-rechtliche und organisatorische Maßnahmen getroffen werden, die sich streng an dem Ziel der Suchtbekämpfung ausrichten. Dazu gehören auch folgende Überlegungen:

Die Finanzierung gemeinnütziger Zwecke (Sport, Kultur, Umwelt) über das öffentliche Glücksspiel wurde als sehr kritisch eingestuft, da vermeintlich die Finanzierung öffentlicher Aufgaben einen latenten Anreiz zur Ausweitung des Spielangebotes darstelle. Dieses Spannungsverhältnis zwischen fiskalischen Interessen einerseits und der Eindämmung des natürlichen Spieltriebes andererseits soll aufgelöst werden.

Darin liegt ein Bruch mit einer guten Tradition. Denn gerade die Belastung einer Lotterie oder Sportwette mit zusätzlichen Kosten für die Finanzierung gemeinnütziger Zwecke reduziert den Spielraum des Veranstalters, ein attraktiveres Produkt anzubieten.

---

1 Dr. Salvatore Barbaro ist Staatssekretär im Ministerium der Finanzen Rheinland-Pfalz.
2 BVerfG, Urteil vom 28. März 2006 – 1 BvR 1054/01.

Die Anzahl der Annahmestellen ist zu reduzieren, damit das Glücksspiel nicht wie jedes beliebige Wirtschaftsgut angeboten werden kann. Der Vertrieb über Internet und Mobiltelefone ist einzuschränken bzw. ganz einzustellen.

Die Einhaltung der Anforderungen an diesen Eingriff in die Berufsfreiheit ist durch eine geeignete Kontrollinstanz sicher zu stellen, die eine ausreichende Distanz zu den fiskalischen Interessen des Staates aufweist.

Der derzeit gültige Staatsvertrag zum Glücksspielwesen in Deutschland (Glücksspielstaatsvertrag) wurde an diesen Vorgaben ausgerichtet und ist seit 1. Januar 2008 in Kraft. Das Gesetz ist bis zum Ablauf dieses Jahres befristet, daher sind zum 1. Januar 2012 neue Regelungen für den Bereich des Glücksspielrechts zu erlassen.

Bei der Neuregelung, die gerade von der Ministerpräsidenten-Konferenz diskutiert wird, ist auch die Weiterentwicklung der Rechtsprechung zu beachten. Im Einzelnen sind die jüngsten Urteile des Europäischen Gerichtshofes (EuGH) vom 8. September 2010 zu Vorlageverfahren aus Deutschland (*Rechtsachen Stoß, Carmen Media, Winner Wetten*) zu erwähnen.

Rechtssache Stoß[3]*:*

Nach den Ausführungen des EuGH ist ein Monopol grundsätzlich geeignet, den Wirtschaftsbereich „Glücksspiel" in kohärenter und systematischer Weise im Einklang mit dem europäischen Recht zu begrenzen.

Das Zusammenspiel von Werbung für das zugelassene Angebot mit der Ausweitung von Glücksspielen mit höherem Suchtgefährdungspotential (gewerbliches Spiel) kann berechtigten Anlass zur Schlussfolgerung geben, dass das Monopol nicht vornehmlich zur Vermeidung von Spielsucht und der Bekämpfung der Begleitkriminalität eingerichtet ist. Vielmehr könnte dabei die Erzielung von Einnahmen im Vordergrund stehen.

Sofern dieser Eindruck bei dem nationalen Gericht, dessen Feststellungen maßgeblich sind, entstanden ist, stehen die Regelungen in Widerspruch zur Dienst-

3 EuGH, Urteil vom 8. September 2010 – C-316/07 (Stoß).

leistungsfreiheit. Wiederholt wird erklärt, dass ein Land die von einem anderen Mitgliedstaat erteilte Erlaubnis nicht anerkennen muss.

Probleme beim Vollzug des Monopols etwa bei Angeboten im Internet sind nicht dazu geeignet, die Einrichtung des Monopols rechtlich zu gefährden.

Rechtssache Carmen Media[4]:

Der Kläger hat eine Erlaubnis aus Gibraltar, welche ihn berechtigt, im europäischen Ausland Sportwetten anzubieten. Gleichzeitig wird jedoch nicht ermöglicht, auf dem Hoheitsgebiet von Gibraltar tätig zu werden. Diese Einschränkung des Erlaubnisinhalts steht der Anwendung der Dienstleistungsfreiheit nicht entgegen.

Bei der Ermessensausübung im Rahmen des Erlaubnisverfahrens ist mit Blick auf die europäische Dienstleistungsfreiheit der Grundsatz der Transparenz zu beachten und diesbezüglich ein effektiver gerichtlicher Rechtsbehelf vorzuhalten.

Bei der Errichtung eines Monopols – und das spielt für den neuen Glücksspiel-Staatsvertrag eine Rolle – kann für ein Glücksspiel der Internetvertrieb verboten sein, auch wenn über andere Vertriebswege dieses Glücksspiel angeboten werden darf.

Rechtssache Winner Wetten[5]:

Der EuGH hat entschieden, dass soweit ein nationales Gericht zu dem Schluss kommt, die nationalen Gesetze zur Beschränkung des Sportwettangebots stehen nicht im Einklang mit dem EU-Recht, insbesondere der Dienstleistungsfreiheit, ein sofortiger Anwendungsvorrang des europäischen Rechts eintritt.

Dies gilt auch, wenn die nationale Regelung dem Schutz der Allgemeinheit dienen sollte und durch den Wegfall der Regelung Rechtsunsicherheit entsteht. Hier ist die Feststellung des Sachverhalts des nationalen Gerichtes maßgeblich.

---

4 EuGH, Urteil vom 8. September 2010 – C-46/08 (Carmen Media).
5 EuGH, Urteil vom 8. September 2010 – C-409/06 (Winner Wetten).

Nach der angeführten Rechtsprechung und der darin vom EuGH geforderten Gesamtkohärenz der Regelungen spielt bei der künftigen Gestaltung nun auch die Gesetzgebungskompetenz des Bundes eine größere Rolle. Bereits beim Abschluss des derzeit gültigen Glücksspielstaatsvertrages im Jahr 2007 haben die Ministerpräsidenten der Länder den Bund aufgefordert, sich der restriktiven Regelung anzuschließen. Dem ist der Bundesgesetzgeber bisher nicht gefolgt.

Zur praktischen Ausgestaltung des Glücksspielmonopols der Länder ist vom Bundesverwaltungsgericht (BVerwG) am 24. November 2010[6] eine Entscheidung ergangen. Diese stellt auf die Urteile des Europäischen Gerichtshofes ab und bildet einen weiteren Rahmen für die nationale Gesetzgebung.

Das BVerwG sieht die Werbung eines Monopolträgers mit der gemeinnützigen Verwendung der Mittel als unzulässig an. Dabei ist auf den Empfängerhorizont eines nicht zum Wetten entschlossenen Bürgers abzustellen. Der Kanalisierungsauftrag nach dem Glücksspielstaatsvertrag erlaube keine andere Sicht. Bei einer unzulässigen Werbepraxis des Monopolträgers, so die Folgerung daraus, entfällt die verfassungsrechtliche Rechtfertigung des Eingriffs in die Berufsfreiheit.

Insgesamt sind die Regelungen des gesamten Glücksspielbereiches zu betrachten. Dabei spielt es keine Rolle, welcher Gesetzgeber regelungsbefugt ist. Dies ist gerade in der föderalistischen Struktur ein Problem und führt zu einem faktischen Vetorecht.

Konzessionsregelungen von Glücksspielarten mit höherem Suchtpotential, wie bspw. Spielhallen, allein laufen nicht dem Zweck der Suchtbekämpfung zuwider. Es hängt vielmehr von der Eignung der Regelung zur wirksamen Bekämpfung der Suchtgefahr und von deren konsequenter Umsetzung ab.

Ausreichende Feststellungen der Vorinstanz lagen nicht vor, daher wurde das Verfahren zurückverwiesen. Dabei sind die Grundsätze des EuGH vom 8. September 2010 zu beachten.

6 BVerwG, Urteil vom 24. Oktober 2010 – 8 C 15.09.

Verfahrenstechnische Umsetzung:

Die Ministerpräsidenten der Länder haben bereits frühzeitig eine Arbeitsgruppe zur Zukunft des Lotteriemonopols ins Leben gerufen. Diese hat sich mit allen Facetten des Glücksspiels befasst.

Unter anderem wurde eine interdisziplinäre Studie beim Schweizerischen Institut für Rechtsvergleichung in Auftrag gegeben, damit die verschiedenen internationalen Regelungen in diesem Sektor näher beleuchtet werden. Diese umfassende wissenschaftliche Arbeit wurde dann Grundlage einer Anhörung sämtlicher Interessenvertreter. Die Anhörung bestand aus einem schriftlichen und einem mündlichen Teil. Auf Grundlage der schriftlichen Eingaben wurde ein umfassender Fragenkatalog entwickelt und an die Teilnehmer der Anhörung versendet. Im Rahmen einer mündlichen Anhörung konnten die anzuhörenden Parteien in Bezug auf den Fragenkatalog vortragen.

Nach der Auswertung des Anhörungsverfahren durch die Fachebene im Sommer des letzten Jahres wurden letztlich drei verschiedene Regelungsmodelle entwickelt, die zusammen mit den Ergebnissen der Studie sowie den Anhörungsergebnissen der Konferenz der Ministerpräsidenten zur Kenntnis gegeben wurden.

Neben diesen drei Modellen existieren weitere Ausarbeitungen der einzelnen Interessenvertreter. An dieser Stelle möchte ich mich jedoch auf die drei Modelle beschränken, die bislang der Ministerpräsidentenkonferenz vorgelegt wurden.

Bisheriger Grundkonsens sämtlicher Beteiligten ist die Beibehaltung des Lotteriemonopols der Länder. Dies wurde bereits in verschiedenen Beschlüssen der Ministerpräsidentenkonferenz festgelegt. Vor allem sollen die neuen Regelungen die Vorgaben der Rechtsprechung aufnehmen und umsetzen.

Ein Entwurf soll die Fortentwicklung der Rechtslage als „Monopol-Modell“ vorsehen. Ein „Erlaubnis-Modell“ soll eine Liberalisierung der Sportwetten ermöglichen. Daneben wurde ein Entwurf erstellt, der im Rahmen eines zeitlich befristeten „Experimentier-Modells“ eine bestimmte Anzahl von Sportwettkonzessionen zulässt.

Monopol-Modell:

Diesem Modell liegt der aktuell gültige und allseits bekannte Staatsvertrag zum Glücksspielwesen in Deutschland zu Grunde. Nach den Erfahrungen der letzten Jahre soll eine Fortentwicklung erfolgen.

Insbesondere der Entwicklung im Internet soll Rechnung getragen werden. Dem zunehmenden ausländischen Angebot an nicht in Deutschland erlaubten Lotterien und Sportwetten und der weiter steigenden Internetnutzung der Bevölkerung kann künftig ein staatliches Angebot entgegengestellt werden. Dabei wird auch der Zugang von Vermittlern der staatlichen Glücksspiele im Internet eröffnet. Dieser sehr sensible Bereich würde durch Einführung von Spieleridentifikation und Höchsteinsätzen für Spieler im Sinne des Spielerschutzes begleitet.

Darüber hinaus soll der Anwendungsbereich um Gaststätten und Spielhallen, soweit dort Geld- oder Warenspielgeräte mit Gewinnmöglichkeit aufgestellt sind, sowie um Pferdewetten erweitert werden. Um den Spielerschutz zu verbessern, sollen hier Identitätskontrollen durchgeführt werden. Dies dient der effektiven Durchsetzung von Spielersperren für pathologische Spieler.

Erlaubnis-Modell:

Neben der Fortentwicklung des Monopols im Bereich der Lotterien werden Anbieter von Sportwetten nach Prüfung verschiedener Kriterien nach einem Erlaubnisverfahren zugelassen. Die Anzahl der möglichen Erlaubnisse ist im vorliegenden Modell nicht begrenzt.

Im Übrigen ist der Entwurf geprägt von Regelungen zum Spieler- und Verbraucherschutz.

Des Weiteren richtet sich der Staatsvertragsentwurf an Betreiber von Spielhallen. Um den Spielerschutz zu verbessern, sollen künftig auch in Spielhallen Identitätskontrollen konsequent durchgeführt werden. Dies dient der effektiven Durchsetzung von Spielersperren für pathologische Spieler.

Experimentier-Modell:

Das Experimentier-Modell könnte als Kompromiss zwischen dem Monopol- und Erlaubnis-Modell bezeichnet werden. Im Rahmen einer zeitlichen Befristung soll dabei die Möglichkeit geschaffen werden, im Bereich der Sportwetten verschiedene Angebote zu erlauben.

Hierbei werden im Sinne des Spielerschutzes die persönliche Zuverlässigkeit und die wirtschaftliche Leistungsfähigkeit des Veranstalters geprüft. Die Transparenz des Auswahlverfahrens soll durch eine europaweite Ausschreibung sichergestellt werden.

Aktuelle Entwicklung:

Seit einem Treffen der Ministerpräsidenten der Länder am 10. März 2011 zeichnet eine Tendenz zur politischen Meinungsbildung ab. Die Vertreter von Rheinland-Pfalz (SPD) und Sachsen-Anhalt (CDU) können sich parteiübergreifend eine Erlaubnis von mehreren Sportwettveranstaltern vorstellen. Dies wurde auch in den letzten Wochen in der Presse berichtet. Der konkrete Regelungsgehalt soll auf einer Sonderkonferenz der Ministerpräsidenten am 6. April 2011 festgelegt werden.

Kohärenz aus europarechtlicher Sicht

Prof. Siegbert Alber[1]

Die Urteile des EuGH in den Rechtssachen Markus Stoß und Carmen Media[2] vom 8. September vergangenen Jahres haben in glücksspielinteressierten Kreisen wie eine Bombe eingeschlagen und seither ist das Wort „Kohärenz" in aller Munde. Mich hat es erstaunt, dass viele von diesen Urteilen so „beeindruckt" waren, denn so neu waren die Aussagen nicht. Wer die früheren EuGH-Urteile richtig gelesen hat und auch mal zwischen den Zeilen gelesen hätte, hätte diese Schlussfolgerung eigentlich selbst ziehen können.

Ich will zunächst die entscheidenden Aussagen aus dem jeweiligen Urteilstenor zusammengefasst und verkürzt zitieren. In dem sehr langen Urteilstenor in den verbundenen Rechtssachen Markus Stoß, Avalon, Happel, Kulpa, SOBO usw. hat der EuGH in der Ziffer 1d festgehalten:

> Stellt ein nationales Gericht sowohl fest, dass die Werbemaßnahmen des Inhabers eines Monopols darauf abzielen, den Spielbetrieb der Verbraucher zu fördern, und dass andere Arten von Glücksspielen von privaten Veranstaltern betrieben werden dürfen, als auch, dass in Bezug auf andere Arten von Glücksspielen die zuständigen Behörden eine Politik der Angebotserweiterung betreiben oder dulden, so kann es [das nationale Gericht] **berechtigten Anlass** zu der Schlussfolgerung haben, dass ein solches Monopol nicht geeignet ist, die Tätigkeiten in diesem Bereich in **kohärenter und systematischer Weise** zu begrenzen.

Also das nationale Gericht kann berechtigten Anlass haben... In vielen Zeitungsüberschriften hieß es dagegen, der EuGH erklärt das deutsche Spielrecht für ungültig, für europarechtswidrig usw. Eine solche Aussage würde der EuGH nie

---

1 Prof. Siegbert Alber, Generalanwalt am EuGH a. D., ist u. a. als Honorarprofessor am Europa-Institut der Universität des Saarlandes und als Mitglied der Wissenschaftlichen Leitung der Forschungsstelle Glücksspiel tätig.

2 Urteile in den Rsn. C-316/07 (Markus Stoß u. a.) sowie C-46/08 (Carmen Media), beide noch nicht in der amtlichen Sammlung veröffentlicht, jedoch unter http://curia.europa.eu abrufbar.

treffen. Er könnte dies auch nicht, denn dann entschiede er ja über das nationale Recht, was nicht in seine Kompetenz fällt.

Und in dem Urteil Carmen Media vom gleichen Tag hieß es an der entsprechenden Stelle: „Aufgrund des Vorrangs des Unionsrechts darf eine nationale Regelung, die Beschränkungen mit sich bringt, die nicht dazu beitragen, die Wetttätigkeiten in kohärenter und systematischer Weise zu begrenzen, nicht für eine Übergangszeit weiter angewandt werden." Das BVerfG hatte in seinem „Sportwetten-Urteil" eine solche Übergangsfrist ja gewährt.

Was bedeutet nun eigentlich Kohärenz? In vielen Glücksspielurteilen[3] spricht der EuGH davon, dass die nationalen Regelungen, die zu einer Beschränkung der Dienstleistungs- oder der Niederlassungsfreiheit führen, nur dann rechtfertigbar seien, wenn die mit ihnen angestrebten Ziele – fallbezogen wird insbesondere die Bekämpfung der Spielsucht und / oder der Begleitkriminalität genannt – **kohärent und systematisch** verfolgt würden. Insoweit kann man schon von einem Grundsatz der Kohärenz[4] [5] sprechen, der im Zusammenhang mit den Rechtfertigungsgründen der zwingenden Erfordernisse im Allgemeininteresse bzw. im Rahmen einer Verhältnismäßigkeitsprüfung zu beachten ist.

Der vom EuGH entwickelte Begriff der Kohärenz stammt eigentlich aus dem steuerrechtlichen Bereich, wo er allerdings etwas anderes bedeutet. Er geht auf die (Steuer-) Urteile Bachmann und Kommission / Belgien zurück[6], die beide den gleichen (Steuer-) Sachverhalt betrafen. In diesen Rechtssachen, die schon GA Gulmann in seinen Schlussanträgen zur ersten glücksspielrelevanten Rs.

---

3 So vor allem in den Rsn. C-243/01 (Gambelli, Slg. 2003, I-13031), C-203/08 (Sporting Exchange) und C-258/08 (Ladbrokes), (Markus Stoß u. a., Carmen Media sowie C-64/08 Engelmann; alle noch nicht in der amtlichen Slg. veröffentlicht).

4 Das Wort ist abgeleitet vom Lateinischen con haerere = zusammenhängen. Der an sich neutrale Wortteil ist auch im Begriff „semper aliquid haeret" = es bleibt immer etwas hängen, enthalten.

5 Hilf (in Grabitz/Hilf, Das Recht der Europäischen Union, Kommentar (40. Ergänzung 2009) Art. 1 EUV, Anm. 29 definiert die Kohärenz als das „Bemühen, um ein aufeinander abgestimmtes, zusammenhängendes Verhalten, das die gleiche Zielsetzung mit vergleichbaren Mitteln in verschiedenen Bereichen verfolgt und dadurch eine widerspruchsfreie Politik ermöglicht".

6 Urteile vom 28.01.1992 in den Rsn. C-204/90 (Bachmann, Slg. 1992, I-249) und C-300/90 (Kommission/Belgien, Slg. 1992, I-305). Urteile vom 28.01.1992 in den Rsn. C-204/90 (Bachmann, Slg. 1992, I-249) und C-300/90 (Kommission/Belgien, Slg. 1992, I-305).

Schindler zitierte[7], ging es um eine Rentenbesteuerung. Der deutsche Staatsbürger Bachmann war in Belgien beschäftigt und steuerpflichtig. Er konnte dort aber seine Renten- und Versicherungsbeiträge, die er weiter in Deutschland einzahlte, nicht wie ein Belgier von der Steuer absetzen. Dies wurde damit begründet, dass ein Belgier später (als Ausgleich für den Steuerabzug) seine Rente versteuern müsse, was bei Herrn Bachmann nicht sicher sei, da er möglicherweise nach Deutschland zurückkehren werde, wo man von Belgien aus schwerlich seine deutsche Rente besteuern könne. Insofern war die Nichtabsetzbarkeit seiner Rentenzahlungen von der belgischen Steuer kohärent.

Die Regelung betraf zudem einen einheitlichen, zusammenhängenden Vorgang und bezog sich auch auf nur eine einzige Person, was für den EuGH von besonderer Bedeutung ist. Um auf den Rechtfertigungsgrund der Kohärenz in Steuersachen zurückgreifen zu können, hat ihn der Gerichtshof nämlich – wie alle Ausnahmetatbestände – eng begrenzt. Wenn ein unmittelbarer Zusammenhang fehlt, z. B. weil es um verschiedenartige Steuern geht, oder weil es sich um eine steuerliche Behandlung verschiedener Steuerpflichtiger handelt, kann nicht geltend gemacht werden, dass es sich um die Kohärenz des Steuersystems handelt[8]. In einer Steuersache soll mit der Kohärenz zumeist nichts anderes erreicht werden als die Vermeidung einer Doppelbesteuerung oder die Gewährleistung, dass ein Vorgang überhaupt (einmal) besteuert wird. Der Begriff „Konsequenz" wäre insoweit wohl geeigneter. Da sich der Terminus „Kohärenz" jedoch schon eingebürgert hat, soll er auch beibehalten werden.

Den Begriff der Kohärenz bezeichnete Generalanwältin Kokott in der Nr. 51 ihrer Schlussanträge in der (Steuer-) Rs. Maninnen[9] als einen etwas diffusen Begriff, weil es ihr auch um seine Ausweitung auf verschiedene Steuersachverhalte ging, worauf der Gerichtshof allerdings nicht einging. Anders verhält sich der EuGH dagegen im Bereich der Glücksspiele. Hier kann es im Hinblick auf die Kohärenz in der Tat um verschiedene Glücksspielarten gehen. Insofern wäre auch der Begriff „Stimmigkeit" angebracht. Die „Andersartigkeit" der Kohärenz in Glücksspielfällen wird jedoch dadurch behoben, dass der EuGH nicht nur ver-

---

7 Schlussanträge vom 16.12.1993 in der RS. C-275/02 (Schindler, Slg. 1994, I-1039).

8 S. dazu Urteil vom 13.04.2000 in der Rs. C-251/98 (Baars, Slg. 2000, I-2787) Randnr. 40 – mit Schlussanträgen Alber vom 14.10.1999 – sowie Urteil vom 18.09.2003 in der Rs. C-168/01 (Bosal, Slg. 2003, I-9409) – mit Schlussanträgen Alber vom 24.09.2002.

9 Schlussanträge vom 18.03.2004 und Urteil vom 07.09.2004 in der Rs. C-319/02 (Maninnen, Slg. 2004, I-7480).

langt, dass eine Regelung kohärent ist, sondern dass die Rechtfertigungsgründe **kohärent und systematisch** verfolgt werden müssen.

Da es im Glücksspielbereich i. d. R. nicht nur um einen einzigen Vorgang und um eine einzige Person geht, wird die Kohärenz auch untergliedert in eine vertikale und in eine horizontale Kohärenz.

Bei der horizontalen Kohärenz werden mehrere unterschiedliche Spielarten miteinander verglichen. Dies bedeutet zwar nicht, dass alle Spielarten gleich geregelt werden müssen. Dies wäre nur nötig, wenn die Spiele aus der Sicht des Spielers austauschbar, also gleichartig wären. Handelt es sich dagegen im Hinblick auf den Spielzugang, die Ausgestaltung, die Durchführung sowie die Höhe der Einsätze und Gewinne u. dgl. jeweils um ein „aliud", sind abweichende Regelungen bedingt möglich[10]. Im Hinblick auf die Rechtfertigungsgründe – z. B. die Bekämpfung der Spielsucht – muss aber in der Gesamtschau der Rechtfertigungsgründe eine kohärente Politik betrieben werden. Wenn also bestimmte Spiele streng geregelt werden und andere, suchtgefährdendere praktisch gar nicht, kann eine solche Regelung als inkohärent angesehen werden. S. dazu insbes. die Urteile Markus Stoß u. a. und Carmen Media.

Die vertikale Kohärenz bezieht sich dagegen nur auf eine einzelne Spielart. Die vertikale Kohärenz ist z. B. nicht gegeben, wenn bei einer Spielart der Rechtfertigungsgrund der Bekämpfung der Spielsucht nicht stimmig verfolgt wird, weil z. B. Anreize für Spiele geschaffen werden, indem eine intensive Werbung für sie erlaubt ist, oder wenn das Spielangebot übermäßig ausgeweitet wird.

---

10 Die Frage der Gleichartigkeit und Austauschbarkeit hat z. B. auch in der französischen Rs. C-302/00 (Kommission/Französische Republik – Urteil vom 27.02.2002, Slg. 2002, I-2055) eine Rolle gespielt. Frankreich hatte damals schwarzen Tabak – den die Franzosen bevorzugt rauchen – gegenüber braunem Tabak steuerlich begünstigt. Die Einfuhr brauner Zigaretten wurde dadurch benachteiligt. Frankreich sah darin jedoch keine protektionistische Maßnahme und auch keine Diskriminierung ausländischer Hersteller, die überwiegend braune Zigaretten produzierten, denn jeder, der schwarze Zigaretten einführe, bekomme die gleiche Vergünstigung. Schwarze und braune Zigaretten könnten nicht miteinander verglichen werden. Verständlich, dass der EuGH der daraus abzuleitenden Argumentation nicht folgte, ein Liebhaber schwarzer Zigaretten würde – „spitz formuliert" – keine braunen rauchen, wenn es schwarze nicht mehr gäbe. (S. zu dieser Rs. auch die Schlussanträge von GA Alber vom 13.09.2001).

Um eine sektorielle Kohärenz geht es, wenn gleiche Spiele (nicht) gleich geregelt werden, je nachdem, wo und wie die Spiele betrieben werden. Dies ist z. B. bei Automatenspielen der Fall, die anders geregelt sind, je nachdem, ob sie in Casinos oder in Spielhallen bzw. Gaststätten stattfinden. Mitunter benutzt der EuGH den Wortteil sektoriell auch im Zusammenhang mit dem Begriff „sektorielle Analyse“ und meint damit die getrennte Prüfung der einzelnen Glücksspielarten, doch ist diese Wortwahl m.E. in diesem Zusammenhang nicht glücklich, da es in soweit eher um einen horizontalen Vergleich geht.

Ch. Koenig und V. Bache unterteilen die Kohärenz in eine innere und äußere Kohärenz. „Eine Unionsrechtswidrigkeit ist für sie gegeben, wenn die fraglichen Vorschriften in der Praxis unsystematisch und inkohärent umgesetzt werden (innere Kohärenz) oder wenn sie sich nicht kohärent und systematisch in den mitgliedstaatlichen Regulierungsrahmen zur Erreichung der geltend gemachten Schutzziele auf dem angestrebten Schutzniveau einfügen (äußere Kohärenz)“.[11]

Eine „gesamteuropäische“ Kohärenz des Glücksspielbereichs wird dagegen nicht in Betracht gezogen. Aufgrund der Tatsache, dass die Mitgliedsstaaten ihren Glücksspielbereich jeweils selbst und unabhängig voneinander regeln können, erscheint das auch nicht möglich. In vielen Urteilen hat der EuGH dazu erklärt, dass aus den verschieden ausgestalteten Regelungen auch nicht geschlossen werden könne, dass die jeweiligen Mitgliedstaaten die von ihnen geltend gemachten Rechtfertigungsgründe nicht dennoch konsequent verfolgen würden. So hat der EuGH z. B. schon in den Randnrn. 35 und 36 des Urteils Läärä[12] ausgeführt, dass es den Mitgliedsstaaten überlassen bleibe, den Schutz bei Glücksspielen selbst zu bestimmen; ihnen komme die Beurteilung zu, derartige Tätigkeiten vollständig oder teilweise zu verbieten oder nur einzuschränken. Somit könne allein der Umstand, dass ein Mitgliedstaat ein anderes Schutzsystem als ein anderer Mitgliedstaat gewählt habe, keinen Einfluss auf die Beurteilung der Notwendigkeit und der Verhältnismäßigkeit der einschlägigen Bestimmungen haben.

Es gibt auch keine Kohärenz im Hinblick auf denselben Rechtfertigungsgrund in verschiedenen Rechtsbereichen. Wenn man bereichsorientiert nur von der Suchtbekämpfung ausginge, könnte man sogar die Notwendigkeit einer Kohärenz auch

---

11 Koenig, C./Bache, V.: Zur Anwendbarkeit der vermittlerbezogenen Vorschriften und Auflagen gemäß dem deutschen Glücksspielrecht im Lichte der Urteile des EuGHs vom 08.09.2010, in: ZfWG 1/11, S. 7 ff.

12 Urteil vom 21.09.1999 in der Rs. C-124/97 (Läärä, Slg. 1996, I-6067).

im Hinblick auf die Bekämpfung (überhöhten) Tabak- und Alkoholkonsums befürworten. Von der Suchtsituation her gesehen sind die Folgen tatsächlich vergleichbar. Da die Konsumarten als solche jedoch wohl doch zu verschiedenartig sind, wird eine gemeinsame Betrachtungsweise – zumindest rechtlich – aber nicht in Erwägung gezogen werden können.

Der Gerichtshof hat sich eigentlich schon im ersten glücksspielrelevanten Fall von 1994, in der Rs. Schindler, mit der Kohärenz befasst, auch wenn er damals den Begriff Kohärenz noch nicht benutzte. Er prüfte seinerzeit das Verbot großer, landesweiter Lotterien in Großbritannien und die dortige Erlaubtheit kleinerer, lokaler Lotterien noch unter dem Gesichtspunkt der Diskriminierung. Inzwischen steht die Kohärenz als solche in vielen Glücksspielfällen im Mittelpunkt, wie es z. B. in den letzten Urteilen Markus Stoß und Camen Media der Fall war, auf die deshalb besonders verwiesen wird.

In Glücksspielsachen verwandte der EuGH die Begriffe „**kohärent und systematisch**“ erstmals im Urteil vom 08.11.2003 in der Rs. Gambelli. Ich hatte in meinen Schlussanträgen zu dieser Rs. insoweit eine „**kohärente Politik**“ angemahnt[13].

Der Grundsatz der Kohärenz nimmt neuerdings – über das Steuerrecht und die Glücksspielregelungen hinausgehend – auch allgemein an Bedeutung zu. Er ist inzwischen sogar normiert worden, wenn auch in einem erweiterten Sinn und mit einer etwas anderen Bedeutung. Im Lissabon-Vertrag wird in zwei Artikeln auf die Kohärenz verwiesen. Vergleichbare Bestimmungen gab es in früheren Gemeinschaftsverträgen nicht. In Art. 21 Abs. 3 UA. 2 EUV heißt es, dass die Union „auf die Kohärenz zwischen den einzelnen Bereichen ihres auswärtigen Handelns sowie zwischen diesen und ihren übrigen Politikbereichen“ achtet. Eine Pendantbestimmung ist in Art. 7 AEUV zu finden, in dem gesagt wird: „Die Union achtet auf die Kohärenz zwischen ihrer Politik und ihren Maßnahmen in den verschiedenen Bereichen [...]“. So besehen könnte man diese Art der Kohärenz ebenfalls – wie oben bei der horizontalen Kohärenz in Glücksspielsachen – mit „Stimmigkeit“ umschreiben. Insoweit könnte man von einer bereichsüberschreitenden Kohärenz sprechen. Dies ist nachvollziehbar, da es sich um Bereiche handelt, für die die gleichen Grundüberlegungen gelten.

---

13 Das BVerwG verwandte in seinem (Glücksspiel-) Urteil vom 24.11.2010 zusätzlich den Ausdruck „konsistent“.

Auch der EuGH hält die Verwirklichung des Gedankens der Kohärenz in anderen Rechtsbereichen – doch beschränkt auf diese – für geboten. So spricht er z. B. im Urteil Rosengren[14] im Hinblick auf das schwedische Handelsmonopol für alkoholische Getränke in der Randnr. 52 von einem (nötigen) „ [...] kohärenten System, das es den Bediensteten des Monopols erlauben soll, im Einklang mit dem angestrebten Ziel sich konsequent davon zu überzeugen, dass die Waren nur Personen ausgehändigt werden, die älter als 20 Jahre sind“. Im Urteil Association belge des Consommateurs Test-Achats u. a. (ASBL[15]) hat er in den Randnrn. 20 und 21 ausgeführt, dass dann, wenn bei der Verwirklichung der Gleichheit der Geschlechter ein entsprechendes Tätigwerden des Gesetzgebers beschlossen werde, dieses „in kohärenter Weise auf die Erreichung des verfolgten Zieles hinwirken“ müsse.

Sie sehen also, in der Rechtsprechung des EuGH nimmt der Begriff der Kohärenz eigentlich einen weiten Stellenwert ein. Man muss ihn aber doch etwas begrenzen, wenn man ihn auf den Glücksspielsektor überträgt. Im Urteil Markus Stoß sagt Generalanwalt Mengozzi, dass man die Kohärenz an den vorgebrachten Zielen, nämlich an den Rechtfertigungsgründen, überprüfen muss. Seit dem Urteil Gambelli verlangt die Rechtsprechung im Einzelnen, dass die Beschränkung der Dienstleistungs- bzw. der Niederlassungsfreiheit 1. in nicht-diskriminierender Weise angewandt werden muss, 2. aus zwingenden Gründen des Allgemeininteresses gerechtfertigt sein muss, 3. geeignet sein muss, die Erreichung dieses Rechtfertigungszieles zu gewährleisten und 4. nicht über das hinaus gehen darf, was zur Erreichung dieses Zieles erforderlich ist. Das sind die sogenannten zwingenden Erfordernisse im Allgemeininteresse, die neben den primärrechtlichen Rechtfertigungsgründen, die meistens ja nicht zum Tragen kommen, hier herangezogen werden können beziehungsweise müssen. Die Mitgliedsstaaten können diese Ziele selbst bestimmen. Der Glücksspielbereich ist ja europarechtlich nicht geregelt, also können die Mitgliedsstaaten ihn regeln wie sie wollen. Seit dem Urteil Placanica ist klar: entweder kann ein Mitgliedsstaat eine Monopollösung vorschlagen, sie können Konzessionen vergeben, sie können den Bereich völlig liberalisieren – wie sie wollen. Aber sie müssen natürlich, wenn ein Monopol vorgeschlagen wird, das damit verbundene Ziel auf die Methoden

14 Urteil vom 05.06.2007 in der Rs. C-170/04 (Klas Rosengren u. a., Slg 2007, I-4074).

15 Urteil vom 01.03.2011 in der Rs. C-236/09. Dieses – noch nicht in der amtlichen Sammlung veröffentlichte – Urteil ist in Deutschland heftigst kritisiert worden, weil es u. a. zur Folge hat, dass Männer und Frauen auch im Hinblick auf die Höhe der Einzahlung von Versicherungsbeiträgen gleich behandelt werden müssen.

hin überprüfen. Es ist also wie Generalanwalt Mengozzi sagt, ein Kohärenz-Test nötig, ob diese Ziele tatsächlich verwirklicht werden durch die entsprechenden Maßnahmen. Er spricht insoweit von einem „Hypocrisy-Test". Auch in seinem italienischen Ursprungstext hat er das englische Wort (wie in der deutschen Übersetzung in der Nr. 50 der Schlussanträge) beibehalten. „Hypocrisy" kommt aus dem Griechischen und bedeutet Scheinheiligkeit oder Heuchelei. Damit sind wir eigentlich schon beim Kern der Sache. Bei der Kohärenz muss man überprüfen, ob die Maßnahme tatsächlich angestrebt wird oder ob das scheinheilig oder nur geheuchelt ist. Es ist natürlich immer so und hört sich schön an, dass der Staat eigentlich keine Einnahmen will und wenn, dann nur für wohltätige Zwecke. Das ist historisch bedingt, weil die Glücksspiele immer moralisch anrüchig waren, aber andererseits wollte der Staat dann doch nicht darauf verzichten, darum wurde gesagt, wir verwenden die Einnahmen wenigstens für wohltätige oder kulturelle, bspw. sportliche, Zwecke, aber niemals für unsere eigenen Einnahmen. Das ist ja bei den Radarkontrollen dasselbe, sie dienen ja auch nur der Verkehrssicherheit und nichts anderem.

Die Generalanwälte und der Gerichtshof führen diesen Test für die Geeignetheit und Verhältnismäßigkeit der Regelung sehr streng durch. Ist nun zum Vorliegen der Kohärenz eine vorherige Studie notwendig? Insoweit beziehen sich viele in anderen Urteilen auf das Urteil Lindman, das aus dem Jahre 2003 stammt.[16] In diesem Urteil hat sich der EuGH vielleicht sehr ungeschickt verhalten. Frau Lindman war eine Finnin, die in Schweden in der Lotterie gewonnen hatte. Sie musste dann aber diesen Gewinn in Finnland versteuern. Finnische Gewinne dagegen waren steuerbefreit. Jetzt ging es um die Frage, wie rechtfertigt man diese Diskriminierung? Und hier hat Finnland argumentiert: Wir müssen unter anderem auch aus Gründen des Verbraucherschutzes und des Gesundheitsschutzes so vorgehen. Hier hat nun der Gerichtshof gesagt, ein solcher Rechtfertigungsgrund muss von einer vorherigen Untersuchung zur Zweckmäßigkeit und zur Verhältnismäßigkeit der beschränkenden Maßnahme begleitet werden.

Jetzt spielte es natürlich eine Rolle, was versteht man unter einer solchen Untersuchung? Man muss zugeben, es gibt bislang keine staatliche Studie, die eindeutig das Gefährdungspotenzial ausarbeitet. Aber die Generalanwälte und der Gerichtshof haben in späteren Fällen nur von einer Beweislast gesprochen und

16 Urteil vom 13.11.2003 in der Rs. C-42/02 (Lindman, Slg. 2003, I-13519).

ausgeführt, wenn es eine Studie gäbe, sei das zwar von Vorteil; eine Notwendigkeit für eine Studie bestehe jedoch nicht.

Ich möchte es nun dabei belassen. Ich hoffe, dass ich Ihnen den diffusen Begriff der Kohärenz etwas näher erklären konnte. Wenn Sie immer noch nicht genau wissen, was damit gemeint ist, beobachten Sie die deutsche Politik. Dann wissen Sie zwar nicht, was kohärent ist, aber Sie wissen wenigstens, was inkohärent ist und können daraus Ihre Rückschlüsse ziehen.

Kohärenz aus verfassungsrechtlicher Sicht

Ass. jur. Joachim Brückner[1]

UNIVERSITÄT HOHENHEIM
LEHRSTUHL FÜR ÖFFENTLICHES RECHT
Ass. iur. Joachim Brückner

1 Ass. jur. Joachim Brückner war als wissenschaftlicher Mitarbeiter am Lehrstuhl für Öffentliches Recht der Universität Hohenheim tätig.

UNIVERSITÄT HOHENHEIM

Kohärenz aus verfassungsrechtlicher Sicht:

Wird das BVerfG dem Kohärenzgebot des EuGH aus den Urteilen vom 8. September 2010 mit einer verfassungsrechtlichen Argumentation folgen?

UNIVERSITÄT HOHENHEIM

Zugrunde gelegte Annahmen, die nach Auffassung des EuGH einen Verstoß des Sportwettenmonopols gegen das Kohärenzgebot begründen können:

- Werbung für andere Glücksspiele des Monopolinhabers (z.B. Lotterien), die insbesondere der Einnahmenmaximierung dient.
- Zulässige Veranstaltung anderer Glücksspiele durch private Unternehmer (Pferdewetten, Automatenspiele).
- Expansionspolitik bei anderen Glücksspielen (Kasinospiele, Automatenspiele).

UNIVERSITÄT HOHENHEIM

Verfassungsrechtliche Vorgaben zur Vermeidung bzw. Auflösung derartiger Widersprüche:

- Aufteilung der Gesetzgebungskompetenzen (Art. 70 ff. GG).
- Allgemeiner Gleichheitssatz (Art. 3 Abs. 1 GG).
- Grundsatz der Verhältnismäßigkeit (Art. 20 Abs. 3 GG).
- Zudem: „Gebot der Widerspruchsfreiheit der Rechtsordnung".

UNIVERSITÄT HOHENHEIM

Die Verteilung der Gesetzgebungskompetenzen im Bundesstaat für den Bereich des Glücksspiels

- Bisher keine Beanstandung der derzeitigen Inanspruchnahme der Kompetenzen durch Bund und Länder durch das BVerfG.
- Im Bereich des Glücksspiels verfehlt die Kompetenzordnung das Ziel, zur Widerspruchsfreiheit der Rechtsordnung beizutragen.

UNIVERSITÄT HOHENHEIM

Das Instrumentarium des allgemeinen Gleichheitssatzes

Ungleichbehandlungen bzw. Gleichbehandlungen:

- Z.B. Unterschiedliche Regulierung der Glücksspielarten.
- Z.B. Monopolisierung von Sportwetten und Lotto durch die Länder als Gleichbehandlung.

UNIVERSITÄT HOHENHEIM

Grenzen des allgemeinen Gleichheitssatzes

- Föderalismus als „offene Flanke" der Gleichheit.
- Vergleichbarkeit der Glücksspiele und sachliche Gründe für Differenzierungen?

UNIVERSITÄT HOHENHEIM

Das Instrumentarium des Verhältnismäßigkeitsgrundsatzes

- Legitime Zwecksetzung des Gesetzgebers
- Eignung zur Zweckerreichung
- Erforderlichkeit zur Zweckerreichung
- Angemessenheit

UNIVERSITÄT HOHENHEIM

Anforderungen an die Eignung und Erforderlichkeit einer Maßnahme (hier: das Monopol auf Sportwetten)

- Ständige Rechtsprechung des BVerfG: Geringe Anforderungen, weiter Beurteilungsspielraum.
- BVerfG stellt ausschließlich auf die konkrete Eingriffsmaßnahme ab.

  Die Kritikpunkte aus den EuGH-Urteilen vom 8.09.2010 wird es daher nicht bei der Beurteilung der Eignung und Erforderlichkeit des Sportwettenmonopols verarbeiten.

UNIVERSITÄT HOHENHEIM

Anforderungen an die Angemessenheit des Eingriffs – Konsequente Ausrichtung an der Suchtbekämpfung

- Gebot der konsequenten Ausgestaltung des Monopols am Ziel der Suchtbekämpfung (BVerfGE 115, 276; BVerwG, Urt. v. 24.11.2010 – 8 C 14/09).

- Aber: Konsequenz wird dabei nur gefordert für die konkrete Eingriffsmaßnahme (das Sportwettenmonopol).

  Maßnahmen zu anderen Glücksspielen werden nicht erfasst.

UNIVERSITÄT HOHENHEIM

Anforderungen an die Angemessenheit des Eingriffs – Folgerichtigkeit in der Gefahreneinschätzung?

- Der Gesetzgeber muss seine Gefahreneinschätzung folgerichtig umsetzen. Z.B. ist nicht schlüssig, dass identischen Gefährdungen in demselben Gesetz unterschiedliches Gewicht beigemessen wird (BVerfGE 121, 317 - Rauchverbot in Gaststätten).

- Aber: Aufgrund der Grundlage dieser Forderung im allgemeinen Gleichheitssatz stößt sie gerade auch an dessen Grenzen.

UNIVERSITÄT HOHENHEIM

Das „Gebot der Widerspruchsfreiheit der Rechtsordnung"

- BVerfGE 98, 106 (Verpackungssteuer); 98, 83 (Abfallabgabe): Widersprüche zwischen Sachregelungen des Bundes und Abgabenregelungen des Landes mit Lenkungswirkung.
- Geboten sei die Abstimmung aller Regelungen dergestalt, dass den Normadressaten nicht gegenläufige Vorschriften erreichen und die Rechtsordnung nicht durch unterschiedliche Anordnungen widersprüchlich wird.

UNIVERSITÄT HOHENHEIM

Das Gebot der Widerspruchsfreiheit der Rechtsordnung – Übertragbarkeit auf das Glücksspielrecht?

- Vorrang einer Sachregelung gegenüber einer lenkenden Abgabenregelung hier nicht begründbar.
- Grundsätzliche Kritik durch das Schrifttum. Kaum weitere Anwendung der Argumentation durch das BVerfG.
- Widersprüchliche Normbefehle im Glücksspielrecht als Verstoß gegen das Rechtsstaatsprinzip?

UNIVERSITÄT HOHENHEIM

Ergebnis

- Das Sportwettenurteil des BVerfG bleibt wichtiger verfassungsrechtlicher Maßstab für glücksspielrechtliche Regelungen: Geboten ist Konsequenz mit Blick auf das Regelungsziel.
- Die Anforderungen des Verfassungsrechts an die Abstimmung von Regelungen und Maßnahmen unterscheiden sich wesentlich von den Anforderungen aus dem Kohärenzgebot des EuGH.
- Eine Gesamtkohärenz im Bundesstaat ist verfassungsrechtlich nicht geboten. Erforderlich ist in erster Linie eine Abstimmung der Regelungen im Zuständigkeitsbereich eines Normgebers.
- Ausgehend von der Einschätzung der Suchtgefahr durch den Gesetzgeber und weiterer Regelungsziele sind für verschiedene Glücksspiele folgerichtige Regelungen zu treffen.

Rechtliche Rahmenbedingungen für die Besteuerung von Online-Glücksspielen[1]

Prof. Dr. Joachim Englisch[2]

Die Politik und namentlich die Regierungen der Bundesländer diskutieren derzeit eine begrenzte Öffnung oder sogar die vollständige Liberalisierung bestimmter Segmente des Glücksspielsektors. In diesem Zusammenhang ist die Frage von eminenter Bedeutung, ob und ggf. in welcher Form private Glücksspielanbieter zur Zahlung von spezifischen Abgaben über die Erhebung allgemeiner Steuern wie Körperschaft- oder Umsatzsteuer hinaus herangezogen werden können. Besonders bedeutsam ist dies im Bereich des Online-Angebots von Glücksspiel, in dem schon heute – illegal – Milliardenumsätze getätigt werden und der in Zukunft noch stark wachsen dürfte.

Mein Vortrag befasst sich damit, inwieweit die gegenwärtig diskutierten Modelle einer Abgabenbelastung von Glücksspiel sich speziell bei Internetangeboten mit den Vorgaben höherrangigen Rechts vertragen. Der Fokus liegt dabei auf dem Verfassungsrecht und dem Europarecht. In diesem Kontext wird ein besonderes Augenmerk entsprechend dem Vortragstitel auf der Möglichkeit einer Abgabenbelastung durch eine zusätzliche **Steuer** liegen.

1 Einführung

Für die Zwecke dieses Vortrags soll unter Online-Glücksspiel jede Glücksspielvariante angesehen werden, bei der die Gelegenheit zur Teilnahme am Spiel über einen Internetzugang eingeräumt wird und Veranstalter und Spieler nur elektronisch miteinander kommunizieren.

Prämisse meiner nachfolgenden Überlegungen ist die Aufhebung des derzeit in § 4 Abs. 4 Glückspielstaatsvertrags statuierten Verbots des Internet-Glücksspiels

---

1 Die Vortragsfassung wurde beibehalten.

2 Prof. Dr. Joachim Englisch ist Inhaber des Lehrstuhls für Öffentliches Recht und Steuerrecht an der Universität Münster. Zu den Schwerpunkten seiner Arbeit zählt neben Steuerrecht und Öffentlichem Recht das Europarecht.

und die begrenzte oder völlige Öffnung des Marktes für Online-Glücksspielangebote[3]. Nur dann stellt sich die Frage nach ihrer Besteuerung.

Mögliche Abgabenvarianten wären dann:

- Versteigerung einer limitierten Zahl von Konzessionen;
- Periodisch erhobene (monatliche) Konzessionsabgabe
  - im kontingentierten Markt[4] (begrenzte Anzahl von Konzessionen);
  - im liberalisierten Markt (vorbehaltlich persönlicher Eignung Anspruch auf Konzessionserteilung);
- Sonderabgabe (mit Finanzierungs- oder Lenkungsfunktion)[5];
- Indirekte Steuer auf die Spielaufwendungen[6].

2 Versteigerung von Konzessionen

- Vorbild: Versteigerung von UMTS-Lizenzen.
  - Vom BVerfG auch als Möglichkeit zur Abschöpfung von Gewinnen aus der Nutzung einer Spielbankenkonzession erwogen, vgl. BVerfGE 102, 197.

- Die damit verbundene Kontingentierung von Konzessionen für ein legales Angebot auf dem Online-Glücksspielmarkt kann evtl. verfassungs- und europarechtlich gerechtfertigt werden[7].

- Die Versteigerung als Verteilungsverfahren darf den Rechtfertigungsgründen jedoch nicht zuwiderlaufen.

---

3 Das Verbot von Online-Glücksspielen wurde bislang nur von Schleswig-Holstein aufgehoben (vgl. § 5 Abs. 1 Glücksspielgesetz SH). Für die übrigen Bundesländer soll das Verbot auch weiterhin gem. § 4 Abs. 4 des Entwurfs eines Glücksspieländerungsstaatsvertrag gelten (GlüÄndStV-E).

4 Eine solche Abgabe sieht nunmehr der GlüÄndStV in § 4d vor.

5 So ist wohl die in §§ 35 ff. Glücksspielgesetz SH geregelte Abgabe zu verstehen.

6 Eine solche Steuer wird bereits auf Pferdewetten gem. §§ 10 Abs. 1, 11 Abs. 1 Rennwett- und Lotteriegesetz erhoben.

7 Vgl. zu den verfassungs- und europarechtlichen Vorgaben für eine Kontingentierung des Sportwettenmarkts Brock, CR 2011, S. 517; Diesbach/Ahlhaus, ZUM 2011, S. 129; Frenz, WRP 2011, S. 1272; Krause, GewArch 2010, S. 428; Streinz/Kruis, NJW 2010, S. 3745.

– Bedenken bestehen v. a. insofern, als das Verfahren der Versteigerung die Anbieter mit den höchsten Gewinnerwartungen prämiert. Dies wird zumindest tendenziell derjenige Anbieter sein, der die Konzession am gewinnbringendsten bewirtschaften wird. Da die Kostenstrukturen gerade beim Online-Glücksspiel weitgehend übereinstimmen dürften, sind das typischerweise diejenigen Anbieter, deren Marktstrategien am ehesten hohe Spieleinsätze oder niedrige Gewinnausschüttungen versprechen. Die Prämierung gerade solcher Anbieter steht jedoch im Widerspruch zu den Zielen der Eindämmung der Glücksspielsucht und der Gewährleistung der Integrität des Glücksspielangebots.

3 Periodisch erhobene Konzessionsabgabe

Ggf. neben einer Gebühr für die erstmalige Erteilung der Konzession

Bisher in die politische Diskussion eingebrachte Modelle zu Konzessionsabgaben im Glücksspielsektor zielen auf die monatliche Erhebung auf Basis des Bruttospielertrags des jeweiligen zugelassenen Veranstalters.

- Finanzverfassungsrechtliche Einstufung:

  – Abgabe nichtsteuerlicher Art nur bei klarer Abgrenzbarkeit vom Steuerkonzept (Schutz- und Begrenzungsfunktion der Finanzverfassung)[8].

  Eine monatlich erhobene Konzessionsabgabe, deren Verwendung nicht von vornherein auf bestimmte Finanzierungszwecke begrenzt ist, ist nur dann hinreichend von einer direkten Steuer auf die Erträge der Konzession abgrenzbar, wenn sie als Vorzugslast an die Gewährung einer besonderen Gegenleistung anknüpft.

  – Im liberalisierten Markt (präventives Verbot mit Erlaubnisvorbehalt) fehlt es an einer solchen gesondert belastungswürdigen Gegenleistung. Die Betätigung im Online-Glücksspielsektor steht hier nämlich jedem offen, der die persönlichen Voraussetzungen an Zuverlässigkeit, Solvenz etc. erfüllt.

---

8 BVerfGE 93, 319, 342 f.

– Anders stellt sich die Situation an sich bei Kontingentierung der Konzessionen dar. Dieses Vergabemodell ist als – verfassungs- und europarechtlich unter bestimmten Umständen zulässiges – repressives Verbot mit Dispensierungsvorbehalt zu charakterisieren. Auf die Erteilung einer Konzession besteht hier kein Anspruch[9]; ihre zahlenmäßig begrenzte Gewährung verschafft dem Inhaber daher einen Sondervorteil, der an sich die Erhebung einer gesonderten Abgabe neben der üblichen Steuerbelastung zu rechtfertigen vermag. Diese wäre somit grundsätzlich als nichtsteuerliche Vorzugslast zu charakterisieren.

Finanzverfassungsrechtlich in Frage gestellt wird diese Schlussfolgerung allerdings wegen der unverkennbaren Parallelen einer solchen Konzessionsabgabe zur **Spielbankabgabe** im herkömmlichen Sinne. Denn auch die Vergabe einer Spielbankkonzession ist nach Ansicht des BVerfG als Dispensierung von einem repressiven Verbot zu verstehen, und die Bemessung der Spielbankabgabe orientiert sich nicht anders als die bislang diskutierten Varianten einer Konzessionsabgabe am wirtschaftlichen Nutzen aus der Konzessionserteilung, d. h. an den Bruttospielerträgen. Der BFH hat die Spielbankabgabe aber als Steuer und nicht als Vorzugslast eingestuft (der BVerfG hat das vor einigen Jahrzehnten noch offen gelassen); dies lässt sich angesichts der Erwähnung der Spielbankabgabe im steuerspezifischen Teil der Finanzverfassung auch kaum bezweifeln.

Dies könnte die Einschätzung nahelegen, dass es sich auch bei einer an die Konzessionierung als Online-Glücksspielanbieter geknüpften Abgabe in Wahrheit um eine Steuer handelt. Es ließe sich jedoch auch argumentieren, dass Spielbankabgabe und Konzessionsabgabe auf Online-Glücksspiel in einem wesentlichen Punkt divergieren und darum nicht beide gleichermaßen als Steuer im finanzverfassungsrechtlichen Sinne zu qualifizieren sind. Denn nach den historischen Vorstellungen des Verfassungsgebers hat die Spielbankabgabe traditionell steuer**ersetzenden** Charakter, wohingegen die hier in Rede stehende Konzessionsabgabe nur **ergänzend** neben der Belastung mit direkten Steuern erhoben werden soll. Bei ihr steht also der Abschöpfungszweck im Vordergrund, was es eventuell rechtfertigen könnte, sie doch als reine Vorzugslast zu charakterisieren.

---

9 St. Rspr. vgl. BVerfG v. 28.03.2006 – 1 BvR 1054/01, BVerfGE 115, 276 (304 ff.).

Ich halte diesen Standpunkt für vorzugswürdig; ob auch das BVerfG ihn einnehmen wird, ist jedoch ungewiss. Auf Basis einer solchen Klassifizierung als nichtsteuerliche Abgabe gilt dann:

- Gesetzgebungskompetenz für nichtsteuerliche Abgabe läge als Teilaspekt der Abwehr von Gefahren unkontrollierten und exzessiven Glücksspiels bei den Ländern. Der Bund könnte sie nicht an sich ziehen. (BVerfGE 28, 119, hat im Zusammenhang mit der Troncabgabe des Spielbankrechts klargestellt, dass der Bund sich bei einem repressiven Verbot von Glücksspiel mit bloßem Dispensierungsvorbehalt nicht auf den konkurrierenden Kompetenztitel „Recht der Wirtschaft" stützen kann.)

- Die Ertragshoheit folgt der Verwaltungskompetenz, die auf dem Gebiet der Gefahrenabwehr durch Glücksspielgesetzgebung nach Art. 30 GG von den Ländern wahrzunehmen ist; das Abgabenaufkommen stünde also den Ländern zu.

- Verfassungsrechtliche Grenzen der Abgabenbemessung:

  - Wert des mit der Konzession verbundenen Vorteils[10] (folgt aus der Natur der Konzessionsabgabe als Vorzugslast; im Inlandskontext aber kaum echte Begrenzungswirkung, weil insoweit letztlich sämtliche Erträge des Glücksspielveranstalters auf der Nutzung der Konzession beruhen).

  - Relevanter ist die Eigentumsgarantie des Art. 14 GG: Nach geläuterter Auffassung des BVerfG gilt für die Abgabenbemessung zwar kein Halbteilungsgrundsatz, aber die Privatnützigkeit des wirtschaftlichen Erfolges muss „sichtbar bleiben"[11]. Dabei ist im Sinne eines additiven Grundrechtseingriffs auf die Gesamtheit aller Abgaben abzustellen, die bestimmungsgemäß den Glücksspielanbieter treffen sollen, selbst wenn diese im Einzelfall überwälzt werden mögen. Eine **Gesamt**belastung mit Abgabe und direkten Steuern jenseits 80 % des **Netto**spielertrags ist daher problematisch.

---

10 Vgl. BVerfG v. 07.11.1995 – 2 BvR 413/88 u. a., BVerfGE 93, 319, 347; Wieland, Die Konzessionsabgabe, Berlin 1991, S. 295.

11 BVerfG v. 18.01.2006 – 2 BvR 2194/99, BVerfGE 115, 97.

- Konzessionierung auslandsansässiger Anbieter

  – Legalisierung von Anbietern (zumindest) mit Sitz in einem anderen EWR-MS ist von der Dienstleistungsfreiheit gefordert.

  – EuGH Rechtssache **Stoß**[12]: Die ausländische Konzession muss nicht anerkannt werden; es darf also eine ggf. zusätzliche inländische Konzession gefordert und der dem ausländischen Anbieter hieraus erwachsende Sondervorteil abgeschöpft werden.

  – Aber aus dem Charakter als Abgabe zur Vorteilsabschöpfung folgt Begrenzung auf inlandsradizierte Bruttospielerträge; dies scheint mir in den bisherigen Vorschlägen noch nicht hinreichend reflektiert.

4 Sonderabgabe

Anstelle einer Konzessionsabgabe wird in einem weiteren Modell die Einführung einer Sonderabgabe erwogen, zumal sich diese auch mit einer vollständigen Liberalisierung bestimmter Glücksspielsegmente verträgt.

- Hinsichtlich der Anforderungen an ihre Legitimität neben der Erhebung von Steuern sind zu unterscheiden:
  – Sonderabgaben mit Finanzierungsfunktion;
  – Sonderabgaben mit Lenkungsfunktion.

- Eine Abgabe mit Finanzierungsfunktion ist nur bei Liberalisierung mit dem ordnungsrechtlichen Rahmen vereinbar. Zu beachten wären dann zudem die strengen finanzverfassungsrechtlichen Anforderungen an die Zulässigkeit einer solchen Finanzierungsabgabe, wie sie das BVerfG in ständiger Rechtsprechung entwickelt hat[13]. Da eine Sonderabgabe mit Finanzierungsfunktion derzeit aber wohl nicht ernsthaft erwogen wird, verzichte ich diesbezüglich auf nähere Ausführungen.

---

12 EUGH, Urteil v. 08.09.2010, C-316/07 u. a., Stoß, n.v., Rn. 112.

13 Vgl. etwa BVerfG v. 07.11.1995 – 2 BvR 413/88 u. a., BVerfGE 93, 319 (343); BVerfG v. 17.07.2003 –2 BvL 4/99 u. a., BVerfGE 108, 186 (218); BVerfG v. 18.05.2004 – 2 BvR 2374/99, BVerfGE 110, 370 (389).

- Eher in Betracht käme jedenfalls eine Sonderabgabe mit der **Lenkungsfunktion** „Eindämmung des Glücksspiels". Hat die Sonderabgabe primär das Ziel, einen bestimmten Personenkreis zu einem staatlicherseits vorgegebenen Verhalten anzuhalten, so gelten die besonderen Anforderungen an Sonderabgaben mit Finanzierungszweck nach der Entscheidung des BVerfG zur Schwerbehindertenabgabe[14] „nicht uneingeschränkt". Maßgeblich ist stattdessen in erster Linie ihre Anreizwirkung zur Befolgung einer gesetzlich vorgegebenen Verhaltenspflicht und ihre Eignung zur Sanktionierung von Fehlverhalten sowie zur Kompensation etwaiger hieraus resultierender Vorteile.

In Erwägung gezogen werden könnte somit, durch eine bei den Glücksspielveranstaltern erhobene Sonderabgabe die Teilnahme am Glücksspiel zu verteuern und dadurch unattraktiver zu machen. Darauf zielt auch das derzeit von den Bundesländern diskutierte sog. „Modell 2" eines neuen Glückspielstaatsvertrages. Allerdings hat das BVerfG bislang nur Stellung zur Zulässigkeit von lenkenden bzw. ausgleichenden Sonderabgaben gemacht, in denen Adressat der betreffenden Verhaltenspflicht der Abgabenpflichtige selbst war.

- Verfassungsgerichtlich noch ungeklärt ist hingegen die Zulässigkeit der hier in Rede stehenden indirekten Lenkungsabgabe[15], die beim Spielveranstalter erhoben wird, aber den potenziellen Spielteilnehmer in seinem Verhalten beeinflussen soll. Es wäre ferner jedenfalls flankierend sicherzustellen, dass die staatliche Missbilligung der Teilnahme am Online-Glücksspiel dann gesetzlich deutlich zum Ausdruck käme.

- Im Übrigen wäre eine solche Abgabe folgerichtig auch bei ausländischen Anbietern zu erheben.

Der Vollständigkeit halber sei erwähnt, dass das BVerfG wiederholt auch sog. Ausgleichsabgaben mit Finanzierungsfunktion für zulässig erachtet hat, sofern diese Vorteile ausgleichen sollen, die bestimmten Anbietern am Markt aufgrund staatlicher Maßnahmen entstehen[16]. Im Bereich des Online-Glücksspiels wäre hier zu denken an eine Ausgleichsabgabe zur Kompensation etwaiger Besserstellung ausländischer Anbieter durch eine geringere oder

14 BVerfG v. 26.05.1981 – 1 BvL 56/78, BVerfGE 57, 139.
15 Vgl. auch BVerfGE 67, 256; dieses Urteil wird in Bezug genommen in BVerfGE 92, 91.
16 Vgl. die Nachweise in BVerfGE 67, 256.

gänzlich fehlende Umsatzsteuerbelastung. Indes dürfte eine solche nur ausländische Anbieter treffende Ausgleichsabgabe europarechtlich nicht zu halten sein.

5 Indirekte Steuer auf Glücksspielteilnahme

5.1 Mögliche Ausgestaltung

Wie könnte eine solche Steuer aussehen, die sich bislang noch nicht in den offiziellen Modellen eines neuen Glücksspielvertrages findet?

Eine solche Steuer zielt aus Lenkungszwecken auf die Verteuerung der Glücksspielteilnahme ab und soll daher nach ihrer intendierten Belastungswirkung den Spieler treffen.

- Steuerschuldner ist gleichwohl der Anbieter von online-Glücksspielen; dies trägt – ähnlich wie bei der Umsatzsteuer oder der Lotteriesteuer – verfahrenspraktischen Erfordernissen Rechnung. Im Übrigen wird die Steuer von allen Anbietern von online-Glücksspielen geschuldet, unabhängig davon, ob sie legal oder illegal tätig sind.

- Konsequente Ausrichtung am steuerlichen Territorialitätsprinzip

  - Besteuerung bei inländischem Wohnsitz der Spieler, gemäß dem Konzept einer indirekten Steuer auf Spielaufwendungen.

  - Vorbild: Regelung des Art. 58 MwStSyst-RL betreffend Online-Dienste für Endverbraucher in der ab 2015 allgemein geltenden Fassung; schon jetzt ist der Empfängerwohnsitz maßgeblich bei Internetangeboten von Anbietern aus Drittstaaten.

  - Für die zugelassenen Glücksspielanbieter sind entsprechende Abfrage- und Aufzeichnungspflichten vorzusehen.

- Bemessungsgrundlage wäre der Bruttospielertrag des Veranstalters, entsprechend dem eigentlichen Steuergut: Summe Nettoaufwendungen der Spieler.

Aus Vereinfachungsgründen wird man dabei – nicht anders als etwa bei der Umsatzbesteuerung von Glücksspielautomaten – auf die Summe der Spieler anstelle des einzelnen Spielers abzustellen haben. Auf diese Weise lässt sich auch am besten der angestrebte Lenkungszweck einer generellen Verteuerung des Spiels erreichen.

  - Die Art der Überwälzung auf die Spieler wird von der jeweiligen Glücksspielvariante abhängen; sie muss nur grundsätzlich möglich sein. Hingegen muss das Steuergesetz nach ständiger Rechtsprechung des BVerfG keine Gewähr für eine vollständige Überwälzung bieten.

- Steuerentstehung mit der Gewinnausspielung.

- Flankierende Vollzugssicherungen speziell bei ausländischen Anbietern (siehe unten).

5.2 Finanzverfassungsrechtliche Einordnung

- Die Steuer ist Verkehrsteuer i.S.d. Art. 106 II Nr. 3 GG entsprechend der tradierten Zuordnung der Rennwett- und Lotteriesteuer (Glücksspielteilnahme als Akt des Rechtsverkehrs)[17]. Sie wäre also nicht etwa eine bloß dem Steuergegenstand nach reduzierte Sonder-Umsatzsteuer.

  Da die Umsatzsteuer ihrer Besteuerungstechnik nach ganz überwiegend als Verkehrsteuer ausgestaltet ist, ist jede spezielle Verkehrsteuer auch umsatzsteuerähnlich[18]. Die für die Länderkompetenzen maßgebliche Abgrenzung zwischen beiden Steuerarten muss sich daher vor allem an den traditionellen Vorbildern der in der Finanzverfassung vorgesehenen speziellen Rechtsverkehrsteuern orientieren. Dabei kann schon angesichts der Heterogenität der in Art. 106 Abs. 1 Nr. 3 und Nr. 4 GG ausdrücklich benannten Bundes-Verkehrsteuern, die beispielsweise Realverkehrsteuern ebenso umfassen wie Urkundensteuern und sonstige Rechtsverkehrsteuern, nicht auf ein einseitig am Typus der Stempelsteuer ausgerichtetes „Verkehrsteuervorbild" abgestellt werden, das alle anderen Verkehrsteuerarten als „historische Zufälligkeiten"

---

17 Vgl. statt aller Birk, Steuerrecht, 14. Aufl. 2011, Rn. 1657.

18 Insoweit zutreffend Vogel/Walter, in Bonner Kommentar GG, Art. 105 (Juli 2004) Rz. 112.

abtut[19]. Maßgeblich muss vielmehr die weitgehende strukturelle Übereinstimmung mit einer bestimmten Variante der herkömmlich als Verkehrsteuern klassifizierten und als solche von der Verfassung rezipierten Steuertypen sein.

Es liegt dann nahe, das GlüStG-E insbesondere auf seine konzeptionelle Ähnlichkeit mit der Rennwett- und Lotteriesteuer hin zu analysieren, bei der es sich anerkanntermaßen um eine Verkehrsteuer im Sinne des Art. 106 Abs. 2 Nr. 3 GG handelt[20]. Eine nach den Spielaufwendungen bemessene Steuer auf Online-Glücksspiel ist sowohl nach ihrem Belastungsgrund als auch nach ihrer Belastungskonzeption und ihrem Besteuerungsgegenstand in einem solchen Maße der Rennwett- und Lotteriesteuer strukturell angenähert, dass sie deren anerkannten Verkehrssteuercharakter teilt. Dafür spricht auch eine Kammerentscheidung des BVerfG, welche die erst in diesem Jahrzehnt eingeführte Steuer auf Oddset-Wetten trotz ihrer Neuartigkeit ohne weiteres als der Rennwett- und Lotteriesteuer vergleichbare spezielle Verkehrsteuer eingestuft hat[21].

- Gesetzgebungs- und Ertragshoheit liegt bei den Ländern, Art. 105 f. GG.

  – Keine Sperrwirkung der Rennwett- und Lotteriesteuer für nicht von dieser Steuer erfasste Glücksspielvarianten.

  Aus dem Kontext und der Historie des Rennwett- und Lotteriegesetzes wird deutlich, dass der Bundesgesetzgeber keine abschließende Regelung in dem Sinne treffen wollte, dass alle Formen überörtlichen Glücksspielangebots mit Ausnahme der im Gesetz genannten keiner speziellen Verkehrsteuer unterliegen sollten. Im Gegensteil sucht der Bundesgesetzgeber stets diejenigen überörtlichen Glücksspielangebote der speziellen Lotteriesteuer zu unterwerfen, die auch ordnungsrechtlich legalisiert und vom bisherigen Staatsmonopol angeboten worden sind; besonders deutlich ist dies mit Einführung der Oddset-Wette geworden. Umgekehrt gilt, dass für den Bundesgesetzgeber weder Anlass noch Notwendigkeit be-

---

19 So aber die singuläre Auffassung von Vogel/Walter, in Bonner Kommentar GG, Art. 105 (Juli 2004) Rz. 112.

20 Vgl. dazu BVerwG v. 04.10.1994 – 1 C 13/93, DVBl. 1995, 353 (353) m.w.N.; Kirchhof, Umsatzsteuergesetzbuch, 2008, S. 22; Lang, in Tipke/Lang, Steuerrecht, 20. Aufl. 2010, § 3 Rz. 59; Siekmann, in Sachs, GG, 5. Aufl. 2009, Art. 106 Rz. 11.

21 Vgl. BVerfG (K) v. 08.06.2004 – 2 BvR 2212/00, NVwZ 2004, 890 (891).

stand, auch solche Glücksspiele einer Steuer unterwerfen, die wie Online-Glücksspiele im Bundesgebiet traditionell gar nicht öffentlich veranstaltet werden dürfen. Das Schweigen des RennwettLottG zu den bislang nicht liberalisierten oder sonst zugelassenen Formen des Glücksspiels ist nach alledem kein „beredtes" im Sinne eines abschließenden Gebrauchmachens der Besteuerungskompetenz durch den Bundesgesetzgeber.

- Es besteht für den Bund allerdings die Möglichkeit zur Wahrnehmung einer konkurrierenden Bundeskompetenz; der Bund könnte also die Gesetzgebung an sich ziehen. Die hierfür in Art. 72 GG aufgestellten Voraussetzungen dürften gegeben sein. Der Ertrag verbliebe dessen ungeachtet den Ländern.

- Statt einer dem Bundesgesetzgeber vorbehaltenen Zerlegungsregelung (vgl. Art. 107 I 3 GG) wäre um der ausgewogenen Aufteilung des Steueraufkommens willen eine wohnortbezogene Aufteilung der Zuständigkeiten der Finanzämter unter den Bundesländern vorzusehen, wobei jedes Bundesland ein für sein Gebiet zentral zuständiges Finanzamt benennen sollte.

5.3 Materiell-verfassungsrechtliche und unionsrechtliche Rahmenbedingungen

- Was wären Determinanten des politisch festzulegenden Steuersatzes?

  - Spürbare Wirkung zur Eindämmung des Spieltriebs einerseits;
  - Vermeidung von Anreizen zur Abwanderung in die Illegalität (unter Berücksichtigung international üblichen Abgabenhöhe) andererseits.
  - Ggf. Berücksichtigung zusätzlicher Umsatzsteuerbelastung (dann allerdings aus europarechtlichen Gründen auch der ausländischen).

- Wie ist die absehbare Abweichung der Besteuerungshöhe im Vergleich zum „regulären" Glücksspielangebot zu beurteilen?

  - Europarechtlich: Keine (indirekte) Diskriminierung zu Lasten grenzüberschreitender Anbieter, falls tendenziell niedrigere Steuer als sie auf die traditionellen Glücksspielangebote der im Inland niedergelassenen Anbieter erhoben wird.

– Verfassungsrechtlich: Kein Gleichheitssatzverstoß, soweit unterschiedliche Gesetzgeber, denn der Gleichheitssatz bindet jeweils nur ein und denselben Hoheitsträger.

Im Übrigen sachlicher Differenzierungsgrund insbesondere im Verhältnis zur Spielbankabgabe: Zum einen deckt die Spielbankabgabe auch die direkte Besteuerung des Veranstalters selbst ab; zum anderen sind im Internet illegale Alternativen weitaus leichter verfügbar, was sich moderierend auf die Abgabenhöhe auswirken muss, um den Lenkungszweck einer Kanalisierung und Eindämmung des Spieltriebs zu erreichen.

- Kein Verbot evtl. internationaler Doppelbesteuerung

  – Vom EuGH bislang nur im harmonisierten Verbrauchsteuerrecht angenommen und ansonsten abgelehnt[22].

  – Verfassungsrechtlich unbedenklich, soweit die Wahrnehmung deutscher Steuerhoheit auf sachgerechten Prinzipien beruht. Dies ist hier der Fall, weil bei einer Steuer auf privaten Konsum die Aufkommenshoheit sich sachgerecht am Verbrauchsortprinzip orientiert[23]. Mutmaßlicher Ort des Spielvergnügens ist beim Online-Glücksspiel bei typisierender Betrachtung der Wohnort; an diesen knüpft die Besteuerung an.

- Kein Verbot der Erhebung neben der Umsatzsteuer
  Weder richtlinienrechtlich (vgl. Art. 410 MwStSystRL; siehe dazu auch die EuGH-Urteile „Kerrutt“[24] und „Vollkommer“[25]) noch – wie etwa anhand der Umsätze von Spielbanken oder Geldspielautomatenbetreibern ersichtlich – verfassungsrechtlich.

---

22 Vgl. EuGH, Rs. C-513/04 vom 14.11.2006 (Kerckhaert und Morres), Slg. 2006, I-10967, Tz. 20 ff.; EuGH, Rs. C-298/05 vom 06.12.2007 (Columbus Container), Slg. 2007, I-10451, Tz. 44; EuGH, Rs. C-67/08 vom 12.02.2009 (Block), Slg. 2009, I-883, Tz. 27 ff.; st. Rspr.

23 Vgl. Englisch, DStJG 32, S. 165 ff., m.w.N.

24 EuGH, Rs. 73/85 vom 08.07.1986, Kerrutt, Slg. 1986, 2219.

25 EuGH, Rs. C-156/08 vom 27.11.2008, Vollkommer, n.v.

- Kein **strukturelles** Vollzugsdefizit bei ausländischen Anbietern

  – Kombination von Anreizen und Kontrollen für ausländische Anbieter, entsprechend dem modernen Konzept des kooperativen Steuerverfahrens[26]:

    Einerseits werden die lizenzierten Glücksspielanbieter strengen steuerlichen Kontrollen unterworfen; als Vorbild kann insoweit etwa Italien dienen. Außerdem ist zu erwägen, die Option oder die Verpflichtung zur Bestellung eines inländischen Fiskalvertreters zu schaffen und Sicherheitsleistung zu verlangen. Andererseits hätten nur die Veranstalter von lizenzierten Internetglücksspielen überhaupt die Möglichkeit, im Inland für ihr Angebot zu werben. Damit besteht zumindest für große Anbieter ein hoher Anreiz, ihren steuerlichen Pflichten vollumfänglich und rechtzeitig nachzukommen, um einen besseren Zugang zum attraktiven deutschen Glücksspielmarkt zu erhalten.

  – Dessen ungeachtet lassen sich Vollzugsdefizite nicht ausschließen. Ein zur Nichtigkeit des materiellen Steuerrechts führendes, **strukturelles** Vollzugsdefizit kann aber nach der Rechtsprechung des BVerfG nur angenommen werden, wenn der Besteuerungsanspruch weitgehend nicht durchgesetzt werden kann und dies dem Gesetzgeber auch zuzurechnen ist[27]. Das BVerfG hat aber erst vor kurzem nochmals bestätigt, dass ein Erhebungsdefizit bei Auslandssachverhalten dem Gesetzgeber grundsätzlich nicht zuzurechnen ist und darum kein strukturelles Vollzugsdefizit begründet, sofern er die ihm zumutbaren Vorkehrungen getroffen hat[28].

  – Im Übrigen darf nicht übersehen werden, dass gerade unter dem **derzeitigen Regime** ein gravierendes **ordnungsrechtliches** Vollzugsdefizit besteht: Das Verbot des Internetglücksspiels wird gegenwärtig von den zuständigen Landesbehörden nicht durchgesetzt; diese sind dazu auch gar nicht in der Lage. Damit ist tatsächlich der gegenwärtige Rechtszustand verfassungsrechtlich bedenklich, denn der Gleichheitssatz fordert selbstverständlich nicht nur für das Steuerrecht eine gleichmäßige Durchsetzung des Normbefehls.

---

26 Vgl. Seer, DStJG 31, S. 15 ff.

27 Vgl. BVerfG v. 27.06.1991 – 2 BvR 1493/89, BVerfGE 84, 239.

28 Vgl. BVerfG (K) v. 10.03.2008 – 2 BvR 2077/05, NJW 2008, 263; siehe dazu auch schon BVerfG v. 09.03.2004 – 2 BvL 17/02, BVerfGE 110, 94.

6 Zusammenfassung

- Versteigerungsverfahren stellen die Rechtfertigung für die ihnen inhärente Kontingentierung von Konzessionen in Frage

- Konzessionsabgaben sind nur bei limitierter Marktöffnung finanzverfassungsrechtlich haltbar
  - Auch dann besteht ein Risiko der Qualifizierung als Steuer

- Eine Sonderabgabe müsste primär Lenkungsfunktion haben
  - Verfassungsrechtliche Zulässigkeit indirekter Lenkung ist noch ungewiss

- Eine indirekte Steuer auf die Glücksspielteilnahme ist machbar
  - Ländersteuer in Gestalt einer Verkehrsteuer
  - Europa- und verfassungsrechtliche Bedenken gegen eine weitere Sondersteuer auf bestimmte Glückspielformen bestehen nicht
  - Vollzugsdefizite sind minimierbar; jedenfalls nicht „strukturell“

Probleme bei der Besteuerung von Sportwetten

Holger Kahle[1]

1 Einleitung

In Deutschland muss eine Grundsatzentscheidung zwischen der Beibehaltung des bisherigen Glückspielmonopols, einer konzessionierten Öffnung des Sportwettenmarktes und einer vollständigen Liberalisierung getroffen werden. Je nachdem, wie diese Entscheidung politisch getroffen wird und der Sportwettenmarkt sodann ausgestaltet ist, ergeben sich Auswirkungen und Anpassungsnotwendigkeiten für die Besteuerung von Sportwetten.

Wichtige Determinanten dieses Prozesses sind der Einfluss des europäischen Auslandes (Steuerwettbewerb) und das Ausmaß der Steuervermeidung durch Sportwettenanbieter und -spieler. Denn momentan findet ein nicht unerheblicher Teil der Wetttätigkeit im Sportbereich im Internet statt, das gem. § 4 Abs. 4 des Glücksspielstaatsvertrages nicht als Plattform zum Angebot von Sportwetten dienen darf. Die Anbieter solcher illegaler Glücksspiele sind nicht von der Steuerpflicht befreit.[2] Denn gem. § 40 AO ist es unerheblich, ob ein Verhalten, das den Tatbestand eines Steuergesetzes ganz oder zum Teil erfüllt, gegen ein gesetzliches Gebot oder Verbot verstößt; aus der Illegalität darf also kein wirtschaftlicher Vorteil gezogen werden. Weiterhin sind viele Anbieter von Sportwetten in Steueroasen wie Malta oder Gibraltar ansässig. Aufgrund einer massiven Intransparenz und mangelnder Kooperation ausländischer Behörden findet aber kaum ein Vollzug deutscher Steueransprüche im Ausland statt. Die systematische Nichterhebung von Glücksspielsteuern bei illegalen Anbietern erscheint rechtlich äußerst bedenklich.

---

1 Prof. Dr. Holger Kahle ist Inhaber des Lehrstuhls für Betriebswirtschaftliche Steuerlehre und Prüfungswesen an der Universität Hohenheim und Mitglied der Forschungsstelle Glücksspiel an dieser Universität.

2 Vgl. Reiß, W. in Tipke, K./Lang, J. (Hrsg.), Steuerrecht, Köln 2010, S. 719.

2 Die Besteuerung von Sportwetten nach dem Rennwett- und Lotteriegesetz

2.1 Steuersubjekt

Steuersubjekt der Lotteriesteuer ist der Veranstalter der Sportwette (Oddset-Wette, § 19 RennwLottG). Nach ständiger Rechtsprechung des RFH und des BFH gilt als Veranstalter einer Lotterie, wer „die planmäßige Ausführung des gesamten Unternehmens selbst oder durch andere ins Werk setzt.“[3] „Inwerksetzung“ meint „geistige Urheberschaft“. Wer die Spielregeln festlegt, das zu bewettende Ereignis aussucht und die Gewinnquote festlegt, setzt eine Wette ins Werk und ist damit Steuerschuldner der Lotteriesteuer. Veranstalter kann nicht derjenige sein, der lediglich die technische Durchführung einer Veranstaltung übernimmt.[4] Es ist unerheblich, ob der Veranstalter nach außen hervortritt oder nicht.[5] Dieser Veranstalterbegriff einer Lotterie oder Ausspielung gilt entsprechend auch für Oddset-Wetten.[6] Der Vermittler einer Oddset-Wette oder eine andere Hilfsperson ist nicht Veranstalter im Sinne des RennwLottG.

Bei ausländischen Losen ist Steuersubjekt der Lotteriesteuer der Einbringer oder der erste Empfänger (§ 21 Abs. 3 RennwLottG). Eine Anmeldung beim Finanzamt muss erfolgen (§ 35 RennwLottAB). Der Begriff der Einbringung wird so verstanden, dass die tatsächliche Einfuhr von Losen ausreichend ist; es kommt nicht darauf an, ob die Lose gespielt und eingelöst werden.[7] § 21 RennwLottG bewirkt eine Doppelbelastung von in Deutschland angebotenen Wetten ausländischer Veranstalter, indem Letztere im Regelfall im Ausland (am Sitzort des Veranstalters) zu einer der Lotteriesteuer vergleichbaren Steuer herangezogen werden und zugleich in Deutschland besteuert werden.[8]

---

3 RFH, Urteil vom 06.10.1922, II A 86/22, RFHE 10, S. 218.

4 Vgl. Laukemann, M./Junker, M. AfP 2000, S. 254 (256); Strahl, M./Eich, H.-D., UVR 2006, S. 246 (252).
Derjenige, der sich an eine andere bereits bestehende Lotterie anschließt und den Teilnehmern die Zahlung von Gewinnen verspricht, welche auf die Lose jener Lotterie entfallen werden, ist Veranstalter einer Lotterie und damit Steuerschuldner. Vgl. im Einzelnen BFH v. 02.04.2008, II R 4/06, BStBl II 2009, S. 735.

5 Vgl. BFH, Urteil vom 10.12.1970, V R 50/67, BStBl II 1971, S. 193.

6 Vgl. BFH, Urteil vom 22.03.2005, II B 14/04, BFH/NV 2005, S. 1379 ff.

7 Vgl. Hicks, W., UVR 1991, S. 46 (49); Wilms, H., UVR 1999, S. 63 (63).

8 Vgl. Wilms, H., UVR 1999, S. 63 (64 ff.).

2.2 Steuerobjekt

Steuerobjekte der Lotteriesteuer sind gemäß § 17 S. 1 RennwLottG im Inland veranstaltete Oddset-Wetten. Bei einer Oddset-Wette kann der Teilnehmer seinen Einsatz selbst bestimmen und mit einer bei Abschluss der Wette festgelegten Gewinnquote rechnen, die sich später nicht mehr ändert.[9] Gegenstand der Oddset-Wette ist die Vorhersage eines bestimmten Sportergebnisses. Mit Wirkung zum 01.04.2000 hat der Gesetzgeber § 17 RennwLottG um einen Tatbestand für die Besteuerung von Oddset-Wetten ergänzt,[10] nachdem der BFH zu der Entscheidung gekommen war, Sportwetten würden nicht von § 17 RennwLottG a.F. erfasst werden; Sportwetten sind mangels festgelegten Spielplans keine Lotterien im Sinne von § 17 RennwLottG.[11]

Im juristischen Sprachgebrauch handelt es sich bei einer Sportwette um ein Spiel und nicht um eine Wette. Sowohl das Spiel als auch die Wette hängen von einem ungewissen oder streitigen Ereignis ab. Während aber die Wette der bloßen Erledigung eines Meinungsstreites dient, steht beim Spiel die Gewinnerzielung oder der Zeitvertreib oder beides im Vordergrund.[12] Sportwetten dienen der Unterhaltung und der Gewinnmaximierung, nicht der Erledigung von Meinungsstreitigkeiten.[13] Nach h. M. handelt es sich bei Sportwetten um Glücksspiele, nicht um Geschicklichkeitsspiele,[14] wobei diese Frage steuerrechtlich unerheblich ist, da Oddset-Wetten ohnehin von § 17 RennwLottG erfasst werden.[15]

Oddset-Wetten müssen „öffentlich" sein (§ 17 S. 1 RennwLottG). Den Begriff „öffentlich" präzisiert § 17 S. 2 RennwLottG damit, dass „die für die Genehmigung zuständige Behörde sie als genehmigungspflichtig ansieht". Jede genehmigungspflichtige Lotterie ist demzufolge zugleich öffentlich. Der Zweck dieser Vorschrift besteht darin, die Feststellung der Steuerbarkeit für die Fälle zu er-

---

9 Vgl. BVerfGE 115, S. 276 ff.

10 Vgl. Gesetz zur Änderung des Rennwett- und Lotteriegesetzes vom 17.05.2000, BStBl I 2000, S. 1160.

11 Vgl. BFH, Urteil vom 19.06.1996, II R 29/95, BFH/NV 1997, 68 (70); Strahl, M./Eich, H.-D., UVR 2006, S. 246 (249).

12 Vgl. Bahr, M., Glücks- und Gewinnspielrecht, Berlin 2007, S. 20, Rz. 14; Strahl, M./Eich, H.-D., UVR 2006, S. 246 (249).

13 Vgl. Strahl, M./Eich, H.-D., UVR 2006, S. 246 (249).

14 Vgl. Bahr, M., Glücks- und Gewinnspielrecht, Berlin 2007, S. 162, Rz. 685; Strahl, M./Eich, H.-D., UVR 2006, S. 246 (250).

15 Vgl. Strahl, M./Eich, H.-D., UVR 2006, S. 246 (250).

leichtern, in denen die Erteilung einer behördlichen Genehmigung erforderlich ist.

Die Finanzbehörde wird durch die Genehmigungsbehörde nur dann gebunden, sofern die Genehmigungsbehörde in ihrem Bescheid Genehmigungspflicht annimmt.[16] Ein verneinender Bescheid der Genehmigungsbehörde bindet die Finanzbehörde nicht.[17] In den Fällen, in denen die Genehmigungsbehörde die Genehmigungspflicht verneint hat, muss das Finanzamt nach eigenen Kriterien entscheiden, ob der Tatbestand der Öffentlichkeit erfüllt ist.[18]

Das Kriterium der Öffentlichkeit wird bejaht, wenn die Oddset-Wette entweder jedermann[19] oder nur einem begrenzten, jedoch nicht durch persönliche Beziehungen verbundenen Personenkreis zugänglich gemacht wird.[20] Entsprechend ist eine Oddset-Wette nicht öffentlich, sofern sie in einem „Privatzirkel" durchgeführt wird; hiermit ist ein fest abgegrenzter Personenkreis gemeint, dessen Mitglieder durch persönliche Bekanntschaft, Beruf, gemeinsame Interessen oder in ähnlicher Weise miteinander verbunden sind und zu dem gleichfalls der Veranstalter der Oddset-Wette zählt.[21]

2.3 Inlandsbezug

Nur im Inland veranstaltete Oddset-Wetten unterliegen der Lotteriesteuer. Maßgebend für den Ort der Veranstaltung ist der Ort der Ziehung der Lose, „weil dort die Gewinnhoffnung erworben wird."[22] Es kommt nicht darauf an, „wo die Veranstaltung organisatorisch vorbereitet wird oder die Gewinne tatsächlich ausgegeben werden".[23] Das Einbringen ausländischer Lose oder Ausweise über

16 Vgl. BFH, Urteil vom 03.12.1952, II 99/52 U, BStBl III 1953, 20.
17 Vgl. Hicks, W., UVR 1991, S. 46 (48) m.w.N.; Strahl, M./Eich, H.-D., UVR 2006, S. 246 (250); Sterzinger, C., NJW 2009, S. 3690 (3692); Bruschke, G., Grunderwerbsteuer, Kraftfahrzeugsteuer und andere Verkehrsteuern, Achim 2011, S. 413.
18 Vgl. Bruschke, G., Grunderwerbsteuer, Kraftfahrzeugsteuer und andere Verkehrsteuern, Achim 2011, S. 413.
19 Vgl. z. B. BFH, Urteil vom 27.04.1951, II 111/50 S, BStBl III 1951, 112.
20 Vgl. BFH, Urteil vom 29.07.1953, II 120/53 U, BStBl III 1953, 258; Hicks, W., UVR 1991, S. 46 (47).
21 Vgl. Hicks, W., UVR 1991, S. 46 (47).
22 Sterzinger, C., NJW 2009, S. 3690 (3692).
23 Sterzinger, C., NJW 2009, S. 3690 (3692) m.w.N.

Spieleinlagen in das Inland ist gleichfalls Objekt der Lotteriesteuer (§ 21 Abs. 3 RennwLottG).

Bei Oddset-Wetten kommt es „darauf an, ob der betreffende Unternehmer der Veranstalter von im Inland veranstalteten Wetten ist.“[24] Die Vermittlung von Wetten über die Grenzen hinweg wird vom RennwLottG ebenso wenig erfasst wie im Grundsatz die Wetten über ausländische Internetanbieter. Ist also der Anbieter einer Oddset-Sportwette im Ausland ansässig und werden ihm die Wetten aus dem Inland heraus über das Internet weitergeleitet oder vermittelt, liegt eine im Inland steuerpflichtige Veranstaltung i.S.d. RennwLottG nicht vor.[25]

2.4 Bemessung und Erhebung

Als Bemessungsgrundlage gilt grundsätzlich der „planmäßige Preis (Nennwert) der Lose ... ausschließlich der Steuer“ (§ 17 S. 3 RennwLottG). Die Lotteriesteuer knüpft also an den getätigten Einsätzen an. Alle für den Erwerb eines Loses zu bewirkenden Leistungen (z. B. Zuschläge für Bearbeitung, Schreib- und Kollektionsgebühren) zählen zur Bemessungsgrundlage.

Der Steuersatz der Lotteriesteuer beträgt gemäß § 17 S. 3 RennwLottG 20 % des planmäßigen Preises (Nennwertes) der Lose ausschließlich der Steuer. Auf den Bruttopreis inkl. Steuer fällt also eine Steuer i.H.v. 5/6 von 20 % = 16 2/3 % an (§ 17 Abs. 1 S. 3 RennwLottG i.V.m. § 37 Abs. 1 S. 3 RennwLottAB). Ausländische Lose sind nach § 21 Abs. 1 RennwLottG mit 25 Cent je Euro Losnennwert zu versteuern.

Der Steuersatz im Auslandsfall (25 %) ist also höher als für inländische Lose (16 2/3 %), was die Frage nach der Konformität mit dem Europarecht aufwirft, wenn es sich um Lose aus EU-Ländern handelt. Nach h. M. ist in dieser unterschiedlichen Behandlung eine offene Diskriminierung zu sehen, für die es keine Rechtfertigung gibt; es liegt ein Verstoß gegen die Dienstleistungsfreiheit (Art. 56 AEUV) vor.[26] Der Steuersatz sollte daher vereinheitlicht werden.[27]

---

24 Sensburg, P.-E., DStZ 2006, S. 189 (189).

25 Vgl. im Einzelnen BFH, Urteil vom 22.03.2005, II B 14/04, BFH/NV 2005, 1379 ff.; hierzu Sensburg, P.-E., DStZ 2006, S. 189 ff.

26 Vgl. Wilms, H., UVR 1999, S. 63 (66).

27 Vgl. Kußmaul, H./Hilmer, K./Kerth, J., DB 2006, S. 1340 (1342).

Die Steuerschuld entsteht mit der Genehmigung der Lotterie oder Ausspielung, spätestens aber in dem Zeitpunkt, in dem die Genehmigung hätte eingeholt werden müssen (§ 19 Abs. 1 S. 2 RennwLottG).[28] Die Steuer entsteht bei ausländischen Losen, sobald die Lose in das Inland eingebracht werden.

3 Umsatzsteuer

Aus systematischer Sicht handelt es sich bei der Rennwett- und Lotteriesteuer wie bei der Umsatzsteuer um eine Einkommensverwendungssteuer.[29] Glücksspiele nach dem RennwLottG sind zugleich steuerbare Umsätze im Sinne des Umsatzsteuergesetzes. Sie sind jedoch von der USt befreit, sofern sie unter spezielle Verkehrsteuergesetze fallen, d. h. nach diesen speziellen Gesetzen steuerbar sind. Umsätze, die unter das Rennwett- und Lotteriegesetz fallen, sind daher nach § 4 Nr. 9 Buchst. b S. 1 UStG von der USt befreit,[30] und zwar auch dann, wenn sie illegal veranstaltet werden.[31] Allerdings verbleibt „die zusätzliche Belastung mit nicht abziehbarer Vorsteuer."[32] Die USt-Pflicht greift nach wie vor, wenn die Wettumsätze nach § 18 RennwLottG steuerbefreit sind.[33]

Glücksspiele außerhalb des RennwLottG sind jedoch umsatzsteuerbar und umsatzsteuerpflichtig (§ 4 Nr. 9 Buchst. b S. 2 UStG). So sind die Umsätze eines gewerblichen Betreibers von Geldspielautomaten („sonstige Glücksspiele mit Geldeinsatz")[34] nicht nach § 4 Nr. 9 Buchst. b UStG steuerfrei.[35] Auch die Wett-

---

28 Vgl. im Einzelnen Bruschke, G., Grunderwerbsteuer, Kraftfahrzeugsteuer und andere Verkehrsteuern, Achim 2011, S. 424 f. Zur Entrichtung der Steuer (§ 22 RennwLottG, §§ 31 ff. RennwLottAB) und zur Festsetzung der Lotteriesteuer (§ 36 RennwLottAB) vgl. ebd., S. 425 ff.

29 Vgl. Reiß, W. in Tipke, K./Lang, J. (Hrsg.), Steuerrecht, Köln 2010, S. 719.

30 In Art. 135 lit. i) der Mehrwertsteuer-Systemrichtlinie ist allgemein eine Befreiung für Wetten, Lotterien und Glücksspiele vorgesehen.

31 Vgl. EuGH, Urteil vom 17.02.2005 – C-453/02 und C-462/02 (Linneweber und Akritidis), Slg. 2005, I-1151 = EuZW 2005, 210.

32 Reiß, W. in Tipke, K./Lang, J. (Hrsg.), Steuerrecht, Köln 2010, S. 719.

33 Vgl. Bruschke, G., Grunderwerbsteuer, Kraftfahrzeugsteuer und andere Verkehrsteuern, Achim 2011, S. 398.

34 Diese Umsätze fallen nicht unter das Rennwett- und Lotteriegesetz.

35 Diese Norm verstößt weder gegen Unionsrecht noch gegen das Grundgesetz. Vgl. BFH, Urteil v. 10.11.2010, XI R 79/07, BFH/NV 2011, 384; im Anschluss an EuGH, Urteil vom 10.06.2010 – C 58/09 (Leo Libera), IStR 2010, 523; zum Vorlagebeschluss vgl. BFH, Urteil vom 17.12.2008, XI R 79/07, DStR 2009, 364.

vermittlung ist betroffen. Allerdings liegt der Leistungsort bei der Vermittlung von Wetten für ausländische Wettunternehmen nicht in Deutschland, solange der Empfänger der Vermittlungsleistung (also der Spieler) eine Privatperson ist, was allerdings regelmäßig der Fall sein dürfte (§ 3a Abs. 3 Nr. 4 UStG). Der Leistungsort der Vermittlungsleistung liegt dann an dem Ort, an dem der Umsatz ausgeführt wird. Ausgeführt wird der Umsatz dort, wo die vermittelte Leistung (Wette) ausgeführt wird. Da die vermittelte Leistung selbst eine sonstige Leistung darstellt, ermittelt sich der Ort der sonstigen Leistung nach § 3a Abs. 1 UStG. Danach ist dies der Ort, an dem der Unternehmer (ausländischer Wettanbieter) sein Unternehmen hat, also im Ausland, so dass deutsche Umsatzsteuer nicht anfällt. Der Übergang zur Wettvermittlung hat für ausländische Veranstalter im Ergebnis zur Folge, dass die Wetten inländischer Wetter weder der Lotteriesteuer noch der Umsatzsteuer unterliegen.

Dies gilt insbesondere für Sportwetten; im Regelfall werden die Sportwetten von deutschen Vermittlern an ausländische Veranstalter vermittelt. Damit kann im Inland weder Lotteriesteuer noch Umsatzsteuer auf die Wetten erhoben werden. Umsätze aus der Vermittlung von Sportwetten gegenüber einem im Ausland ansässigen Buchmacher unterliegen im Inland nicht der Umsatzsteuer, wenn der Vermittler nicht nur bloße Hilfsperson ist.[36] § 21 RennwLottG ändert an dieser Rechtslage nichts; diese Norm kommt ohnehin nur dann zur Anwendung, wenn „Ausweise über Spieleinlagen", also Wettscheine, in das Inland eingebracht werden, was bei Wetten über das Internet (aber auch in anderen Fällen) regelmäßig nicht gegeben ist.

Sind Glücksspiele umsatzsteuerpflichtig, so fällt die Umsatzsteuer auf den Spieleinsatz abzüglich der Gewinnausschüttung an, sofern regelmäßig ein bestimmter Prozentsatz des Spieleinsatzes wieder ausgeschüttet wird. Ist ein solcher Prozentsatz nicht bestimmbar, ist der ungekürzte Spieleinsatz Bemessungsgrundlage.

---

36 Vgl. Hessisches FG, Urteil vom 6.12.2006, 6 K 3480/01, EFG 2007, 874. Eine sonstige Leistung wird im Grundsatz an dem Ort ausgeführt, von dem aus der Unternehmer sein Unternehmen betreibt (§ 3a Abs. 1 S. 1 UStG). Wenn der Vermittler lediglich als Hilfsperson des Buchmachers anzusehen ist, liegt im Inland eine Betriebsstätte des Buchmachers vor. Die Betriebsstätte gilt als Ort der sonstigen Leistung, wenn die Leistung von einer Betriebsstätte ausgeführt wird.

4 Ertragsteuerliche Aspekte von Glücksspielen

4.1 Ertragsteuerliche Aspekte bei den Anbietern von Glücksspielen

Buchmacher sind definitionsgemäß Gewerbetreibende und unterliegen je nach Rechtsform der Einkommen- bzw. Körperschaftsteuer und der Gewerbesteuer. Lotterieeinnehmer für staatliche Lotterien beziehen Einkünfte aus selbständiger Arbeit (§ 18 Abs. 1 Nr. 2 EStG), sofern die Tätigkeit freiberuflich ausgeübt wird. Eine staatliche Lotterie liegt vor, wenn sie (1) vom Staat selbst betrieben wird (Regiebetrieb), (2) in Form einer rechtsfähigen Anstalt oder (3) in Form einer Kapitalgesellschaft betrieben wird.[37] Falls die Tätigkeit des staatlichen Lotterieeinnehmers von der Art und dem Umfang her einem Gewerbebetrieb entspricht, bezieht er gewerbliche Einkünfte (§ 15 Abs. 1 Nr. 1 EStG). Der Lotterieeinnehmer unterhält einen Gewerbebetrieb, wenn er zum Absatz der Lose einen kaufmännisch eingerichteten Geschäftsbetrieb unterhält oder wenn er die Lose im Rahmen eines anderen von ihm geführten Gewerbebetriebes absetzt.[38] Eine getrennte Beurteilung der Tätigkeit als Lotterieeinnehmer und eines daneben bestehenden geführten Gewerbebetriebes ist dann notwendig, „wenn beide Tätigkeiten nach der Verkehrsauffassung als voneinander getrennte, wenn auch nebeneinander bestehende ‚Einkunftsquellen' anzusehen sind."[39] So soll etwa ein Fotofachgeschäft und ein in demselben Verkaufsraum betriebener Losverkauf getrennt zu beurteilen sein.[40] Gemäß § 13 GewStDV unterliegt die Tätigkeit der Einnehmer einer staatlichen Lotterie auch dann nicht der Gewerbesteuer, wenn sie im Rahmen eines Gewerbebetriebs ausgeübt wird.

In der Regel führt der Staat eine Lotterie als Betrieb gewerblicher Art einer juristischen Person des öffentlichen Rechts. Diese sind nach § 1 Abs. 1 Nr. 6 KStG Körperschaftsteuersubjekte. In diesem Fall ist der Betrieb nach § 5 Abs. 1 KStG bzw. nach § 3 Nr. 1 GewStG i.V.m. § 13 GewStDV von den Ertragsteuern befreit. Damit unterliegen im Regelfall die landesrechtlich geregelten staatlichen

---

37 Vgl. BFH, Urteil vom 24.10.1984, I R 158/81, BStBl II 1985, 223; Wacker, R. in Schmidt, L., Einkommensteuergesetz, Kommentar, München 2010, Rz. 135 zu § 18.

38 Vgl. BFH, Urteil vom 19.11.1985, VIII R 310/83, BStBl II 1986, 719.

39 Wacker, R. in Schmidt, L., Einkommensteuergesetz, Kommentar, München 2010 Rz. 136 zu § 18.

40 Vgl. FG Münster, Urteil vom 17.04.1980, I 1368/77 G, EFG 1981, 191; kritisch Wacker, R. in Schmidt, L., Einkommensteuergesetz, Kommentar, München 2010, Rz. 136 zu § 18.

Lotterieunternehmen einschließlich Fußballtoto und Zahlenlotto weder der Körperschaftsteuer noch der Gewerbesteuer.

Falls die Lotterie durch eine Kapitalgesellschaft betrieben wird, sind die Steuerbefreiungen nach der Rechtsprechung des BFH nicht einschlägig, da kein staatliches Lottounternehmen vorliegt; ein Gewerbebetrieb liegt auch dann vor, wenn der Staat alle Anteile an der Kapitalgesellschaft als Eigner hält.[41]

Der Bezirksvertreter einer staatlichen Lotterie ist kein Lotterieeinnehmer; seine Einkünfte fallen daher nicht unter § 18 Abs. 1 Nr. 2 EStG, sondern stellen gewerbliche Einkünfte dar.[42] Er ist nicht von der Gewerbesteuer befreit.[43] Eine Loseannahmestelle geht nach § 15 EStG einer gewerblichen Tätigkeit nach, so dass deren Gewinne der ESt und der GewSt unterliegen.[44] Eine Befreiung nach § 3 EStG greift nicht, im GewStG ist ebenfalls keine Befreiungsvorschrift einschlägig. Die Loseannahmestellen erfüllen grundsätzlich nicht den Tatbestand des § 17 RennwLottG, sind also keine Lotteriesteuersubjekte. Eine Loseannahmestelle kann dennoch der Lotteriesteuer unterworfen werden, wenn nachgewiesen wird, dass die Annahmestelle nur einen geringen Teil der Einnahmen zur Teilnahme an einer staatlichen Lotterie verwendet und die verbleibenden Einnahmen zur Auszahlung von selbst durchgeführten Auslosungen verwendet werden.[45] Die abgeführte Lotteriesteuer kann nach § 4 EStG als Betriebsausgabe abgezogen werden und mindert damit gemäß § 7 S. 1 GewStG die gewerbesteuerliche Bemessungsgrundlage.[46] Trotzdem bleibt eine Doppelbelastung mit Lotteriesteuer und Gewerbesteuer bestehen.[47]

---

41 Vgl. im Einzelnen BFH, Urteil vom 13.11.1963, GrS 1/62, BStBl III 1964, 190; BFH, Urteil vom 24.10.1984, I R 158/81, BStBl II 1985, 223; BFH, Urteil vom 14.03.1961, I 240/60, BStBl III 1961, 212. Diese Urteile beziehen sich zwar ausschließlich auf die Anwendbarkeit des § 3 GewStG; da jedoch bei der Gesetzesbegründung für das GewStG auf die Befreiung gem. § 5 KStG verwiesen wurde, ist das Urteil auch für das KStG maßgeblich.

42 Vgl. BFH, Urteil vom 10.08.1972, IV R 81/66, BStBl II 1972, 801; Wacker, R. in Schmidt, L., Einkommensteuergesetz, Kommentar, München 2010, Rz. 138 zu § 18.

43 Vgl. z. B. BFH, Urteil vom 04.07.1968, IV R 77/67, BStBl II 1968, 718.

44 Vgl. BFH, Urteil vom 19.11.1985, VIII R 310/83, BStBl II 1986, 719; FG Köln, Urteil vom 29.01.1993, 3-K-4033/90, EFG 1993, 594.

45 Vgl. BFH, Urteil vom 02.04.2008, II R 4/06, BStBl II 2009, 735; FG Köln, Urteil vom 16.11.2005, 11 K 3095/04, EFG 2006, 849.

46 Vgl. BFH, Urteil vom 01.12.2010, IV R 18/09, DB 2011, 392, Tz. 31.

47 Vgl. BFH, Urteil vom 01.12.2010, IV R 18/09, DB 2011, 391.

Bezüglich ausländischer Lose kommt es bei der Ermittlung der Ertragsteuern auf das jeweilige DBA bzw. auf den Tatbestand an, ob im Inland eine Betriebsstätte (§ 12 AO), ein ständiger Vertreter (§ 13 AO) oder ein Tochterunternehmen unterhalten wird. In diesen Fällen ist der Gewinn grundsätzlich in Deutschland zu versteuern. Im Regelfall wird der ausländische Veranstalter aber im Inland keinen Anknüpfungspunkt für eine deutsche Ertragsbesteuerung aufweisen, so dass seine Wettgewinne (nur) im Ausland zu versteuern sind. Die inländischen Wettvermittler haben nur die Vermittlungsprovisionen der Ertragsbesteuerung zu unterwerfen.

4.2 Ertragsteuerliche Aspekte beim Gewinner

Spiel-, Sport-, Wett- und Lotteriegewinne unterliegen beim Empfänger im Grundsatz nicht der Einkommensteuer; sie fallen nicht unter eine der in § 2 EStG genannten Einkunftsarten.[48] Diese Gewinne stellen kein Entgelt für irgendeine Tätigkeit dar, so dass es an einer Teilnahme am wirtschaftlichen Verkehr fehlt.[49] Die Steuerfreiheit soll auch z. B. für den Berufsroulettespieler gelten, „der seinen Lebensunterhalt durch Spielgewinne verdient, die er aufgrund eines ausgeklügelten, ggf. computergestützen Systems nachhaltig erzielt"[50]; die h. M. verneint die Steuerfreiheit, wenn die Absicht, planmäßige Gewinne zu erzielen, im Vordergrund steht.[51]

Ein Steuerpflichtiger erzielt Einkünfte nach § 22 Nr. 3 EStG, sofern er „mit Einkunftserzielungsabsicht Gewinnchancen wahrnimmt, die ihm als Entgelt für eine eigene Leistung eingeräumt werden"[52], und hierbei der Rahmen einer privaten Tätigkeit nicht überschritten wird. Ist Letzteres nicht der Fall, ist der Steuerpflichtige Gewerbetreibender.[53]

---

48 Vgl. Ismer, R., FR 2007, S. 235 ff.; Bruschke, G., Grunderwerbsteuer, Kraftfahrzeugsteuer und andere Verkehrsteuern, Achim 2011, S. 398.

49 Vgl. BFH, Urteil vom 16.09.1970, IR 133/68, BStBl II 1970, 865.

50 Schmidt-Liebig, A., StuW 1995, S. 162 (169); vgl. BFH, Urteil vom 11.11.1993, XI R 48/91, BFH/NV 1994, 622.

51 Vgl. Lang, J. in Tipke, K./Lang, J., Steuerrecht, Köln 2010, S. 276; zweifelnd generell bezüglich Berufs- und Falschspielern Weber-Grellet, H., in Schmidt, L., Einkommensteuergesetz, Kommentar, München 2010, Rz. 150 zu § 22, Stichwort „Spiel-, Sport-, Wett- und Lotteriegewinne" m.w.N.

52 Schmidt-Liebig, A., StuW 1995, S. 162 (170).

53 Vgl. Schmidt-Liebig, A., StuW 1995, S. 162 (170 f.).

5 Reformbedarf bei der Besteuerung von Sportwetten

5.1 Teleologische Auslegung des § 21 Abs. 3 RennwLottG

Die Steuerpflicht knüpft u. a. an das Einbringen von Losen an (§ 21 Abs. 3 RennwLottG). Diese Norm stellte ursprünglich darauf ab, dass Lose physisch in das Inland eingebracht werden. Die Auslegung dieser Vorschrift müsste sich an die veränderten Rahmenbedingungen anpassen. Denn die Teilnahme an Lotterien und Wetten, die im Ausland veranstaltet werden, wird entweder direkt über das Internet angeboten oder über illegale terrestrische inländische Vertriebsstellen vermittelt.[54] „Die derart tätigen Anbieter – auch die auf Basis einer von Organen der ehemaligen DDR vergebenen Konzession operierenden privaten Sportwettenanbieter – bezwecken hiermit u. a. die Vermeidung inländischer Lotteriesteuer."[55] Während bei der Teilnahme über das Internet keine Lose physisch in das Inland gelangen, erfolgt im Fall der Vermittlung die Spielteilnahme über einen körperlichen Wettschein. Zumindest im letzteren Fall sollte entgegen der bisherigen Besteuerungspraxis anerkannt werden, „dass nach teleologischer Auslegung ein steuerbarer Tatbestand i. S. des § 21 Abs. 3 RennwLottG vorliegt."[56] Hierfür spricht, dass in diesen Fällen die Anbieter oftmals Leistungen erbringen, „die weit über die reine Vermittlung von Lotterien bzw. Wetten hinausgehen und damit geeignet sind, eine Veranstaltereigenschaft i. S. von § 17 RennwLottG auch im Inland zu begründen."[57]

5.2 Anpassung des Gesetzestextes des RennwLottG

Kußmaul/Hilmer/Kerth schlagen eine Anpassung des Gesetzestextes an die veränderten technischen Rahmenbedingungen vor, damit auch im Ausland veranstaltete Oddset-Wetten, für die im Inland ein Spieleinsatz geleistet wird, vollständig der Lotteriesteuer unterliegen.[58]

Dabei muss eine im Ausland auf den Spieleinsatz gezahlte (Lotterie-)Steuer im Inland angerechnet werden. Ansonsten käme es zu einer verfassungswidrigen

54 Vgl. Kußmaul, H./Hilmer, K./Kerth, J., DB 2006, S. 1340 (1342).
55 Kußmaul, H./Hilmer, K./Kerth, J., DB 2006, S. 1340 (1342).
56 Kußmaul, H./Hilmer, K./Kerth, J., DB 2006, S. 1340 (1342).
57 Kußmaul, H./Hilmer, K./Kerth, J., DB 2006, S. 1340 (1342), mit Verweis auf BFH, Urteil vom 22.03.2005, II B 14/04, BFH/NV 2005, 1379.
58 Vgl. Kußmaul, H./Hilmer, K./Kerth, J., DB 2006, S. 1340 (1342).

Ungleichbehandlung von In- und Auslandswetten und in- und ausländischen Sportwetten. Zudem wird über eine Anrechnungsregelung eine Beschränkung der Dienstleistungsfreiheit im Fall der Vermittlung ins Ausland vermieden.

Steuerschuldner sollte nach wie vor der Veranstalter sein „bzw. auch derjenige, der die Lose bzw. Wettscheine als Erster im Inland empfängt."[59] Es muss sichergestellt werden, dass der Steueranspruch gegenüber einem im Ausland ansässigen Veranstalter von Lotterien und Wetten, die über eine inländische terrestrische Vertriebsstelle ins Ausland vermittelt oder über das Internet angeboten werden, durchgesetzt werden kann. Daher sollte auch der den Spieleinsatz Leistende die Steuer schulden und derjenige, der den Spieleinsatz für den Veranstalter zum Zweck der Erfüllung vereinnahmt (z. B. ein Vermittler) für die Steuer haften. „Steuerschuldner und Haftender sollten dann Gesamtschuldner sein."[60]

Unabhängig davon, ob die Lotterie oder Sportwette im In- oder Ausland veranstaltet wird, sollte „die Lotteriesteuer einheitlich mit dem Erbringen des Spieleinsatzes durch den Spielteilnehmer"[61] entstehen. Die Istbesteuerung erscheint sachgerecht, um den „Vorfinanzierungseffekt der Veranstalter"[62] zu beseitigen.

5.3 Einführung eines Konzessionsmodells

Unter Zugrundelegung eines Konzessions-Modells für das Internet-Glücksspiel müsste ein inländischer Anknüpfungspunkt geschaffen werden. Für eine deutsche Glücksspielsteuer müsste erstens vorausgesetzt werden, dass der Spieler im Zeitpunkt der Zahlung des Spieleinsatzes seinen Wohnsitz oder gewöhnlichen Aufenthalt im Inland hat. Zweitens müsste der Spieler die (Rechts-) Handlungen, die zur Entstehung des Spielverhältnisses erforderlich sind, im Geltungsbereich des (deutschen) Gesetzes vornehmen. Auf die Ansässigkeit des Glücksspielanbieters im In- oder Ausland kommt es nicht an. Der Spieler wäre der Steuerschuldner, während der Anbieter des Glücksspiels die Steuer für Rechnung des Spielers zu entrichten hätte (Entrichtungsschuldner).

---

59 Kußmaul, H./Hilmer, K./Kerth, J., DB 2006, S. 1340 (1342).
60 Kußmaul, H./Hilmer, K./Kerth, J., DB 2006, S. 1340 (1342).
61 Kußmaul, H./Hilmer, K./Kerth, J., DB 2006, S. 1340 (1342).
62 Kußmaul, H./Hilmer, K./Kerth, J., DB 2006, S. 1340 (1342).

Mit einer solchen Umstellung des Besteuerungsverfahrens müsste eine Konzession verbunden werden, die mit weitreichenden Auflagen verknüpft wäre. Es müssten zwingend folgende Auflagen erfüllt werden:

- Es werden Aufzeichnungen über die Spieler in Deutschland und deren Wetteinsätze geführt;
- diese Daten sind für die Finanzbehörden zugänglich;
- eine Überprüfbarbeit der Steueranmeldungs- und -zahlungsdaten ist möglich;
- ein inländischer Empfangsbevollmächtigter ist benannt;
- eine an der Steuerhöhe orientierte Sicherheitsleistung wird hinterlegt;
- der Anbieter unterwirft sich dem nationalen Besteuerungsrecht.

Allerdings dürfte es aufgrund dieser einschneidenden Auflagen und des hohen deutschen Steuersatzes der Lotteriesteuer zweifelhaft sein, dass die Anbieter in die Legalität wechseln. Die geringen Steuersätze in anderen Staaten dürften vielmehr bewirken, dass die Anbieter noch stärker in Drittstaaten ausweichen. Andererseits wäre eine inländische Besteuerung, die an den Sitz bzw. den gewöhnlichen Aufenthalt des Spielers im Inland anknüpft, ohne die genannten Auflagen im Zusammenhang mit einer Konzession praktisch nicht umsetzbar, denn die Abfrage und Prüfung müsste durch den ausländischen Veranstalter erfolgen. Infolge der fehlenden Kontrollmöglichkeiten drohte hier ein strukturelles Erhebungsdefizit.

Es droht aber auch bei Geltung dieses Auflagenmodells ein strukturelles Erhebungs- und Vollzugsdefizit, wenn es im Rahmen des Ordnungsrechts nicht gelingt, im Inland den Zugang zu Angeboten illegaler ausländischer Anbieter zu unterbinden. In diesem Fall würden die ausländischen Anbieter ohne inländische Konzession der deutschen Besteuerung entgehen. Der Gleichheitssatz (Art. 3 Abs. 1 GG) verlangt aber, dass die Besteuerung auch nicht zugelassene Anbieter erfasst. Eine effektive Eindämmung illegalen ausländischen Spiels dürfte ohne eine europaweite Harmonisierung nicht möglich sein.

Ob sich eine Besteuerung der Vermittlung von Wetten EU-konform verwirklichen lässt, dürfte fraglich sein. Vermittlungen ins Ausland wären stets mit weitergehenden steuerlichen Verpflichtungen verbunden als inländische Vermittlungen; dies stellt womöglich eine Verletzung der Dienstleistungsfreiheit dar.

6 Entwicklung in anderen Ländern

Sämtliche europäischen Mitgliedstaaten verfügen über Lotterie-Veranstaltungsmonopole. Regelmäßig tritt der Staat als Veranstalter auf, im Einzelfall sind es private Monopolanbieter. Die Entwicklung in anderen EU-Ländern zeigt im Sportwettenbereich – anders als für andere Bereiche des Glücksspiels – einen massiven Wandel weg von staatlichen Monopolen hin zur Zulassung privater Anbieter. Nur in Griechenland, den Niederlanden, Norwegen und Portugal gibt es ebenfalls noch ein Sportwettenmonopol.

Dänemark hat seine Glücksspielmärkte durch Vergabe von Lizenzen an Online-Anbieter liberalisiert. Seit Januar 2011 werden in Dänemark Lizenzen für Sportwetten und Online-Glücksspiel vergeben. Im Lotteriemarkt bleibt das Monopol erhalten. Lizenznehmer zahlen auf ihre Bruttogewinne eine Steuer von 20 %. Demgegenüber müssen herkömmliche Spielkasinos und Spielhallen bis zu 75 % der Einnahmen abführen.[63]

Frankreich hat seinen Glücksspielmarkt insb. für Sportwetten, Pferderennen und Online-Poker geöffnet. Es wird eine fünfjährige Lizenz nur an Anbieter gewährt, die

- ihre Niederlassung in der EU oder in einem Vertragspartnerstaat des EWR haben, der mit Frankreich ein Verwaltungsabkommen über den Kampf gegen Betrug und Steuerhinterziehung geschlossen hat;
- eine separate Buchhaltung für die in Frankreich angebotenen Dienste haben;
- separat für jedes angebotene Spiel ein Spielerkonto in Frankreich einrichten;
- die Zahlungsmethoden für den Kunden nicht anonymisieren und
- einen in Frankreich ansässigen ständigen Vertreter haben.

Die Bemessungsgrundlage der Steuer ist der Einsatz und nicht die Bruttomarge. Die Steuersätze sind daher entsprechend geringer (für Sportwetten bei ca. 8,5 %, für Online-Poker bei 2 %).

Seit 2001 gilt in Großbritannien eine Steuer auf den Rohertrag des Buchmachers (Bruttomarge) von 15 % (entspricht faktisch 1 % des Wetteinsatzes). Seit 2001

---

63 Die EU-Kommission prüft derzeit, ob die unterschiedliche Besteuerung den Online-Spielkasinos in Dänemark einen ungerechtfertigten Wettbewerbsvorteil gegenüber herkömmlichen Spielbanken verschafft.

haben sich daraufhin zwar die Wetteinsätze mehr als verfünffacht, das Gesamtsteueraufkommen ist aber nach den Ermittlungen der britischen Finanzbehörde um ca. 30 % eingebrochen. Großbritannien weist im internationalen Vergleich wohl den geringsten Regulierungsgrad bei Sportwetten auf (Sportwetten gelten in Großbritannien nicht als Glücksspiel) und erscheint daher unter den Lenkungszielen einer deutschen Glücksspielbesteuerung (Suchtbekämpfung u. ä.) als nicht übernahmegeeignet. Das Beispiel Großbritannien belegt die hohe Mobilität der Anbieter und zeigt, dass ein Steuerwettbewerb bei geöffneten Märkten erhebliche Risiken für das Steueraufkommen birgt.

Im Sportwettbereich liegen die Abgabensätze in der EU zwischen 0,5 % (Malta, Gibraltar) und 16 2/3 % (Deutschland) als Extremwerte. Der häufigste Steuersatz sind 2 % vom Umsatz bzw. 15 % vom Bruttospielertrag (Median). Diese geringen Steuersätze erscheinen sinnvoll, um keine Schwarzmarktangebote aufkommen zu lassen.

7 Zusammenfassung und Ausblick

Der Sportwettenmarkt funktioniert inzwischen hauptsächlich online und über Grenzen hinweg. Anbieter können den (steuerlich) günstigsten Standort wählen. Die Staaten müssen diese Flexibilität berücksichtigen, wenn ein inländisches Steueraufkommen erzielt werden soll; die Fortsetzung des Status quo wird ansonsten zu sinkenden Einnahmen für Länder und Kommunen führen.

Der Blick in andere EU-Länder zeigt im Sportwettenbereich – anders als für andere Bereiche des Glücksspiels – einen massiven Wandel weg von staatlichen Monopolen hin zur Zulassung privater Anbieter. Eine Harmonisierung der Glücksspielbesteuerung zumindest in Europa wäre ein denkbarer nächster Schritt. Da ein solcher Prozess allerding zumeist sehr langwierig ist, sollte in Deutschland zunächst eine Anpassung des Gesetzestextes des RennwLottG an die veränderten technischen Rahmenbedingungen vorgenommen werden, damit auch im Ausland veranstaltete Lotterien, Ausspielungen und Oddset-Wetten, für die im Inland ein Spieleinsatz geleistet wird, vollständig der Lotteriesteuer unterliegen.

Literaturverzeichnis

BAHR, M. (2007): Glücks- und Gewinnspielrecht, 2. Auflage, Berlin: Erich Schmidt Verlag.

BRUSCHKE, G. (2011): Grunderwerbsteuer, Kraftfahrzeugsteuer und andere Verkehrsteuern, 6. Auflage, Achim: Erich Fleischer Verlag.

HICKS, W. (1991): Steuerbare Tatbestände bei der Rennwett- und Lotteriesteuer. In: Umsatzsteuer- und Verkehrsteuer-Recht, S. 46-49.

ISMER, R. (2007): Glück im Spiel – Pech für die Dogmatik? – Zur Einkommensteuerbarkeit von Spielgewinnen. In: Finanz-Rundschau Ertragsteuerrecht, S. 235-240.

KUSSMAUL, H., HILMER, K. & KERTH, J. (2006): Die Auswirkungen des Gesetzes zur Eindämmung missbräuchlicher Steuergestaltungen und der BVerfG-Entscheidung vom 28. 3. 2006 auf die verkehrssteuerliche Behandlung von Glücksspielen und Implikationen für die Zukunft. In: Der Betrieb, S. 1340-1343.

LAUKEMANN, M. & JUNKER, M. (2000): Neues Spiel, neues Glück? – Zur strafrechtlichen Zulässigkeit von Lotterien und Ausspielungen im Internet. In: Zeitschrift für Medien- und Kommunikationsrecht, S. 254-257.

SCHMIDT, L. (Hrsg.) (2010): Einkommensteuergesetz, Kommentar, 29. Auflage, München: C.H. Beck Verlag.

SCHMIDT-LIEBIG, A. (1995): Einkommensteuerbarkeit und Einkunftsqualifikation von Spiel – und ähnlichen Gewinnen – Anmerkung zum Urteil des BFH v. 11.11.1993, XI R 48/91. In: Steuer und Wirtschaft, S. 162-172.

SENSBURG, P.-E. (2006): ODDSET-Sportwetten: Veranstaltung im Inland oder Vermittlung im Ausland. In: Deutsche Steuer-Zeitung, S. 189-193.

STERZINGER, C. (2009): Zulässigkeit von Hausverlosungen im Internet und steuerliche Konsequenzen. In: Neue Juristische Wochenschrift, S. 3690-3693.

STRAHL, M. & EICH, H.-D. (2006): Der lotteriesteuerrechtliche Begriff der Veranstaltung. In: Umsatzsteuer- und Verkehrsteuer-Recht, S. 246-253.

TIPKE, K. & LANG, J. (Hrsg.) (2010): Steuerrecht, 20. Auflage, Köln: Dr. Otto Schmidt Verlag.

WILMS, H. (1999): Die Behinderung der europarechtlichen Dienstleistungsfreiheit durch das deutsche Steuerrecht – am Beispiel des europäischen Lotteriemarktes. In: Umsatzsteuer- und Verkehrsteuer-Recht, S. 63-66.

Rechtsquellenverzeichnis

Urteile des Europäischen Gerichtshofes

EuGH, Urteil vom 10.06.2010, C-58/09 (Leo Libera), IStR 2010, S. 523.
EuGH, Urteil vom 17.02.2005, C-453/02 und C-462/02 (Linneweber und Akritidis), EuZW 2005, S. 210.

Urteile des Bundesverfassungsgerichtes

BVerfG, Urteil vom 28.03.2006, 1 BvR 1054/01, BVerfGE 115, S. 276.

Urteile des Reichsfinanzhofes

RFH, Urteil vom 06.10.1922, II A 86/22, RFHE 10, S. 218.

Urteile des Bundesfinanzhofes

BFH, Urteil vom 01.12.2010, IV R 18/09, DB 2011, S. 391.
BFH, Urteil vom 10.11.2010, XI R 79/07, BFH/NV 2011, S. 384.
BFH, Urteil vom 17.12.2008, XI R 79/07, DStR 2009, S. 364.
BFH, Urteil vom 02.04.2008, II R 4/06, BStBl. II 2009, S. 735.
BFH, Urteil vom 22.03.2005, II B 14/04, BFH/NV 2005, S. 1379.
BFH, Urteil vom 19.06.1996, II R 29/95, BFH/NV 1997, S. 68.
BFH, Urteil vom 11.11.1993, XI R 48/91, BFH/NV 1994, S. 622.
BFH, Urteil vom 19.11.1985, VIII R 310/83, BStBl. II 1986, S. 719.
BFH, Urteil vom 24.10.1984, I R 158/81, BStBl. II 1985, S. 223.
BFH, Urteil vom 10.08.1972, IV R 81/66, BStBl. II 1972, S. 801.
BFH, Urteil vom 10.12.1970, V R 50/67, BStBl. II 1971, S. 193.
BFH, Urteil vom 16.09.1970, IR 133/68, BStBl. II 1970, S. 865.
BFH, Urteil vom 04.07.1968, IV R 77/67, BStBl. II 1968, S. 718.

BFH, Urteil vom 13.11.1963, GrS 1/62, BStBl. III 1964, S. 190.
BFH, Urteil vom 14.03.1961, I 240/60, BStBl. III 1961, S. 212.
BFH, Urteil vom 29.07.1953, II 120/53 U, BStBl. III 1953, S. 258.
BFH, Urteil vom 03.12.1952, II 99/52 U, BStBl. III 1953, S. 20.
BFH, Urteil vom 27.04.1951, II 111/50 S, BStBl. III 1951, S. 112.

Urteile der Finanzgerichte

FG Hessen, Urteil vom 06.12.2006, 6 K 3480/01, EFG 2007, S. 874.
FG Köln, Urteil vom 16.11.2005, 11 K 3095/04, EFG 2006, S. 849.
FG Köln, Urteil vom 29.01.1993, 3 K 4033/90, EFG 1993, S. 594.
FG Münster, Urteil vom 17.04.1980, I 1368/77 G, EFG 1981, S. 191.

Grundzüge der Besteuerung von Sportwetten aus Sicht der Praxis

Norman Albers[1]

1 Vorbemerkung

Ein rasantes Wachstum der Glücksspielmärkte war in den vergangenen Jahren ein weltweit zu beobachtendes Phänomen. Durch das Internet sind Märkte zunehmend global verbunden, zunehmender Wettbewerb auf nationalen Märkten wirkt über den „internationalen Preiszusammenhang" der Wettquoten auf andere nationale Märkte, die bislang abgeschottet waren. So hat beispielsweise der Pferdewettmarkt in England durch das Auftreten sogenannter „Wettbörsen" erheblich an Wettbewerbsdynamik gewonnen, weil hier Verbraucher (Wettnehmer) ohne einen kalkulierten Gewinn für den Buchmacher direkt gegeneinander wetten können.[2] Als Reaktion darauf, sind die Ausschüttungen der englischen Buchmacher gestiegen, was höhere Wettquoten bei englischen Pferderennen nach sich zog. Deutsche Buchmacher, die ebenfalls englische Pferderennen zu den englischen Buchmacherquoten anbieten, haben durch diese „importierte Preissenkung" ebenfalls deutlich gesunkene Bruttoertragsmargen.

Von ökonomischem Interesse sind solche Einflussfaktoren aus der Praxis deshalb, weil sie auch Auswirkungen auf den „optimalen" ordnungspolitischen Rahmen in Deutschland haben, hinsichtlich der künftigen Besteuerung von Wetten, der Wettbewerbssituation auf diesem Markt, sowie des angestrebten Wohlfahrtsniveau der Konsumenten (zwischen Lenkung und freiem Wettbewerb). Die Re-

1 Dr. Norman Albers ist Vorstandssprecher des Deutschen Buchmacherverbandes e.V.

2 Wettbörsen, wie die Unternehmen betfair und betdaq, haben zwar eine Buchmacherzulassung, treten jedoch nicht als Wetthalter auf, sondern nur als Vermittler von Wettangeboten. Wettnehmer, die „für" das Eintreten eines Ereignisses sind, „kaufen" einen Geldbetrag („back"). Wettgeber, die „gegen" ein bestimmtes Ereignis sind, setzen einen Geldbetrag als Gewinn aus („lay") und bilden das Angebot des Marktes. Die Quote oder der Preis ist der Vervielfältiger, mit denen Käufer bzw. Verkäufer um den Geldbetrag als Wettgewinn konkurrieren. Ist ein Anbieter bereit, 100 € „gegen" den Gewinn eines Pferderennens durch ein bestimmtes Pferd auszuloben, und ein Käufer ist der Meinung, dass 25 € der „richtige" Preis dafür ist, wird diese Wette zur Quote 4,0 gehandelt. Gewinnt das Pferd tatsächlich nicht, bekommt der Wettgeber die 25 € Einsatz des Wettnehmers abzüglich einer Gebühr, die die Wettbörse einstreicht. Sollten Buchmacher eine andere Quote für das fragliche Pferd anbieten, sind auch noch Arbitragen in beiden Richtungen möglich.

gulierung der Sportwetten ist längst kein deutsches Thema, sondern eine europäische Angelegenheit trotz oder gerade wegen fehlender Harmonisierung auf diesem Gebiet.

Das Ziel dieses Beitrages ist es, die relevanten ökomischen Überlegungen dazu in den Grundzügen darzustellen sowie die verfügbaren empirischen Untersuchungsergebnisse aus dem Glücksspielsektor (insbesondere für Sportwetten) vorzustellen. Die Erkenntnisse werden auf die praktische Situation in Deutschland angewendet. Drei durchgerechnete Modellrechnungen für eine Sportwettbesteuerung werden am Ende beigefügt. Diese Betrachtung ersetzt allerdings nicht eine umfassende empirische Untersuchung für den deutschen Sportwettmarkt, kann jedoch grundsätzliche Wirkrichtungen bei der Besteuerung von Sportwetten aufzeigen.

2 Einordnung der Sportwetten im Marktumfeld von Angebot und Nachfrage

Der Ökonom möchte auf Güter- und Dienstleistungsmärkten regelmäßig die „optimale Mischung“ von Angebot und Nachfrage finden. Nur so zahlen Verbraucher nicht zu viel für ihre Nachfrage und Produzenten sind gerade noch kostendeckend bereit, die nachgefragte Menge zu alimentieren. Knapp geräumte Märkte erhöhen insgesamt die volkswirtschaftliche Wohlfahrt. Nicht geräumte Märkte sind entweder Verschwendung oder Mangel. Beim Glücksspiel ist die ökonomische Betrachtung regelmäßig eine andere. Aus ökonomischer Sicht an sich unüblich, möchte man hier die „optimale“, sprich, die das Steueraufkommen maximierende Struktur der Glücksspielsteuern finden. Begründet wird dies überwiegend mit den sozialen Kosten des Glücksspiels, die den Staat dazu berechtigen würden, auf diesen Märkten höhere Steuern vom Verbraucher zu verlangen.

Auch bei der Legalisierung der Sportwetten in Deutschland spielt das Steuerargument eine gewichtige, wenn nicht die zentrale Rolle. Private Anbieter verweisen auf das hohe zusätzliche Steueraufkommen, das durch die Legalisierung in Deutschland möglich sei. Monopolbefürworter heben hervor, dass die privaten Wettanbieter, durch ihren Sitz im niedrig besteuerten Ausland bedingt, einen hohen Anreiz zur „Steuerflucht“ haben und das Aufkommen – wenn überhaupt realisierbar – weit hinter dem eines staatlichen Angebots zurück bliebe. Beiden Sichtweisen liegen unterschiedliche Annahmen zur Marktbeschreibung zugrunde, die es aufzuzeigen gilt.

Unabhängig von der zutreffenden Beschreibung des Marktes steht fest, dass derzeit die Wetten in weitgehend unbekanntem Umfang, es gibt nur Schätzungen, an ausländische Wettanbieter aus dem Inland vermittelt werden (terrestrischer Vertriebsweg) oder direkt vom Kunden auf einer Online-Plattform des ausländischen Wettanbieters platziert werden (Online-Vertrieb). Fest steht auch, dass derzeit die **Veranstaltung** von Sportwetten im Inland der Lotteriesteuer in Höhe von 16 ⅔ % des Wetteinsatzes unterfallen würde. Ferner soll künftig auch die **Vermittlung** einer Besteuerung unterworfen werden, in dem man den Vertrieb (terrestrisch wie Online) einer Sonderabgabe unterwerfen möchte.[3]

Mit anderen Worten: das Wetten wird künftig in jedem Fall teurer!

Entweder wird es teurer, weil es gelingt, das Monopol durchzusetzen und den Markt abzuschotten, oder es wird teurer, weil der Markt legalisiert wird und eine Sonderabgabe oder Steuer erhoben wird.

Ob und um wie viel das Wetten teurer werden darf; ob und wie viel davon im Inland an Steuereinnahmen erlöst werden kann, und welche Marktbeschreibung auf den Sportwettenmarkt anwendbar ist, hängt in erster Linie von der **Nachfragereaktion der Konsumenten** auf die Preisänderung durch eine Steuererhöhung ab.

---

3 Der Gesetzentwurf des Landes Schleswig-Holstein geht von einer Ertragsbesteuerung von 15 % bzw. nach neueren Überlegungen auch von 20 % des Wettertrages (Differenz von Einsätzen und ausgeschütteten Wettgewinnen) aus.
Vgl. http://www.cdu.ltsh.de/media/gluecksspielstaatsvertrag.pdf (Zugriff am 19.03.2011).

Abb. 1: Zusammenhang der Elastizität der Glücksspielnachfrage und Steueraufkommen

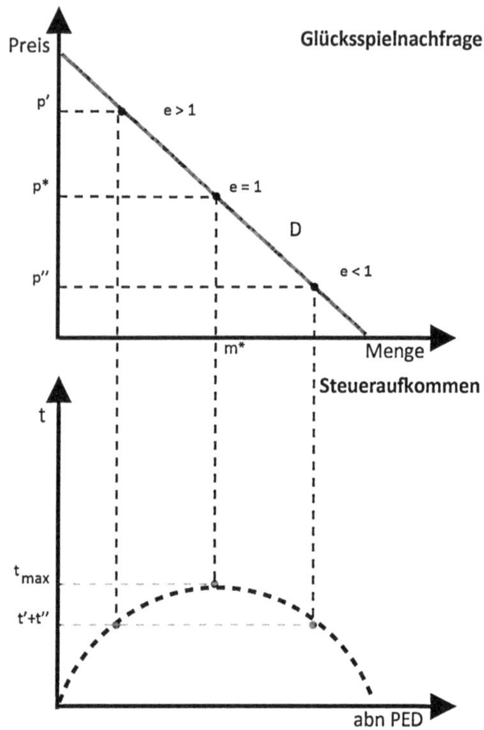

Die Nachfragereaktion der Konsumenten wird durch die **Preiselastizität der Nachfrage** (PED) beschrieben. Je stärker die Mengenreaktion bei einer Preisänderung insgesamt ausfällt, desto höher ist die Elastizität.

Der wichtigste Faktor bei der Bestimmung der PED ist die Bereitschaft und Fähigkeit der Verbraucher, nach einer Preisänderung den Konsum aufzuschieben oder den Konsum auf andere Güter, die dem gleichen Bedürfnis dienen, zu verlagern bzw. zu **substituieren**. Verbraucherpolitisch ebenfalls bedeutsam ist die Annahme, dass bei bestimmten Preiserhöhungen einige Verbraucher auf den Konsum des Gutes oder der Dienstleistung ganz verzichten.[4]

Abbildung 1 zeigt eine **„normale“ Nachfragekurve** eines gesamten Marktes. Üblicherweise sinkt die aggregierte Nachfrage mit steigendem Preis und steigt bei fallenden Preisen. Die Nachfragefunktion hat deswegen eine negative Steigung.

4 Also beispielsweise mit dem Rauchen oder dem Trinken aufhören. Dies ist dann eine besonders starke Lenkungswirkung, wie sie gemeinhin einer Tabaksteuererhöhung zugeschrieben wird. Vgl. Wernsmann, R., Verhaltenslenkung in einem rationalen Steuersystem, Tübingen 2005, S. 104 ff.

Als „Preis" des Glücksspiels wird, einer ökonomischen Konvention folgend, der (negative) mathematische Erwartungswert der Teilnahme, multipliziert mit dem nominellen Lospreis oder Preis einer Tippreihe, verwendet.[5] Im Grund kann man daher auch die Ausschüttungsquote als „Preis" benutzen. Sinkt die Ausschüttung an die Wettnehmer, so erhöht sich insgesamt der Preis des betreffenden Glücksspiels für die Gesamtheit der Teilnehmer, und umgekehrt.

Zur Illustration der Zusammenhänge kann man einfach den nominellen Lospreis einer Lotterie als „Preis" bezeichnen und die zu diesem Preis abgesetzte Losauflage als „Menge". Die Preiselastizität zeigt nun näherungsweise an, um wie viel Prozent die Nachfrage nach einem Gut sinkt, wenn der Preis um ein Prozent steigt.

Tab. 1: Berechnung der direkten Preiselastizität der Nachfrage bei einer Preissenkung

$$PED_{dir} = \frac{\textit{prozentuale Änderung der Nachfragemenge}}{\textit{prozentuale Preisänderung}}$$

Lotterie „Glücksfall"					
	Preis (p')	Tippreihen		Preis (p")	Tippreihen
Vorher	2,50 €	40 Mio.	vorher	1,00 €	120 Mio.
Nachher	2,00 €	60 Mio.	nachher	0,50 €	140 Mio.
Änderung absolut	-0,50 €	+ 20 Mio.	Änderung absolut	-0,50 €	+ 20 Mio.
Änderung in Prozent	-20%	+50%	Änderung in Prozent	-50%	+16,66%
$PED_{dir} = \left\|\frac{50}{20}\right\| = 2,5$			$PED_{dir} = \left\|\frac{16,66}{50}\right\| = 0,33$		

Die Preiselastizität der Nachfrage im Marktdiagramm der Abbildung 1 ist auf jedem Punkt der Geraden unterschiedlich. Wegen der unterschiedlichen Ausgangspreise und -mengen unterscheiden sich die relativen (prozentualen) Preis- und Mengenänderungen. Absolute Grenzen sind zunächst der sogenannte Prohibitivpreis, der so hoch ist, dass nichts mehr nachgefragt wird. Bereits eine kleine Preissenkung führt dann zu einer starken „unendlichen" Mengenreaktion, die Nachfrage ist dann „völlig elastisch".[6] Am entgegengesetzten Ende der Nachfra-

---

5 Albers, N., Ökonomie des Glücksspiels in der Bundesrepublik Deutschland, Berlin 1992, S. 133 ff.

6 Als anschauliches Beispiel möge der Verkauf von 5-Euro-Noten zum Preis von 4,90 € die-

gekurve ist der Markt völlig gesättigt; niemand wäre bereit auch bei einer Preissenkung auf „Null", noch mehr nachzufragen. Die Nachfrage ist dann insgesamt völlig preisunelastisch.[7]

Realistischerweise bewegt sich die Preiselastizität der Nachfrage irgendwo zwischen diesen Extremen, und ist „relativ elastisch" beziehungsweise „relativ unelastisch". Dies soll am Beispiel der Lotterie „Glücksfall" verdeutlicht werden. Es werden zwei Preissenkungen von Ausgangspreisen (P‘ und P“) und zwei dazugehörige Mengenänderungen in Beziehung zu einander gesetzt. Obwohl die Preissenkung und die Mengenänderung jeweils absolut gleich sind – nämlich eine Preissenkung um jeweils 50 Cent des Lospreises sowie eine daraus resultierende Erhöhung der Anzahl gespielter Tippreihen um 20 Mio. – sind die Elastizitäten mit -2,5 bei P‘ sowie -0,33 bei P“ durchaus sehr verschieden. Durch die Verwendung der Betragsstriche kann man, ökonomischen Sprachgebrauch folgend, auf das negative Vorzeichen der Elastizität verzichten.

Ökonomisch besonders bedeutsam ist eine Elastizität von -1, die bei einer linearen Nachfragefunktion im Marktdiagramm der Abbildung 1 durch den Punkt auf der halbierenden Strecke zwischen Prohibitivpreis und Sättigungsmenge abzulesen ist. Hier ist die prozentuale Änderung der nachgefragten Menge genau so hoch wie die prozentuale Preisänderung. Bei Elastizitäten um -1 (Betragswert 1) sind das Produkt von Menge und Preis am höchsten und damit der Umsatz des Marktes.[8] Ebenso am höchsten ist auch der im Preis enthaltene Steueranteil des Glücksspiels t_{max}, wie die untere Parabel – die aus allen Produkten von Preis und Menge gebildet wird – beschreibt.

Die nur empirisch zu lösende Frage bei einer Preisänderung bei einem Glücksspiel ist, ob der Gesamtmarkt sich „rechts" oder „links" vom Steuerertragsmaximum bzw. der Preiselastizität von 1 befindet.[9]

---

nen. Die Preiselatizität der Nachfrage wäre unendlich.

7 Da die Vorzeichen von Preis- und Mengenreaktion jeweils unterschiedlich positiv oder negativ sind, wird von den Ökonomen meist nur der absolute Betrag der Elastizität verwendet.

8 Ökonomisch lässt sich zeigen, dass dieses Umsatzmaximum in Verbindung mit den Grenzkosten der Produktion zugleich das angestrebte Gewinnmaximum des Monopolisten ist. Der Preis für den Konsumenten ist höher als unter Wettbewerb.

9 Die Gesamtnachfragefunktion aus allen Preis- und Mengenkombinationen ist unbekannt. Das vermutete Marktaufkommen aus Sportwetten von 7,8 Mrd. € in Deutschland ist deshalb mit beiden Situationen vereinbar.

Erhöht man den Preis bei einer unelastischen Nachfrage, steigt die Steuereinnahme aus dem betreffenden Glücksspiel bspw. von t'' nach t_{max}. Erhöht man den Preis jedoch bei einer elastischen Nachfrage, sinkt die Steuereinnahme bspw. von t_{max} auf t'. Annahmegemäß wird bei Wetten und Glücksspielen eine Preiserhöhung durch eine Verringerung der Ausschüttung bewirkt. Die Verringerung der Ausschüttung ihrerseits kann durch eine Steuersatzerhöhung hervorgerufen werden.

2.1 Das Marktmodell der ODDSET-Vertreter

Sowohl wirtschaftspolitische Entscheidungen des Staates, die eine Beeinflussung der Gesamtnachfrage darstellen (z. B. Veränderungen bei der Umsatz- oder Einkommensteuer), als auch preispolitische Maßnahmen von Unternehmen basieren oft auf Annahmen, ohne wirklich zu wissen, in welchem **Ausmaß** sich die Gesamtnachfrage nach einem Gut ändert, wenn sich beispielsweise der Preis oder das Einkommen ändert. Die aktuelle Diskussion um die Zukunft der Sportwetten in Deutschland macht hier keine Ausnahme.

ODDSET-Vertreter weisen immer wieder darauf hin, dass der Sportwettenmarkt in Deutschland nur vor ausländischen Internetanbietern abgeschottet und „Maßnahmen“ gegen lokale „Wettbuden“ ergriffen werden müssten, um durch das staatliche Monopolangebot wieder „mehr als“ bei der Zulassung privater Anbieter in die „Staatskassen zu spülen“.[10]

10 Nachgefragt: Erwin Horak: Illegale bekämpfen, Augsburger Allgemeine Zeitung vom 21. Mai 2010, http://www.augsburger-allgemeine.de/bayern/Erwin-Horak-Illegale-bekaempfen-id7869111.html (Zugriff am 14. März 2011).

Abb. 2: Preisunelastischer Sportwettmarkt nach Darstellung von Oddset

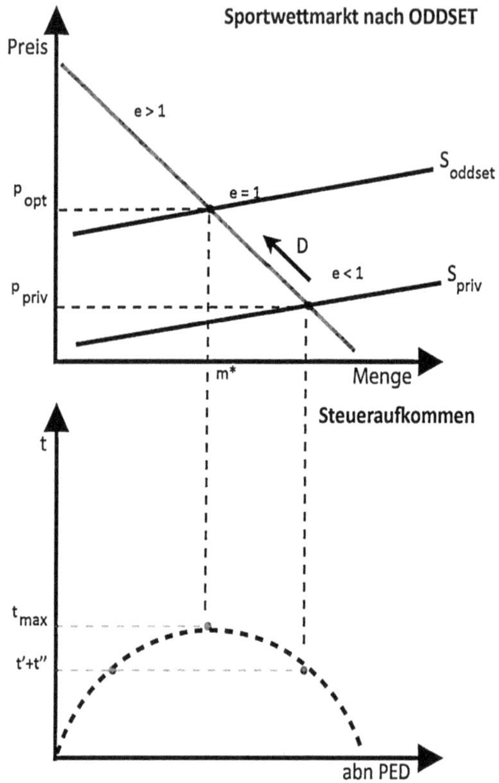

Die dabei unterstellten Zusammenhänge werden im **Marktdiagramm der Abbildung 2** zusammengefasst. Zur Nachfrage der Haushalte (Gerade von links oben nach rechts unten) kommt zeichnerisch die (von links nach rechts ansteigende) Angebotsfunktion der Wettanbieter hinzu. Im Unterschied zur aggregierten Nachfrage steigt bei höherem Preis das Angebot der Wettanbieter; diese aggregierte Funktion hat deshalb eine positive Steigung. Der aktuelle Markt wird dann durch den Schnittpunkt von Angebot und Nachfrage gebildet.

Demnach ist die derzeitige Angebotssituation durch das „billige private Angebot" von S_{priv} charakterisiert.

Eine regulative Abschottung und eine polizeirechtliche Unterbindung des privaten Angebots führen zu einer Verknappung und zu einer Verlagerung hin zum „teureren" Angebot von ODDSET. Der Preis der Sportwetten erhöht sich (wieder) von P_{priv} nach P_{opt}. Nach Ansicht der Monopolbefürworter führt dies quasi „automatisch" wieder zu einer Erhöhung des Umsatzes bzw. des Steueraufkommens bis hin zu t_{max}. Diese Angebotsverschiebung bei gegebener Nachfrage wird durch eine Linksverschiebung der Angebotsfunktion von S_{priv} nach S_{oddset} dargestellt.

Der so angenommene Automatismus unterstellt jedoch, dass die derzeitige Nachfragesituation durch eine „relativ unelastische“ Nachfrage im Bereich der direkten Preiselastizität von <1 charakterisiert werden kann. Werte der Preiselastizität nahe Null deuten an, dass die Haushalte auf das Produkt angewiesen sind. Obwohl die Preise steigen, können die Verbraucher nicht auf andere Produkte ausweichen oder ihren Konsum einschränken. Ein solches Problem haben z. B. Raucher. Trotz steigender Preise kommen sie nicht vom Tabak los. Diese Charakterisierung des Sportwettenmarktes basiert also auf zwei Annahmen, die beide zutreffen müssen (kumulativ), nur dann funktioniert dieser Automatismus:

1. Annahme: Eine Marktabschottung ist durchsetzbar.
2. Annahme: Die Verbraucher weichen nicht auf andere Wettangebote oder Glücksspiele aus, obwohl der Preis der Sportwetten steigt. Die Nachfrage ist unelastisch.

Normalerweise ist bei Gütern und Dienstleistungen, die nicht lebensnotwendig sind, selten eine unelastische Nachfrage anzutreffen. Damit wird bei Sportwetten ein relativ starker Anteil der „Suchtnachfrage“ unterstellt, wie bei Alkohol oder Nikotin. Zusammenfassend für die Position von ODDSET und seinen Befürwortern lässt sich folgende Metapher anführen:

„Man muss die Pferde nur zur Tränke führen, saufen tun sie dann schon alleine.“

2.2 Das Marktmodell der „kommerziellen“ Wettanbieter

Wie eingangs bereits skizziert, unterstellen die privaten oder auch „kommerziellen“ Wettanbieter einen anderen Zusammenhang. Die Verbraucher können aus einem breiten Sportwettangebot auswählen; auch international, nicht nur national. Je besser die **Verfügbarkeit von Substituten** ist, desto höher ist die direkte Preiselastizität der Nachfrage zu erwarten. Wenn zahlreiche und enge Substitute zur Verfügung stehen, können die Haushalte bei Preiserhöhungen leicht auf sie ausweichen. Die Nachfrage nach Sportwetten ist auf regulierten, aber offenen Märkten mit anderen Worten „relativ preiselastisch“.

Dieser Zusammenhang wird im **Marktdiagramm der Abbildung 3** abgebildet. Bedingt durch hohe Ausschüttungsquoten, die auch von den privaten Anbietern nicht geleugnet werden, befindet man sich womöglich bereits am Punkt P* – dem Preis- und Umsatzmaximum (m*) unter Wettbewerb (Konkurrenzmarkt). Der Gesetzgeber könnte durch eine vorsichtige Steuerfindung dieses Marktpotential abschöpfen. Werden die Steuern jedoch zu hoch gesetzt, ist das fiskalisch kontraproduktiv, weil dann die Wettanbieter die Steuern in Form von höheren Preisen (geringeren Ausschüttungsquoten) an die Verbraucher weitergeben müssten. Durch die elastische Preisreaktion geht das Steueraufkommen dann überproportional zurück.

Abb. 3: Preiselastischer Sportwettmarkt nach Darstellung der privaten Wettanbieter

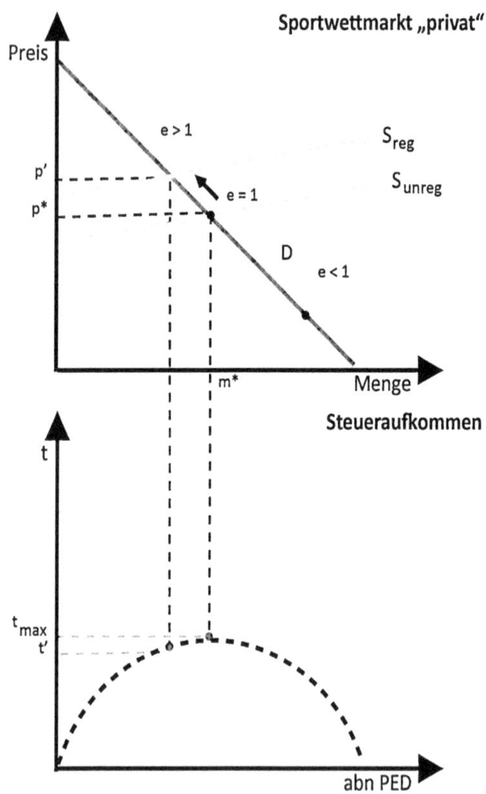

Eine solche Preiserhöhung durch eine Steuererhöhung bzw. -einführung wird durch die Linksverschiebung der Angebotsfunktion von S_{unreg} nach S_{reg} im Marktdiagramm dargestellt. Auch hier werden im Grunde zwei Annahmen getroffen, die beide jeweils zutreffen müssen, damit der Markt für Sportwetten aus Sicht der privaten Wettanbieter zutreffend beschrieben wird:

1. Annahme: Eine Marktregulierung mit angemessener Besteuerung (nur) der Anbieter ist möglich.

2. Annahme: Die Verbraucher weichen auf andere Wettangebote oder Glücksspiele aus, wenn der Preis der Sportwetten (zu stark) steigt. Die Nachfrage ist elastisch.

Normalerweise ist bei Gütern und Dienstleistungen, die nicht lebensnotwendig sind, eher eine elastische Nachfrage anzutreffen. Damit wird bei Sportwetten eine „normale Nachfrage" unterstellt. Zusammenfassend für die Position der Privatwirtschaft und ihren Befürwortern lässt sich folgende Metapher anführen:

„Man kann die Pferde zwar zur Tränke führen, man kann sie aber nicht zum Saufen zwingen.“

2.3 Marktbeschreibung: Praxis der Sportwettvermittlung und Sportwettveranstaltung

2.3.1 Ausgewählte Preiselastizitäten auf Sportwettmärkten und verwandten Märkten

Sind Sportwetter begrenzt rationale Konsumenten, die sich das beste verfügbare Angebot suchen, oder sind es eher Verbraucher, die auch bei ODDSET (zwangsweise) wetten würden, wenn sie keine andere Möglichkeit zum Wetten hätten? Um ein Gefühl für „reale“ Zusammenhänge zu bekommen, werden in Tabelle 2 ausgewählte empirische Untersuchungsergebnisse präsentiert. Dies dient der Vorbereitung und Erläuterung des „echten“ Marktmodells für Sportwetten in Deutschland.

Rohöl. Wie nicht anders zu erwarten, ist die Preiselastizität der Nachfrage nach Rohöl mit -0,05 sehr gering. Wenn man aber in kurzfristige und langfristige Nachfrage nach Rohöl unterscheidet, dann nimmt sie tendenziell mit dem **Betrachtungszeitraum** zu, da sich die Haushalte Preisänderungen mittel- bis langfristig besser anpassen können als kurzfristig. Auf kurze Sicht stellen die Haushalte ihre Heizung nicht auf Solarenergie um, wenn die Heizölpreise steigen. Ist jedoch auf Dauer mit hohen Heizölpreisen zu rechnen, wird die Alternative Solarenergie für viele Bauherren und Modernisierer attraktiver.

PKW-Kraftstoffe. Wer kennt sie nicht, die häufig wechselnden Kraftstoffpreisauszeichnungen an Tankstellen? Ist eine Tankstelle gerade besonders günstig, bilden sich zum Tanken lange Schlangen, eine andere, teurere Tankstelle wird nicht frequentiert. Reagieren deswegen die Verbraucher preiselastisch? In Wirklichkeit nein, der Verbrauch nach PKW-Kraftstoffen wird eher durch den technischen Fortschritt reduziert als durch eine Verringerung der Fahrleistung in Kilometer. Die Verbraucher reagieren auf die gestiegenen Kraftstoffpreise mit einer Verlängerung des Wiederanschaffungszyklus ihres PKW. Anstatt ein neues spritsparendes Modell zu kaufen, behalten sie ihr altes Auto und fahren es einfach länger.

Bier (Alkoholiker). Diese empirische Untersuchung aus den USA steht für einen „Klassiker“ der Suchtnachfrage. Wie nicht anders zu erwarten, reagieren Alkoholiker mit einer Elastizität von 0,6 wesentlich unelastischer auf Preiserhöhungen auf Bier als die Gesamtheit der Konsumenten mit 1,72 (absolut). Wird der Bierpreis um 10 % erhöht, schränken Alkoholiker demnach die nachgefragte Menge nur um 6 % ein, die übrige Bevölkerung um 17 %. Jedenfalls in den USA, ob es sich in Bayern genauso verhält, ist nicht bekannt.

Tab. 2: Ausgewählte Preiselastizitäten „besonderer" Güter und Dienstleistungen

Ausgewählte direkte Preiselastizitäten					
Gut/Dienstleistung	**Kurzfristig**	**Langfristig**	**Jahr**	**Autoren**	**Staat**
Rohöl	-0,05	-0,45	2003	Cooper[11]	G-7
PKW-Kraftstoffe		-0,58	1996	Espey[12]	USA
Bier (Alkoholiker)		-0,60	1995	Grossman et al.[13]	USA
Zigaretten (Erwachsene)	-0,40	-0,70	2002	DKFZ[14] nach Sunley	USA
Zigaretten (Jugendliche)	-0,90	-1,20	2002	DKFZ nach Sunley[15]	USA
Casinoautomaten		-0,90	2008	Landers[16]	USA
Lotterie (Mass., KT, Ohio)		-1,20	1993	Gulley/Scott[17]	USA
Lotterie (National Lottery)		-1,03	2002	Forrest et al.[18]	UK
Drogen (Kokain)	-0,71	-1,18	1996	Grossman et al.[19]	USA
Wetten (im Wettbüro)	*-1,19*	*-1,25*	*2001*	*Paton et al.[20]*	*UK*
Pferdewetten (Rennbahn)	*-2,85*	*-3,09*	*1995*	*Thalheimer/Ali[21]*	*USA*
Bier (alle Konsumenten)		-1,72	1998	Graig/List[22]	USA
Soft Drinks (Coca Cola)		-3,80	2003	Ayers/Collinge[23]	USA
Quellen: s. Fußnoten					

11 Cooper, J.: Price elasticity of demand for crude oil: estimates for 23 countries, OPEC Review, March 2003.

12 Espey, M.: Explaining the variation in elasticity estimates of gasoline demand in the United States: A meta-analysis, in: Energy Journal, Vol. 17, no. 3, S. 49-60, 1996.

13 Grossman, M./Chaloupka, F.J./Sirtalan, I.: An empirical analysis of alcohol addiction: results from the monitoring the future panels, National Bureau of Economic research, Working Paper No. 5200, 1995.

14 DKFZ (Hrsg.): Handlungsempfehlungen für eine wirksame Tabakkontrollpolitik in Deutschland, Sonderband Deutsches Krebsforschungszentrum, Heidelberg 2002.

15 Sunley, E. M./Yurekli, A./Chaloupka, F.J.: The design, administration and potential revenue of tobacco excises. In: Jha P./Chaloupka, F.J.: Tobacco control in developing countries, New York: Oxford University Press 2000, S. 409-426.

16 Landers, J.: Estimates of the price elasticity of demand for casino gaming and the potential effects of casino tax hikes, Office of Fiscal and Management Analysis, Indiana Legislative Services Agency, Indianapolis 2008.

17 Gulley, D./Scott, F.: The demand for wagering on state-operated Lotto games, National

Zigaretten (Erwachsene) & Zigaretten (Jugendliche). Unter der Schröder-Regierung wurden 2002 diese Untersuchungsergebnisse maßgeblich als Begründung für die deutliche Tabaksteuererhöhung zur Finanzierung der Anti-Terror-Gesetzgebung herangezogen. Man unterstellte einen „dreifachen Nutzen". Eine deutliche Steuererhöhung führt bei den erwachsenen Rauchern aufgrund der Abhängigkeit nur zu einer geringen Mengenreaktion, darauf ließ die geringe Preiselastizität von -0,7 schließen. Infolgedessen versprach man sich Steuermehreinnahmen. Parallel dazu sollten Jugendliche durch einen hohen „Einstiegspreis" vom Tabakkonsum und dem Erwerb der Sucht abgehalten werden. Die höhere Preiselastizität der Jugendlichen von -1,2 wird auf das geringere Einkommen zurückgeführt. Schließlich würden Steuermehreinnahmen in einem volkswirtschaftlichen so belastenden Markt helfen, die sozialen Kosten zu erwirtschaften.[24] Allerdings hat es keine eigene empirische Untersuchung dazu gegeben. Die empirischen Ergebnisse aus den USA waren nur bedingt auf den deutschen Markt übertragbar. Infolge des Schengen-Abkommens und der Freizügigkeit in der EU wichen die Verbraucher rasch auf preiswertere, aber ebenfalls versteuerte ausländische Zigaretten aus. Ferner blieben die verhaltenslenkenden Eingriffe seit 2007 (Nichtraucherschutzgesetze, Alterskontrolle an Automaten) unberücksichtigt. Steuereinnahmen und im Inland gekaufte Absatzmenge gingen deutlich zurück.[25]

Tax Journal 46 (1), 1995, S. 13-22.

18 Forrest, D./Gulley, D./Simmons, R.: Elasticity of demand for UK National Lottery tickets, National Tax Journal 53 (4), 2000, S. 853-864.

19 Grossman, M./Chaloupka, F./Brown, C.: The Demand for cocaine by young adults: a rational addiction approach, National Bureau of Economic Research, Working Paper No. 5713, 1996.

20 Paton, D./Siegel, D./Williams-Vaughan, L.: A time series analysis of demand for gambling in the United Kingdom, Nottingham University Business School Working Paper Series, 2001. II.

21 Thalheimer, R./Ali, M.: The demand for pari-mutuel horserace wagering and attendance with special reference to racing quality, and competition from state lottery and professional sports, Management Science, 45 (1), 1995, S. 129 -143.

22 Gallet, C. A./List, J. A.: Elasticities of beer demand revisited, in: Economics Letters 61, 1998, S. 67-71.

23 Ayers, R./Collinge, R.: Microeconomics, explore & apply, Prentice Hall, 2003, S. 120.

24 Adams, M.: Schriftliche Stellungnahme: Öffentliche Anhörung zu dem „Entwurf eines Fünften Gesetzes zur Änderung von Verbrauchsteuergesetzen" – BT-Drucksache 17/3025, 2010 – und dem Antrag zur Änderung des Tabaksteuergesetzes.

25 Bräuninger, M./Schulze, S., Überprüfung der Methodik zur Schätzung der nicht in Deutschland versteuerten Zigaretten, HWWI Policy Paper 1-17, Hamburgisches Weltwirtschaftsinstitut (HWWI), 2010.

Casinoautomaten. Nun taucht in der Tabelle erstmals ein Glücksspiel in der „Rangfolge" der Preiselastizitäten der Nachfrage auf. Erneut stammt die empirische Forschung aus den USA, hier die Preiselastizität des Automatenspiels. Der Autor kommt mit -0,9 zu einem Ergebnis von nahe 1 (Betrag), dem „Optimum" für Monopole. Erklärbar wird dies durch den hohen „Ressortanteil" der amerikanischen Spielbanken, die nur in Indianerreservaten und Glückspielmekkas wie Las Vegas oder Atlantic City zulässig sind. Die zusätzlichen Transaktionskosten der Reise und des Aufenthalts machen die direkte Nachfrage relativ preisunelastisch. Ist man erst einmal da, spielt man auch.

Lotterie (Massachusetts, Kentucky, Ohio). Amerikanische Lotterien folgen dichtauf mit einer etwas höheren Preiselastizität als europäische Lotterien, wie das englische Lotto. Grundsätzlich sind Preiselastizitäten bei Lotterien schwer messbar, weil der „Preis" (die Ausschüttungsquote) teilweise über Jahrzehnte konstant bleibt. Man behilft sich mit einer Beobachtung der Jackpothöhe und der zu dieser Jackpothöhe abgesetzten Tippreihen. Stehen jedoch mehrere Bundesstaaten mit ihrem Lottoangebot in direkter Konkurrenz zueinander (Oligopol statt Monopol), nehmen die Verbraucher auch gerne einmal das Lotto des Nachbarstaates in Anspruch. Dies erhöht die Preiselastizität.

Lotterie (National Lottery, Großbritannien). Die Autoren Forrest, Gulley und Simmons kommen in ihrer Untersuchung der englischen Camelot-Gruppe, als Veranstalter des englischen Lottos „6aus49", zu einer Preiselastizität von -1,03. Aus fiskalischer Sicht ist damit „alles richtig gemacht". Es dürfte bei dieser Elastizität ein Maximum an Steuereinnahmen erreicht sein. Die Abzüge von 50 % der Spieleinsätze, der Steueranteil von gut 40 % zuzüglich Bearbeitungsgebühren, entsprechen weitgehend dem deutschen Angebot.

Drogen (Kokain). Dieses Ergebnis ist überraschend, weil gerade die Nachfrage nach Drogen gemeinhin als unelastisch angenommen wird. Eine Preiselastizität bei Kokain von -1,18 zumindest langfristig, kann als hoch und damit „elastisch" bewertet werden. Die Autoren haben aber hier möglicherweise nicht genügend die Breite der Definition eines Gutes berücksichtigt. Je enger ein Gut abgegrenzt wird, desto eher ist auch eine Substitutionsmöglichkeit zu finden. Vermutlich würde die Elastizität geringer sein, wenn man Kokain, Cannabis und Heroin zu einem Produkt „illegale Drogen" zusammengefasst hätte.

Wetten (im Wettbüro). Das Wetten im Wettbüro weist in England empirisch eine moderate Preiselastizität von etwa -1,25 (bzw. 1,25 absolut) auf. Die Autoren der Studie gehen in einer späteren Kommentierung ihrer Untersuchung aus dem Jahre 2001 davon aus, dass die Elastizität durch das Aufkommen des Internets gestiegen sein dürfte.[26] Erklärbar wird dies durch eine relativ hohe Angebotsdichte von etwa 8.000 Wettbüros in England sowie der weiten Verbreitung des Wettens in der Bevölkerung. Die derzeitige Angebotsverteilung auf etwa 3.000 private Annahmestellen in Deutschland ist sicherlich geringer, aber ausreichend, um ebenfalls eine Substitutionsmöglichkeit unter den Anbietern zu haben. Auch kann die Verbreitung der Sportwetten in der Bevölkerung mit fünf bis sechs Millionen Nachfragern bereits jetzt als durchaus hoch angesehen werden. Die Verbreitung wird eher noch steigen, insbesondere unter konservativeren Zielgruppen, wenn es zu einer Zulassung käme. Damit dürfte eine zentrale Annahme des Lottoblocks, die Nachfrage nach Sportwetten sei relativ unelastisch, zumindest in Deutschland als sehr unwahrscheinlich, wenn nicht sogar als widerlegt angesehen werden können.

Pferdewetten (Rennbahn). Die in dieser Untersuchung ermittelten Preiselastizitäten liegen bestimmte Annahmen zugrunde, die die generelle „elastische“ Höhe der Preiselastizität von 3,0 anzweifeln lassen. Die Preiselastizität des Wettens auf Rennbahnen wird maßgeblich von den unterschiedlichen Wettquoten von Rennen zu Rennen bestimmt. Wird einem Favoriten in einem Rennen aufgrund einer relativ hohen Quote, ein „Kaufsignal“ zugeordnet, wird mehr gewettet, als wenn die Quote unattraktiv erscheint. Der Konsum wird dann auf ein späteres Rennen aufgeschoben. Gleichwohl kann auch hier nicht von einer unelastischen Nachfrage gesprochen werden.

Bier (alle Konsumenten). Siehe vorstehende Erläuterung zu Bier (Alkoholiker).

Soft Drinks (Coca-Cola). Für Ökonomen nicht überraschend ist die Nachfrage nach Softdrinks – hier gemessen an der Preis- und Sonderangebotspolitik von Coca-Cola – sehr elastisch. Soft Drinks in Form koffeinhaltiger Limonaden sind sehr homogen und deswegen bei Preisänderungen gut substituierbar. Aus diesem Grund wird bei solchen Produkten, ähnlich wie bei Gütern des täglichen Bedarfs, sehr intensiv geworben, um dem Verbraucher eine besondere Bedürfnisbefriedigung zu suggerieren. Dadurch will man die Nachfrage nach diesem Produkt „unelastisch“ machen. In den USA dürfte darüber hinaus der starke Wettbewerb

---

26 Paton, D./Siegel, D. S./Williams-Vaughan, L., The demand for gambling: a review, in: Williams-Vaughan, L., The economics of gambling, New York 2003, S. 255.

zwischen PepsiCola und Coca-Cola für die hohe Preiselastizität verantwortlich sein. Vermutlich ist die Preiselastizität für Coca-Cola in Deutschland geringer, aber keineswegs unelastisch.

2.3.2 Der Markt für Sportwetten in Deutschland: Marktbeschreibung anhand empirischer Evidenz

Die vorstehende Auswertung der Preiselastizitäten ausgewählter Güter und Dienstleistungen hat zum einen gezeigt, dass empirische Untersuchungsergebnisse aus anderen Staaten – insbesondere den USA – zwar nicht einfach auf Deutschland übertragen werden können, aber **wichtige analytische Anhaltspunkte** bieten. Durch den sehr großen relativ abgeschotteten nationalen Markt der USA sind die Substitutionsmöglichkeiten der Verbraucher dort oftmals sogar geringer als in Europa.

Auch dürfte die Vielzahl der Wettanbieter in Europa für einen hohen Wettbewerbsdruck bei Sportwetten sorgen. Infolgedessen wird im Weiteren angenommen, dass die in England ermittelte **Preiselastizität der Nachfrage von -1,25** sich in **Deutschland** zumindest bestätigen dürfte, wenn sie nicht sogar weitaus größer ist. Dies spricht zumindest auf dem Online-Wettmarkt nur für eine geringe Möglichkeit, Steuern auf den Wettnehmer durch eine Preiserhöhung abzuwälzen. Aufgrund der ausgeprägten Substitutionsmöglichkeit des Verbrauchers gilt: Der nächste Anbieter ist nur einen Mausklick entfernt.

Eine begrenzte Möglichkeit zu einer gewissen Abwälzung von Steuern dürfte für den herkömmlichen terrestrischen Vertrieb bestehen. Hier dürfte ein lokaler Anbieter mit einem guten Ruf und einer hochwertigen Ausstattung seiner Wettbüros in der Lage sein, eine geringe Preiserhöhung durchzusetzen.

Anhand der **Tabelle 3** werden diese ersten Überlegungen ausführlich analysiert und begründet. Bei einem beliebigen Fußballspiel der 1. Bundesliga in Deutschland wurden die Wettquoten bekannter Wettanbieter ausgewertet und mit dem Weltmarktdurchschnitt verglichen. Der Quotenschlüssel im Durchschnitt von etwa 350 Buchmachern, die sowohl rein terrestrisch wie auch nur Online oder aber auch in beiden Vertriebsformen ihre Wetten anbieten, beträgt aktuell im Frühjahr 2011 etwa 109,2 Prozentpunkte. Das bedeutet, dass ein Wettnehmer, der proportional zu den Wettquoten gewichtet, auf alle drei Ergebnismöglichkeiten (Sieg, Unentschieden, Niederlage) setzen würde, 109,20 € einsetzen müsste, um sicher 100 € zu gewinnen. Daraus resultiert als Kehrwert eine Ausschüttungsquote von 0,915 bzw. 91,5 % im Durchschnitt aller Wettanbieter.

Tab. 3: „Internationaler Preiszusammenhang" von Wettquoten

Preisdifferenzierung der Wettquoten (Odds) beim Spiel Freiburg - Werder Bremen am 06.03.2011								
Anbieter (Markt)	1	X	2	Quoten-schlüssel	A.Quote (Single)	Δ Diff. (Single)	A.Quote (3er)	Δ Diff. (3er)
Bwin (GIB)	2,50	3,45	2,55	108	0,926	1,2%	0,794	-13 %
Bwin (I)	2,50	3,50	2,55	107	0,935	2,2%	0,817	-11 %
Bwin (F)	2,35	3,25	2,40	115	0,870	-4,9%	0,659	-28 %
Digibet (D)	2,50	3,40	2,80	105	0,952	4,0%	0,863	-6 %
Tipico (D)	2,55	3,50	2,70	105	0,952	4,0%	0,863	-6 %
ODDSET (D)	2,30	2,80	2,40	121	0,826	-9,7%	0,564	-38 %
Paddy Power (UK)	2,40	3,40	2,70	108	0,926	1,2%	0,794	-13 %
Marktdurchschnitt*	2,45	3,25	2,66	109,2	**0,915**	-	-	-
*Quelle: Sportradar AG, Zuziwil, *350 Buchmacher*								

Es wird deutlich, dass aufgrund des „internationalen Preiszusammenhangs" der Wettquoten Preisdifferenzierungen nur in relativ geringem Umfang möglich sind. Das lässt sich an den geringen Unterschieden der Quotenschlüssel ablesen, die – von Oddset abgesehen – nur etwa 4 % bis 5 % um den internationalen Durchschnitt schwanken. Etwas unter dem Durchschnitt des Marktes rangieren bekannte Online-Anbieter wie Paddy Power oder bwin (Gibraltar) mit einem Quotenschlüssel von 108 %. Paddy Power, mit Sitz in Großbritannien, unterliegt einer Bruttoertragsbesteuerung von 15 % des Rohertrages. Bwin (Gibraltar) unterliegt in Gibraltar einer Einsatzbesteuerung von 0,5 %.

Es wird am Beispiel von bwin aber auch deutlich, dass unter bestimmten Bedingungen in nationalen Märkten versucht wird, die Quoten zu differenzieren, wenn es die dortigen Rahmenbedingungen notwendig erscheinen lassen. So wird in Italien, mit einer Besteuerung von etwa 3 % der Wetteinsätze, sogar ein noch etwas geringerer Quotenschlüssel angeboten, das spricht für einen intensiven nationalen Wettbewerb. In Frankreich hingegen werden die hohen Wettsteuern von 7,5 % der Wetteinsätze vollständig an den Kunden weitergegeben, was sich im Schlüssel von 115 niederschlägt. Erklärbar wird dies dadurch, dass in Frankreich Sportwetten nur Online angeboten werden dürfen. Im Online-Markt ist jedoch beobachtbar, dass hier sehr viele Einzelwetten ohne Kombinationspflicht nachgefragt werden. Würde der Anbieter die Steuer nicht überwälzen, würde zumindest bei Einzelspielen der Anbieter dauerhaft eine negative Rendite erzielen.[27]

Im terrestrischen Vertrieb in Deutschland sieht die Marktsituation etwas anders aus. Hier werden die Quotenschlüssel gegenüber dem Marktdurchschnitt sogar noch um 4 % unterboten. Im herkömmlichen Vertrieb werden allerdings deutlich mehr Kombinationswetten – auch aufgrund der teilweise bestehenden Kombinationspflichten – von den Konsumenten (Wettnehmern) gesetzt. Bei der Kumulation der Wettereignisse werden so höhere Bruttospielerträge für den Wettanbieter erzielbar. Dies kann am Beispiel von Tipico und Digibet mit einem primären Quotenschlüssel von jeweils 105 % gezeigt werden. Bei einer 3er-Kombinationswette sinkt die Ausschüttung trotz des hohen Primärschlüssels auf 86,3 %.

Diese Zusammenhänge haben Auswirkungen auf eine künftige Besteuerung der Sportwetten.

2.3.3 Nach einer Steuererhöhung: Preiselastische Nachfrage, unelastisches Angebot für Sportwetten

Das **Marktdiagramm der Abbildung 4** erläutert die Zusammenschau der gefundenen empirischen ökonomischen Zusammenhänge. Es wird hier allgemein die Wirkung einer „Steuererhöhung" analysiert, die beispielsweise aufgrund einer Einführung eines neuen Steuertatbestandes, wie einer Lenkungsabgabe auf den Vertrieb von Sportwetten, erhoben wird, oder aber durch eine Erhöhung einer bestehenden Steuer.

- Die Preiselastizität der Nachfrage bei Sportwetten ist größer als -1, vermutlich eher bei -1,25 oder höher; das heißt bei einer Preiserhöhung um 10 % geht die Nachfrage um mindestens 12,5 % zurück; im gleichen Verhältnis auch der Bruttospielertrag.

- Durch eine Steuererhöhung auf einem regulierten Marktes ergibt sich für die Anbieter ein Dilemma. Wälzen sie die Steuer komplett auf den Spieler ab, laufen sie Gefahr, dass die Verbraucher auf Substitute ausweichen oder die

27 Aufgrund der relativ preiselastischen Nachfrage ist zu erwarten, dass ein Großteil der französischen Wettkunden deshalb weiterhin auf dem Portal bwin (GIB) wettet. Dort ist die Auswahl auch größer.

Nachfrage teilweise einstellen. Tragen sie die Steuerlast jedoch allein, kann dies zu Lasten der Rentabilität gehen. Auch wissen die Anbieter nicht, wie die Konkurrenz im Wettbewerb reagiert.

Abb. 4: Auswirkungen einer Preiserhöhung durch Steuern

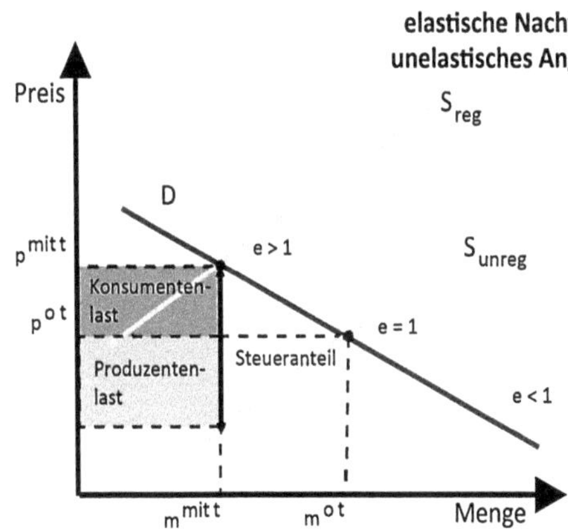

Da die Wettanbieter nicht beliebig ihre Kapazitäten zurückfahren können (bspw. durch Schließung von Wettbüros), wird in der Praxis eine Steuererhöhung zum Teil durch die in ihrem Angebot relativ unelastischen Wettanbieter getragen werden und nur zum geringeren Teil auf den Spieler überwälzt werden. Gleichwohl geht das Angebot zurück, was durch die Linksverschiebung der Angebotskurve von S_{unreg} nach S_{reg} zum Ausdruck kommt.

Die Senkrechte zwischen dem Schnittpunkt von D mit S_{reg} und dem Schnittpunkt von D mit S_{unreg} ist der Steueranteil am Preis. Graphisch wird der Anteil der Produzenten an der Steuerlast durch das hellgrau markierte Viereck dargestellt. Der Anteil der Konsumenten an der Steuerlast ist dunkelgrau markiert.

Der Sportwettmarkt, mit einer relativ hohen Preiselastizität der Nachfrage, lässt sich insgesamt also eher wie das Marktmodell der privaten Wettanbieter beschreiben. Die Vorstellungen der Monopolbefürworter passen eher zum traditionellen Lotteriemarkt. Hier sind die dazu notwendigen geringen Preiselastizitäten der Nachfrage von etwa -1 auch empirisch nachweisbar.

Beide Vertriebsformen des Sportwettmarktes, terrestrisch und online, können als komplementäre Vertriebsformen wirken, nämlich dann, wenn beide zugelassen und gleich besteuert würden. Beide Vertriebsformen können aber auch Substitute bilden, nämlich dann, wenn nur eine Vertriebsform zugelassen würde und / oder beide unterschiedlich besteuert würden.

3 Modellrechnung und Ergebnisse

3.1 Aufkommen und Verwendung des Bruttospielertrages in der Praxis

Das Marktaufkommen für Sportwetten in Deutschland wird unterschiedlich geschätzt. Oftmals wird das terrestrische Aufkommen nicht vom Online-Wettmarkt unterschieden. Die Goldmedia-Studie von 2010 macht diese wichtigen Unterschiede bei den beiden Vertriebsformen deutlich. Für die weitere Analyse sollen die Ergebnisse dieser Studie Verwendung finden.[28]

Der gesamte Sportwettenmarkt in Deutschland hat einschließlich der ODDSET-Sportwette und des Sport-Totos sowie der Pferderennwetten demnach ein Einsatzvolumen von etwa 7,8 Mrd. €. Richtigerweise muss jedoch bei Modellrechnungen auf den Bruttospielertrag abgestellt werden, da nur die Nettoeinnahmen den Wettanbietern zur Bestreitung von Kosten und Steuern zur Verfügung stehen.[29] Während der Online-Wettmarkt von allen Wetteinsätzen nur etwa 8 % Bruttospielertrag (BSE) erwirtschaftet, sind es terrestrisch doch deutlich höhere 19,5 % Bruttospielertrag (BSE). Wie vorstehend beschrieben, liegt dies in erster Linie am höheren Anteil der Einzelwetten im Onlinemarkt.

---

28 Schmid, M./Börnsen, S., Glücksspielmarkt Deutschland 2015, Situation des Glücksspielmarktes in Deutschland, Key Facts zur Studie, Goldmedia GmbH, Berlin 2010, S. 2 f.

29 Albers, N., Ökonomie des Glücksspielmarktes in der Bundesrepublik Deutschland, Berlin 1993, S. 133 ff.

Tab. 4: Spieleinsätze und Bruttospielertrag im Deutschen Wettmarkt 2010

Spieleinsätze und Bruttospielertrag im Deutschen Weltmarkt 2010			
Segment	Spieleinsätze in Mio. €	Bruttospielerstrag in Mio. €	BSE in %-Punkten vom Spieleinsatz
Sportwetten online	3.900	312	8
Sportwetten terrestrisch	3,400	663	19,5
Pferdesportwetten	251	62,5	25
Oddset	172	68,8	40
Quelle: Goldmedia 2010, eigene Berechnung			

Insgesamt ergeben sich die vorstehenden Marktverhältnisse gemäß Tabelle 4. Davon ausgehend soll in verschiedenen Modellrechnungen die Auswirkungen einer Besteuerung unter verschiedenen Annahmen diskutiert werden.

Bevor jedoch die Auswirkung einer Preiserhöhung auf die Nachfrage bei gegebenen Nachfrageelastizitäten diskutiert werden kann, sind Annahmen über die Tragfähigkeit der Steuer durch die Wettanbieter zu treffen. Denn nur der Steueranteil, der auf den Konsumenten überwälzt wird, wirkt sich für diesen preiserhöhend aus und hat Einfluss auf seine Nachfrage. Aus der Praxis sind in etwa folgende Anteile bei der Verwendung des terrestrischen Bruttospielertrages anzutreffen:

Tab. 5: Verwendung des BSE und mögliche Steuertraglast des Veranstalters

Verwendung der Spieleinsätze - terrestrisch					
stationäre Vermittlung aktuell			***Traglast einer Wettsteuer durch Produktivitätsgewinn***		
	%-Punkte	in % BSE		%-Punkte	in % BSE
Gewinnausschüttung	80,5	#	Gewinnausschüttung	80,5	#
Gewinn Veranstalter	1,7	9%	Gewinn Veranstalter	2,2	11%
Risikomarge Veranstalter	1,0	5%	Risikomarge Veranstalter	0,0	0%
operative Kosten Veranstalter	2,0	10%	operative Kosten Veranstalter	2,0	10%
Wettsteuer Veranstalter	0,5	3%	Traglast Wettsteuer Veranstalter	2,5	13%
Umsatzsteuer Provision[31]	2,3	12%	Umsatzsteuer Kosten[32]	2,0	10%
Gewinn Vertrieb	2,5	13%	Gewinn Vertrieb	0,0	0%
Kosten Vertrieb	9,5	49%	Kosten Vertrieb	10,75	55%
Summe	100,0	100%	Summe	100,0	100%
Quelle: Eigene Berechnungen					

Die linke Tabellenhälfte erläutert die Verwendung des Bruttospielertrages aufgrund der aktuellen Situation der terrestrischen Wettvermittlung an einen Wettanbieter im Ausland. Demnach wird der Bruttospielertrag von 19,5 Prozentpunkten zwischen Vermittler und Wettanbieter etwa im Verhältnis 75:25 aufgeteilt. Der Vermittler erhält etwa 14,4 % Vermittlungsprovision brutto einschließlich der Umsatzsteuer. Der Vermittler hat dafür alle Kosten des Vertriebs (Mieten, Energie, Löhne, Geschäftsausstattung, Lizenzzahlungen) zu tragen, sowie die darauf anfallende Vorsteuer.

Der Wettanbieter wiederum hat selbst nur die direkten operativen Kosten für die Unterhaltung des Rechenzentrums, die Buchmachertätigkeit sowie gewisse Vorkosten (z. B. Sportdaten) zu tragen, die hier mit 2 % vom Umsatz angenommen

30 Die Vermittlung der Wettumsätze in das Ausland erlaubt den Vorsteuerabzug auf Vorkosten, da der Vermittler eine umsatzsteuerpflichtige Provision empfängt.

31 Gemäß § 4 Nr. 9b UstG ist die Veranstaltung von Wetten von der Umsatzsteuer befreit, um eine Doppelbesteuerung mit allgemeiner und besonderer Verkehrsteuer zu vermeiden. Dies führt zum Problem der „unechten" Umsatzsteuerbefreiung, weil zugleich damit die Berechtigung zum Vorsteuerabzug entfällt.

werden. Eine angenommene Wettsteuer von 0,5 % ist am Sitz des Veranstalters zu entrichten. Allerdings muss er als Veranstalter auch eine Risikoprämie einpreisen, da er einen Forderungsausfall bei seinem Kunden (Vermittler) befürchten muss, weil er Zahlungsmoral und Bonität nicht kennt. Diese Factoringkosten wurden hier mit 1,0 % vom Wetteinsatz angenommen. Der kalkulatorische Gewinn beträgt demnach beim Wettveranstalter 1,7 % vom Wetteinsatz und beim Vermittler der Wette 2,5%.

Die rechte Hälfte der Tabelle beschreibt exemplarisch die Auswirkungen der wachsenden Rechtssicherheit durch eine gesetzliche Regulierung der Sportwettenvermittlung. Durch eine Regulierung des deutschen Wettmarktes entfällt primär die Notwendigkeit, ausschließlich mit Franchisenehmern die Wettvermittlung zu betreiben. Die Wettveranstalter können entweder direkt selbst die Vermittlungstätigkeit aufnehmen oder aber die Partner wesentlich sorgfältiger prüfen. Dies senkt die Betreibungsgebühren für das Inkasso. Falls die Vertriebsstufe des Wettvermittlers entfällt, erhöht dies voraussichtlich die Vertriebskosten von 9,5 % auf 10,75 %, weil vermutlich die Personalkosten steigen. Aber der Gewinnanteil des Vermittlers kann eingespart werden. Ebenfalls ist es realistisch anzunehmen, dass der Veranstalter nun auch einen höheren kalkulatorischen Gewinn fordern wird, wenn er selbst den Vertrieb übernimmt.

Im Ergebnis führt eine Regulierung der Sportwetten durch wachsenden Rechtssicherheit sowie Personal- und Sacheinsparungen, zu einem deutlichen Produktivitätsgewinn. Es kann daher angenommen werden, dass (terrestrisch) etwa 2,5 % des Wetteinsatzes oder 13 % des BSE als Steueranteil vom Produzenten getragen werden kann, ohne diese Steuer in Form einer „Preiserhöhung“ an den Wettkunden weitergeben zu müssen.

3.2 Vergleichende Analyse: Gestaltungsspielraum einer Sportwettsteuer und Auswirkungen unter Berücksichtigung der Preiselastizität der Nachfrage

Von den beiden „Lagern“ Monopolbefürworter und Liberalisierungsbefürworter wird der deutsche Sportwettenmarkt in erster Linie aus institutionellem Blickwinkel betrachtet. In diesem Beitrag sollen nun – nach Abschluss aller relevanten Vorüberlegungen und deren Diskussion – Modellrechnungen zum Sportwettenmarkt angestellt werden, um die qualitativen Auswirkungen einer Besteuerung zu ermitteln und zu interpretieren. Dieser Abschnitt bietet einen erheblichen Erkenntnisfortschritt gegenüber dem bisherigen Stand der Diskussion, da nun erstmals auch Nachfragereaktionen berücksichtigt werden können. Die qualitativen Ergebnisse können erstmals auch den Lenkungseffekt einer Steuer oder Abgabe auf Sportwetten verdeutlichen und abzuschätzen helfen. Es sei an dieser Stelle nochmals betont, dass eine exakte Quantifizierung ohne statistische Erhebung oder empirische Feldforschung nicht möglich ist.

3.2.1 Sonderabgabe von 20 Prozent auf den Bruttospielertrag (BSE) nach dem Vorschlag der Landesregierung Schleswig-Holstein

Das Land Schleswig-Holstein hat bislang als einziges Bundesland einen ausformulierten Gesetzentwurf in die Diskussion um die Neuordnung des Sportwettenmarktes eingebracht. Der als „Alternativentwurf" zum bestehenden Glücksspielstaatsvertrag bezeichnete Gesetzentwurf sieht in § 41 eine Abgabe auf den Bruttospielertrag von 20 % beim Vertrieb der Wette vor.[32] Rechtlich handelt sich dabei um eine Sonderabgabe.

Die zu erwartenden Steuermehreinnahmen aus dieser Sonderabgabe können zunächst „stumpf" anhand der Goldmedia-Prognose wie folgt gerechnet werden: Der Bruttospielertrag im Online-Wettmarkt von 312 Mio. €, zuzüglich des Bruttospielertrages stationär von etwa 663 Mio. €, ergeben insgesamt 975 Mio. €. Die Steuereinnahmen würden somit 195 Mio. € betragen.
Diese Rechnung ist aber nicht genau genug, weil sie nicht die zumindest teilweise Überwälzung der Steuer auf den Konsumenten (Wettnehmer) und die **Angebotsreduzierung** aufgrund der Verteuerung der Dienstleistungserbringung berücksichtigen.

- Es wird die in Abschnitt 1.3.1 hergeleitete empirische Preiselastizität der Nachfrage von -1,25 (1,25 betragsmäßig) für Sportwetten auch in Deutschland unterstellt. Das heißt, eine Preiserhöhung um 10 % führt zu einem Nachfragerückgang von 12,5 %.

32 **§ 41 Abgabensatz, Bemessungsgrundlage**
(1) Der Abgabensatz beträgt 20 von Hundert der Bemessungsgrundlage.
(2) Bemessungsgrundlage ist der Rohertrag aus den angebotenen und durchgeführten Glücksspielen. Als Rohertrag gilt der Betrag, um den die Summe aller Spieleinsätze die Summe aller ausgezahlten Spielgewinne übersteigt. Vgl. http://www.landtag.ltsh.de/infothek/wahl17/drucks/1100/drucksache-17-1100.pdf (Zugriff am 19. März 2011).

- Ferner wird – wie in Abschnitt 1.3.2 ausgeführt – angenommen, dass der Steuerbetrag von 20 % des Bruttospielertrages bzw. 1,6 % des Wetteinsatzes von einem Online-Wettanbieter vollständig ohne Überwälzung auf den Spieler getragen werden würde. Diese Annahme ergibt sich aufgrund der Beobachtung der tatsächlich praktizierten Quotenschlüssel, die – trotz unterschiedlicher Besteuerung in verschiedenen Märkten – weitgehend homogen bleiben. Erst wenn der Steuersatz einen Grenzwert von mehr als etwa zwei bis drei Prozent im Verhältnis zum Einsatz übersteigt, ist eine Anpassungsreaktion des Anbieters notwendig.

- Durch eine Besteuerung des Bruttospielertrages von 20 % würde im terrestrischen Wettmarkt dieser Grenzwert überschritten. Auf den Wetteinsatz gerechnet, ergibt sich demnach ein Steuersatz von 3,9 %. In Folge dessen muss der Wettanbieter, durch eine geringe Erhöhung des BSE (Verschlechterung des Quotenschlüssels), die Steuer anteilig zu etwa 1,9 % des Wetteinsatzes auf den Wettnehmer überwälzen, wenn er etwa 2,5 % (einschließlich der Wettsteuer von 0,5% in Malta oder Gibraltar) selbst tragen kann.

Die Nachfragereaktion auf die Steuer wird im nachfolgenden Diagramm ermittelt.

Tab. 6: Nachfragereaktion einer Bruttospielertragsbesteuerung von 20 % („Modell Schleswig-Holstein“)

Nachfragereaktion einer Bruttospielertragsbesteuerung von 20 % („Modell Schleswig-Holstein“)					
Sportwetten online			**Sportwetten terrestrisch**		
	Preis (BSE)	**Nettomarkt in €**		**Preis (BSE)**	**Nettomarkt in €**
vorher	8	312 Mio.	vorher	19,5	663,00 Mio.
nachher	8	312 Mio.	nachher	21,4	582,25Mio.
Änderung absolut	+- 0 Punkte	+ - 0 Mio.	Änderung absolut	+ 1,9 Punkte	-80,75 Mio.
Änderung in Prozent	0 %	0 %	Änderung in Prozent	+10%	-12,5%
$\boldsymbol{PED}_{dir} = \left\|\frac{0}{0}\right\| = 0$			$\boldsymbol{PED}_{dir} = \left\|\frac{12,5}{10}\right\| = 1,25$		

Es ist erkennbar, dass dieses Steuermodell auf den Online-Wettmarkt keine negativen Auswirkungen haben wird. Unter der c.p. Annahme der Ökonomen, bleibt die Nachfrage in vollem Umfang erhalten und kann der Besteuerung unterworfen werden. Da das Produkt für den Konsumenten (Wettnehmer) nicht teurer wird, ist mit einer Ausweichreaktion auf andere Märkte oder Anbieter nicht zu rechnen.

Anders jedoch der stationäre private Wettmarkt. Hier bewirkt die teilweise Überwälzung der Steuer einen Nachfragerückgang um 12,5 %. Dies verringert das BSE um 80,75 Mio. € auf 582,25 Mio. €. Die Verbraucher werden in diesem Umfang entsprechend mehr bei Online-Anbietern nachfragen oder entsprechend weniger Wetten, weil die Quoten unattraktiver geworden sind. Der Lenkungseffekt besteht aus einem Nachfragerückgang in Höhe von 414 Mio. €, der terrestrisch nicht mehr zur Verfügung steht.

Durch die Regulierung der Sportwetten entstehen dann insgesamt, um die Nachfrageanpassung bereinigte, Steuermehreinnahmen von **178,85 Mio. €**.

Tab. 7: Zusammenfassung Modellrechnung „Schleswig-Holstein"

	Sportwetten online	Sportwetten terrestrisch
BSE „neu"	312,00 Mio. €	582,25 Mio. €
„Lenkungseffekt" der Nachfrage	0	-414 Mio. €
Spieleinsätze nach Steuererhöhung	3900 Mio. €	2986 Mio. €
Steuereinnahmen	62,4 Mio. €	116,45 Mio. €

Rechnet man die der Höhe nach unverändert bestehenden ODDSET Einnahmen der Länder hinzu, ergibt sich eine Verbesserung der Einnahmensituation der Länderhaushalte von deutlich über 200 Mio. €.

3.2.2 Einführung einer direkten Verkehrsteuer von 4 % auf den Wetteinsatz

Eine Alternative zu einer Besteuerung des Bruttospielertrags ist grundsätzlich die Besteuerung des Wetteinsatzes. In der Rechtsordnung der Bundesrepublik würde eine Besteuerung des Wetteinsatzes mit der Umsatzsteuer als der allgemeinen Verkehrssteuer oder der Rennwettsteuer bzw. der Lotteriesteuer als den besonderen Verkehrssteuern kollidieren.

Zum Zwecke der Analyse soll eine gesetzliche Abänderung der Rennwettsteuer zu einer allgemeinen Wettsteuer, sowie eine Senkung des Steuertarifes von

16 ⅔ % auf 4 % des Wetteinsatzes angenommen werden. Parallel dazu müsste der Gesetzgeber die Besteuerung der Oddset-Wetten gemäß § 17 des Rennwett- und Lotteriegesetzes, ebenso der allgemeinen Buchmachersteuer gemäß § 11 „für Wetten zu festen Odds" (festen Gewinnquoten) zuordnen, genau wie die sonstigen Sport- und Rennwetten zu festen Odds.

Eine solche Änderung des Rennwett- und Lotteriegesetzes wäre sachgerecht. Der Gleichheitssatz nach Art. 3 I GG erfordert keine generelle Gleichmäßigkeit der Besteuerung, sondern Gleichheit im Belastungserfolg (wesentlich Gleiches gleich, wesentlich Ungleiches ungleich behandeln als der „neuen Formel" des BverfG seit 1980). Das bedeutet insoweit, dass alle Wetten anders besteuert werden können und auch müssten als Lotterien, die wesentlich ertragsstärker und zudem (auch weiterhin) im Monopol veranstaltet werden. Der Gleichheitssatz erfordert jedoch eine Gleichbehandlung der Wetten zu festen Gewinnquoten.

Eine Differenzierung kann jedoch hinsichtlich der sogenannten „Totalisatorwetten" getroffen werden. Totalisatorwetten auf den Rennbahnen sind genau wie die Sporttotowetten (11er-Wette, 6aus45) Poolwetten, bei denen der Veranstalter ohne inhärentes Wettrisiko eine festen Anteil von allen Wetteinsätzen (dem Pool) als „Totoabzug" für sich, bzw. für bestimmte Zwecke verwenden darf. Diese Veranstaltungsform steht den Lotterien näher als den Wetten zu festen Gewinnquoten.

Ausgehend von der Goldemedia-Prognose des Marktaufkommens ergeben sich aufgrund der Einführung einer solchen Wettsteuer folgende Anpassungsreaktionen:

- Die Preiselastizität der Nachfrage beträgt unverändert -1,25 (Betrag 1,25).

- Der terrestrische Vertrieb unterliegt bei einer Besteuerung des Wetteinsatzes in der Höhe von vier Prozent im Vergleich zum „Schleswig-Holstein-Modell" praktisch keiner Änderung in der Belastungswirkung.

- Der Online-Wettmarkt ist von einer direkten Verkehrsteuer nun deutlich betroffen. Wir im vorherigen Abschnitt erläutert, kann die Steuer nicht vollständig vom Produzenten (Wettanbieter) getragen werden, da der Bruttospielertrag dafür nicht ausreicht. Die Steuer muss teilweise auf den Konsumenten (Wettnehmer) überwälzt werden. Annahmegemäß können die Wettanbieter wie im vorhergehenden Modell etwa 1,6 % der Wettsteuer selbst tragen; die

Differenz zum Steuertarif von 4 % – also 2,4% – muss durch eine Erhöhung des Quotenschlüssels (Verringerung der Gewinnausschüttung) auf den Wettnehmer überwälzt werden.

- Der staatliche Anbieter Oddset profitiert auch von der – sich für ihn steuersenkend auswirkenden – Wettsteuer von 4 %. Annahmegemäß kann er nun seinen Quotenschlüssel von derzeit 121 auf etwa 106 bis 108 absenken, um eine konkurrenzfähige Bruttomarge von 21,4 % der Wetteinsätze zu erzielen, wie der sonstige terrestrische Vertrieb auch.

Die Nachfragereaktion auf die Steuer wird im nachfolgenden Diagramm ermittelt.

Tab. 8: Nachfragereaktion einer Verkehrsteuer auf Wetteinsätze von 4 % („Modell Belastungsgleichheit“)

Nachfragereaktion einer Verkehrsteuer auf Wetteinsätze von 4 % („Modell Belastungsgleichheit“)								
Sportwetten online			**Sportwetten terrestrisch**			**Oddset Sportwette**		
	Preis (BSE) in %	**Nettomarkt in €**		**Preis (BSE) in %**	**Nettomarkt in €**		**Preis (BSE) in %**	**Nettomarkt in €**
vorher	8	312 Mio.	vorher	19,5	663,00 Mio.	vorher	40	68,8 Mio.
nachher	10,4	195 Mio.	nachher	21,4	582,25 Mio.	nachher	21,4	110,1 Mio.
Änderung absolut	+2,4 Punkte	-117 Mio.	Änderung absolut	+ 1,9 Punkte	-80,75 Mio.	Änderung absolut	- 18,6 Punkte	+ 41,3 Mio.
Änderung in Prozent	30 %	- 37,5 %	Änderung in Prozent	+10%	-12,5%	Änderung in Prozent	-48%	+60%
$PED_{dir} = \left\|\frac{37,5}{30}\right\| = 1,25$			$PED_{dir} = \left\|\frac{12,5}{10}\right\| = 1,25$			$PED_{dir} = \left\|\frac{60}{48}\right\| = 1,25$		

Durch den deutlich geringeren Bruttospielertrag im Online-Wettmarkt ist der „Hebel“ einer linearen Einsatzsteuer hier wesentlich höher als im terrestrischen privaten Wettmarkt oder bei Oddset. Die Nachfrage als Wetteinsatz ausgedrückt, geht Online um 37,5 % bzw. 1,46 Mrd. € auf 2,43 Mrd. € zurück.

Im terrestrischen Markt bleiben die Nachfragereaktionen gegenüber dem Modell „Schleswig-Holstein“ gleich. Eine geringe rechnerische Erhöhung ergibt sich bei der Steuereinnahme, die von 116,45 Mio. € auf 119,45 Mio. € steigt. Dies resultiert aus der leichten Erhöhung des effektiven Steuersatzes von 3,9 % auf 4,0 % des Wetteinsatzes.

Für Oddset erhöhen sich aufgrund der Preissenkung um 48 % die Wetteinsätze und Bruttospielertrag um 60 %. Dies ist die „klassische“ Auswirkung einer relativ preiselastischen Nachfrage.

Insbesondere im Online-Markt ist eine erhebliche Lenkungswirkung festzustellen, die bereits an die „Grenze des Machbaren“ gehen dürfte. Eine weitere Steuererhöhung auf über 4 % des Wetteinsatzes erscheint aufgrund der gegebenen Substitutionsmöglichkeiten im Online Wettmarkt deshalb unrealistisch, fiskalisch sowie lenkend kontraproduktiv.[33]

Der Vorteil einer Besteuerung des Wetteinsatzes ist jedoch die Gleichbehandlung der Marktteilnehmer. Die Steuer wird nicht – über den Umweg einer verringerten Ausschüttung im Wettbewerb – auf den Staat „abgewälzt“. Alle Marktteilnehmer haben insoweit die gleichen Chancen und Risiken. Dies gilt dann auch für das staatliche Oddset-Angebot.

Da dieser Steuersatz im Vergleich zu Irland (1,0 %), Österreich (2,0 %), Italien (3 %) und Frankreich (7,5 %) sowie England (15 % des BSE) am oberen Ende liegt, aber auch kein „Steuergeschenk“ ist, verglichen mit Malta und Gibraltar (jeweils 0,5 %), wäre eine Erhebung in dieser Höhe wahrscheinlich „gerade noch“ machbar.

Andernfalls riskiert man, dass die zunehmend Internet-affine jüngere Generation wieder zu unregulierten Anbietern abwandert. Genau diesen Effekt möchte man ja mit einer kontrollierten Öffnung des Sportwettenmarktes online wie terrestrisch vermeiden.

---

33 Es soll aktuell etwa 515 deutschsprachige Online-Plattformen geben. In 2005 waren es noch 323. Vgl. Schmid, M./Börnsen, S., ebenda, S. 12.

Tab. 9: Zusammenfassung Modellrechnung „Belastungsgleichheit"

	Sportwetten online	**Sportwetten terrestrisch**	**Oddset Sportwette**
BSE „neu"	195,0 Mio. €	582,25 Mio. €	110,1 Mio. €
„Lenkungseffekt" der Nachfrage	-1.462,5 Mio. €	-414,0 Mio. €	+ 102 Mio. €
Spieleinsätze nach Steueränderung	2.437,5 Mio. €	2986,0 Mio. €	274,0 Mio. €
Steueraufkommen	97,5 Mio. €	119,45 Mio. €	10,99 Mio. € (- 17,70 Mio. €)

Der verbraucherpolitisch bedeutsame „Lenkungseffekt" besteht in einer Kanalisierung der Nachfrage und einem Rückgang des Gesamtmarktes um ca. 1,9 Mrd. €. Durch die Regulierung der Sportwetten – die allerdings der Mitwirkung des Bundesgesetzgebers bedarf – entstehen dann insgesamt, um die Nachfrageanpassung bereinigte, Steuermehreinnahmen von **199,2 Mio. €**. Dies resultiert auch durch einen geringen Rückgang der Steuereinnahmen bei Oddset, da die Nachfrageerhöhung die effektive Steuersenkung um 17,7 Mio. € nicht auszugleichen vermag. Last but not least ist zu erwähnen, das auch aus dem Bereich der Pferdesportwetten bei diesem Steuermodell mit Steuermehreinnahmen von etwa 10 Mio. € gerechnet werden kann.[34]

3.2.3 Besteuerung der Sportwetteinsätze mit Lotteriesteuer („Konzessionsmodell")

Die dritte Modellrechnung legt zugrunde, dass alle Sportwetten analog zu Oddset mit der Lotteriesteuer veranlagt werden. Bei einer Veranstaltung der Wetten im Inland ist diese Annahme das geltende Recht. Das Rennwett- und Lotteriegesetz unterscheidet nicht mehr in der Tarifhöhe zwischen Buchmachersteuer (§ 11), Totalisatorsteuer (§ 10) und Lotteriesteuer (§ 17), obwohl dies bei Ursprungsfassung des Gesetzes am 1. April 1922 sachgerecht so vorgesehen war.[35]

---

34 Der betriebswirtschaftliche Anreiz der Wettvermittlung von Pferdewetten in das Ausland sinkt deutlich. Allerdings ergeben sich kontraproduktive Effekte aus dem Verlust des Vorsteuerabzuges bei den umsatzsteuerlichen Kosten, wenn die Wetten im Inland veranstaltet werden.

35 Ursprünglich legte der historische Gesetzgeber die Buchmachersteuer auf 10 %, die Totalisatorsteuer auf 16,66% und die Lotteriesteuer auf 20 %, verringert um den im Lospreis enthaltenen Steuerbetrag, fest.

Würden die Länder diese Besteuerung oder eine Konzessionsabgabe in dieser Höhe für angemessen oder gar tragbar erachten, wären die Auswirkungen äußerst markant.[36]

Ausgehend von der Goldemedia-Prognose des Marktaufkommens ergäben sich aufgrund der Erhebung dieser Steuer folgende Anpassungsreaktionen:

- Die Preiselastizität der Nachfrage beträgt unverändert -1,25 (absoluter Betrag 1,25).

- Der terrestrische Vertrieb unterliegt bei einer Besteuerung des Wetteinsatzes in der Höhe von 16 ⅔ % im Vergleich zu den vorherigen Modellrechnungen einer deutlichen Erhöhung in der Belastungswirkung. Die Wettanbieter wären gezwungen, etwa 15 % der Wettsteuer auf den Konsumenten (Wettnehmer) zu überwälzen.

- Der Online-Wettmarkt ist von einer direkten Verkehrsteuer in dieser Höhe nicht mehr nur deutlich betroffen. Der legale Online Wettmarkt bräche zusammen. Die Bruttoertragsmarge müsste von aktuell 8 Prozentpunkten um 15 Prozentpunkte auf 23 % der Wetteinsätze erhöht werden. Dies geht nur durch eine offen Überwälzung der Steuer auf den Wettnehmer. Aufgrund des starken Substitutionseffektes einer Preiserhöhung um 187,50 % ist davon auszugehen, dass die Nachfrage praktisch auf „Null" zurück geht, da sie per Definition nicht negativ werden kann.

- Für den staatlichen Anbieter Oddset ändert sich an den steuerlichen Rahmenbedingungen nichts.

Die Nachfragereaktion auf die Steuer von 16 ⅔ % des Wetteinsatzes wird im nachfolgenden Diagramm zusammengefasst.

---

36 Eine entsprechende Initiative hat es zum Gesetzentwurf zur Einführung der sogenannten Spieleinsatzsteuer gegeben, der aber aus Gründen der fehlenden EU-Harmonisierung und der damit verbundenen Erdrosselung der deutschen Glücksspielwirtschaft nicht eingebracht wurde, vgl. Bundesrat Drucksache 681/04 vom 24.09.2004.

Tab. 10: Nachfragereaktion einer Verkehrsteuer auf Wetteinsätze von 16 ⅔ % („Lotteriesteuer“)

Nachfragereaktion einer Verkehrsteuer auf Wetteinsätze von 16 2/3 % („Lotteriesteuer")								
Sportwetten online			**Sportwetten terrestrisch**			**Oddset Sportwette**		
	Preis (BSE) in %	**Nettomarkt in €**		**Preis (BSE) in %**	**Nettomarkt in €**		**Preis (BSE) in %**	**Nettomarkt in €**
vorher	8	312 Mio.	vorher	19,5	663,00 Mio.	vorher	40	68,8 Mio.
nachher	23	-419 Mio.	nachher	33	46,75 Mio.	nachher	40	68,8 Mio.
Änderung absolut	+15 Punkte	-731 Mio.	Änderung absolut	+ 1,9 Punkte	-616,25 Mio.	Änderung absolut	+- 0 Punkte	+- 0 Mio.
Änderung in Prozent	+187,5 %	-234,5 %	Änderung in Prozent	+74%	-93%	Änderung in Prozent	-	-
$PED_{dir} = \left\|\frac{234,5}{187,5}\right\| = 1,25$			$PED_{dir} = \left\|\frac{93}{74}\right\| = 1,25$			$PED_{dir} = \left\|\frac{0}{0}\right\| = 0$		

Der legale Online-Wettmarkt findet bei dieser Besteuerung „nicht mehr statt“. Rechnerisch ergeben sich sogar negative Werte für den BSE. Der Bruttospielertrag geht somit auf null zurück.

Der terrestrische Markt für Sportwetten würde auf einen BSE von 46,75 Mio. € bzw. auf ein Umsatzvolumen von etwa 240 Mio. € sinken. Dies würde Wochenumsätze von gerade 1.600 € bis 1.900 € für die geplanten 2.350 „konzessionierten“ Sportwettannahmestellen bedeuten. Auch im Vergleich zu einer Lottoannahmestelle mit einem Wochenumsatz von etwa 5.000 € ist dies äußerst gering und wäre nur im „Nebenerwerb“ machbar. Dies dürfte jedoch den Schutzzielen des Glücksspielstaatsvertrag zuwiderlaufen, da auch andere Sortimente außer Wetten verkauft werden müssten.

Der Oddsetumsatz verbliebe bei 172 Mio. €.

Fiskalisch erzielen die Länder durch eine „Konzessionierung“ des Wettmarktes nach dieser Lesart gerade noch **39,9 Mio. €** durch die Zulassung „privater“ Wettanbieter.

Der begrenzt rational handelnde Konsument wird in einem solchen Szenario entweder die Wettnachfrage einstellen oder auf andere „steuerfreie“ Wettanbieter im Internet oder im Hinterzimmer ausweichen. Vor diesem Hintergrund kann man nicht mehr von einer Kanalisierung in legale Bahnen sprechen. Insgesamt entfaltet eine solche Steuer auf einem Wettbewerbsmarkt eine Erdrosselungswirkung.

Für den „wohlmeinenden Regulator“ mag diese Lenkungswirkung vielleicht erwünscht sein. In diesem Zusammenhang könnte man deshalb versuchen, durch die Vergabe nur weniger „Konzessionen“ den Wettbewerb auf dem Sportwettenmarkt auszuschalten und so die Steuer in dieser Höhe durchzusetzen. Bei einem Marktaufkommen von gerade noch 240 Mio. € bundesweit wird jedoch kein privater Investor in der Lage sein, in ein flächendeckendes Annahmestellennetz zu investieren, geschweige denn, dieses rentabel betreiben zu können.

Anders als beim Deutschen Lottoblock fehlt einem ausschließlichen Sportwettenanbieter der Deckungsbeitrag aus Lotterien als „Quersubventionierung“ eines solchen Angebots.

Tab. 11: Zusammenfassung Modellrechnung „Lotteriesteuer“

	Sportwetten online	**Sportwetten terrestrisch**	**Oddset Sportwette**
BSE „neu“	0 Mio. €	46,75 Mio. €	68,8 Mio. €
„Lenkungseffekt“ der Nachfrage	-3900 Mio. €	-3160,0 Mio. €	0 Mio. €
Spieleinsätze nach Steueränderung	0 Mio. €	240,0 Mio. €	172 Mio. €
Steueraufkommen	0 Mio. €	39,96 Mio. €	28,66 Mio. €

4 Beurteilung

Vergleicht man die Ausgaben für Glücksspiele und Sportwetten mit anderen Verbraucherausgaben, so wird leicht erkennbar, dass der Glücksspielmarkt absolut und auch hinsichtlich des Nettoaufwands, der den Unternehmen effektiv verbleibt (BSE), viel kleiner ist als beispielsweise die Ausgaben für Tabakwaren oder Getränke (Alkohol und nichtalkoholische Getränke).[37] Bei einer Umsetzung der schleswig-holsteinischen Vorschläge wird es jedoch einen „Nachholeffekt“ nach 15 Jahren der Verweigerung einer regulierten Rechtsordnung für Sportwetten geben. Es droht aber kein Las Vegas, dazu ist der Glücksspielmarkt in

37 So betrug der Bierumsatz in Deutschland für das Jahr 2009 etwa 7,3 Mrd. € bei einem Gesamtmarkt für Getränke 2009 von 38,7 Mrd. €. Allein der PKW-Hersteller Audi erzielte in 2010 einen Umsatz von 34 Mrd. €; das dürfte den gesamten Glücksspieleinsätzen in Deutschland entsprechen.

Deutschland und in der EU viel zu klein. Der Sportwettenmarkt mit einem Nettomarktvolumen von etwa 1 Mrd. € (Bruttospielertrag) als ein Teilsegment des Glücksspielmarktes ist noch viel kleiner.

In der ökonomischen Beurteilung der vorgelegten Gesetzesinitiativen ergibt sich ein klares Bild zugunsten des Vorschlags der FDP- und CDU-Fraktionen von Schleswig-Holstein.

4.1 Nachfrage nach Sportwetten – empirische Evidenz und Analyse

1. Die Einführung des Lottos in Frankreich 1986 und in Großbritannien 1994 haben nicht zu einer Verdrängung der Wettnachfrage geführt, sondern im Gegenteil zu einer Ausweitung des Glücksspielmarktes. In Großbritannien wuchs der Gesamtmarkt – gemessen am BIP – von 0,6 % des BIP in 1994 auf 1,4 % des BIP in 2000 (Einkommenseffekt).

2. Sind ähnliche Produkte erhältlich (Substitute), steigt tendenziell die Preiselastizität der Nachfrage. Das Internetangebot von Sportwetten dürfte tendenziell die Preiselastizität der Wettnachfrage weiter erhöht haben (cross-border-gambling). Dies spricht gegen den dauerhaften Erfolg und Sinn einer Marktabschottung und damit gegen eine (versteckte) zentrale Annahme der Monopolbefürworter.

3. Der Markt für „illegale“ Sportwetten in Deutschland hat von etwa 2001 bis 2007 nicht zu einer Verringerung der Nachfrage nach Lotterien geführt, sondern analog zu GB und F zu einer Ausweitung des Gesamtmarktes. Einen großen Substitutionseffekt hat es jedoch in Bezug zu ODDSET gegeben.

4. Modellrechnungen der drei Szenarien „Bruttoertragsbesteuerung“, „neue Verkehrsteuer auf Wetten“ sowie „Lotteriesteuer auch für private Wetten“ zeigen plastisch die Reaktionen der Konsumenten auf.
    a. Die Bruttoertragsbesteuerung nach dem Modell „Schleswig-Holstein“ ist im aktuellen Markt die „action of choice“. Diese Besteuerung ist ertragsstark (insgesamt 208 Mio. €) und sichert den Ländern hohe Steuereinnahmen auch bei der Vermittlung der Sportwetten in das Ausland. Nachteilig wirken sich die relativ geringe Lenkungswirkung und die Ungleichbehandlung in der Belastungswirkung bei der Veranstaltung von Wetten im Inland aus.

b. Eine gleichmäßige niedrige Besteuerung von 4 % des Wetteinsatzes für Wetten zu festen Gewinnquoten – unter Berücksichtigung des „Oddset" Angebotes – bewirkt ähnlich hohe Steuereinnahmen wie das vorstehende Modell, nämlich 199 Mio. €. Es ist sachgerecht und hat eine deutlich höhere Lenkungswirkung. Aus ökonomischer Sicht ist dieses Modell das zu präferierende, erfordert jedoch die Mitwirkung des Bundesgesetzgebers.
c. Eine Besteuerung aller Wetten nach dem „Lotteriesteuermodell", nämlich 16 ⅔ % des Wetteinsatzes, bedeutet für Sportwetten den Zusammenbruch des offiziellen Marktes. Es ist vom Steueraufkommen her fiskalisch „unergiebig" mit insgesamt etwa 68 Mio. €. Die Lenkungswirkung wird quasi nur „auf dem Papier" erzielt, da trotz einer Zulassung der privaten Wettanbieter der Schwarzmarktanteil unverändert bliebe.

5. Das vorstehende Ergebnis unter 4c. stellt sich auch für eine „begrenzte Marktöffnung" mit wenigen Konzessionen ein, die aus dem Monopol bestenfalls nur ein monopolartiges Oligopol machen. Für ein kostendeckendes Annahmestellennetz fehlt die Marktfähigkeit dieses Angebotsmodells, da den „Konzessionären" Einnahmen aus anderen Glücksspielen (Lotterien) fehlen würden.

4.2 Rückschlüsse für den Politikentscheider

a) Lotterien und Sportwetten sind keine engen Substitute, sondern bilden unterschiedliche Märkte. Der Einkommenseffekt einer Regulierung der Sportwetten überwiegt, daraus erfolgt keine „Steuerverdrängung" zu Lasten der Lotterien.

b) Die Preiselastizität der aggregierten Nachfrage nach Sportwetten ist empirisch höher als bei einer „klassischen Suchtnachfrage" wie Alkohol oder Nikotin. Der deutliche Nachfragerückgang bei Oddset in den letzten Jahren kann als Bestätigung dieser Annahme gesehen werden.

c) Eine (zu hohe) Wett-Steuer „freut" (möglicherweise) den Gesundheitsminister, nicht aber den Finanzminister.

d) Der „verhaltenslenkende Effekt“ von Änderungen der Rahmenbedingungen wird häufig unterschätzt („cross-border-shopping“ von Zigaretten aufgrund Schengen-Abkommen, Nichtraucherschutzgesetze, Alterskontrollen).

> Der optimale „Policy-Mix“ wären daher stark verhaltenslenkende Rahmenbedingungen (strenger Jugendschutz, Selbstlimitierung, 1-Produkt Vertrieb nur in konzessionierten Wettannahmen) in Verbindung mit einer „angemessenen“ Besteuerung gemäß der vorstehenden Überlegungen.

Literaturverzeichnis

ADAMS, M. (2010): Schriftliche Stellungnahme: Öffentliche Anhörung zu dem „Entwurf eines Fünften Gesetzes zur Änderung von Verbrauchsteuergesetzen" – BT-Drucksache 17/3025 – und dem Antrag zur Änderung des Tabaksteuergesetzes.

ALBERS, N. (1993): Ökonomie des Glücksspielmarktes in der Bundesrepublik Deutschland, Berlin: Duncker & Humblot.

AYERS, R.; COLLINGE, R. (2003): Microeconomics, Prentice Hall.

BRÄUNINGER, M.; SCHULZE, S. (2010): Überprüfung der Methodik zur Schätzung der nicht in Deutschland versteuerten Zigaretten, HWWI Policy Paper 1-17, Hamburgisches Weltwirtschaftsinstitut (HWWI), ISSN 1862-4960.

COOPER, J. (2003): Price elasticity of demand for crude oil: estimates for 23 countries, OPEC Review, March 2003.

CDU-FRAKTION IM SCHLESWIG-HOLSTEINISCHEN LANDTAG; FDP-LANDTAGSFRAKTION SCHLESWIG-HOLSTEIN (Hrsg.) (2010): Entwurf eines Gesetzes zur Neuordnung des Glücksspiels (Glücksspielgesetz), Schleswig-Holsteinischer Landtag, Drucksache 17/1100 vom 3. Dezember 2010.

DKFZ (Hrsg.; 2002): Handlungsempfehlungen für eine wirksame Tabakkontrollpolitik in Deutschland Sonderband Deutsches Krebsforschungszentrum, Heidelberg.

ESPEY, M. (1996): Explaining the variation in elasticity estimates of gasoline demand in the United States: A meta-analysis, Energy Journal, Vol. 17, no. 3, S. 49-60, 1996.

FORREST, D; GULLEY, D.; SIMMONS, R. (2000): Elasticity of demand for UK National Lottery tickets, National Tax Journal 53 (4), S. 853-864.

GALLET CRAIG A.; LIST, J. A. (1998): Elasticities of beer demand revisited; Economics Letters 61, S. 67-71.

GROSSMAN, M.; CHALOUPKA, F.J.: SIRTALAN, I. (1995): An empirical analysis of alcohol addiction: results from the monitoring the future panels, National Bureau of Economic research, Working Paper No. 5200.

GROSSMAN, M.; CHALOUPKA, F.; BROWN, C. (1996): The Demand for cocaine by young adults: a rational addiction approach, National Bureau of Economic Research, Working Paper No. 5713.

GULLEY, D.; SCOTT, F. (1993): The Demand for wagering on state-operated Lotto games, National Tax Journal 46(1), S. 13-22.

LANDERS, J. (2008): Estimates of the price elasticity of demand for casino gaming and the potential effects of casino tax hikes, Office of Fiscal and Management Analysis, Indiana Legislative Services Agency, Indianapolis.

PATON, D.; SIEGEL, D. S.; WILLIAMS-VAUGHAN, L. (2001): A time series analysis of demand for gambling in the United Kingdom, Nottingham University Business School Working Paper Series, 2001. II.

PATON, D.; SIEGEL, D. S.; WILLIAMS-VAUGHAN, L. (2002): The demand for gambling: a review, in: Williams-Vaughan, L. (2003): The economics of gambling, New York: Routledge.

SCHMID, M.; BÖRNSEN, S. (2010): Glücksspielmarkt Deutschland 2015, Situation des Glücksspielmarktes in Deutschland, Key Facts zur Studie, Berlin: Goldmedia GmbH, S. 2 f.

SUNLEY, E.M.; YUREKLI, A.; CHALOUPKA, F.J. (2000): The design, administration and potential revenue of tobacco excises. In: Jha, P.; Chaloupka, F.J.: Tobacco control in developing countries, New York: Oxford University Press, S. 409-426.

THALHEIMER, R.; ALI, M. (1995): The demand for pari-mutuel horserace wagering and attendance with special reference to racing quality, and competition from state lottery and professional sports, Management Science, 45 (1), S. 129-143.

WERNSMANN, R. (2005): Verhaltenslenkung in einem rationalen Steuersystem, Tübingen: Mohr Siebeck.

Spielerschutz und Glücksspielregulierung aus Public Health-Perspektive

Jörg Häfeli[1]

1 Der Zusammenhang zwischen Verfügbarkeit von Glücksspielen und der Entstehung glücksspielbezogener Probleme

Das deutsche Regulierungskonzept für Glücksspiel hat in der Vergangenheit einen vorwiegend verhältnispräventiven Ansatz verfolgt. Dieser Ansatz manifestiert sich am klarsten darin, dass der Staatsvertrag zum Glücksspielwesen in Deutschland nicht etwa – einer Public Health-Ausrichtung folgend – seine Ziele darauf fokussiert, pathologisches Glücksspiel und seine Folgen zu bekämpfen und einzudämmen. Stattdessen setzt er sich zum Ziel, die Teilnahme an Glücksspielen insgesamt, also vor allem auch an moderaten Glücksspielen, einzudämmen, indem zum Beispiel das Angebot begrenzt wird. Dieses Vorgehen wäre gesundheitspolitisch dann zweckmäßig, wenn die Entstehung glücksspielbezogener Probleme eine direkte und kausale Konsequenz der Teilnahme an Glücksspielen wäre. In diesem Fall wäre es ein zielführender Weg zur Bekämpfung pathologischen Glücksspiels, die Attraktivität und damit die Nutzung von Glücksspielprodukten zu verringern. Dazu könnten Maßnahmen eingesetzt werden, welche die Kosten der Glücksspielprodukte erhöhen sowie deren Verfügbarkeit ebenso wie die Anzahl der Marktteilnehmer verringern.[2]

Die Hypothese, dass eine grössere Verfügbarkeit von Glücksspielangeboten auch zu einer höheren Prävalenzrate pathologischen Glücksspiels führt, wurde erstmals von Kallick et al.[3] geäussert. Unterstützt wurde diese Vermutung in der von Shaffer et al.[4] durchgeführten Meta-Analyse, welche zwischen 1975 und 1996

---

1 Prof. Jörg Häfeli, MAS, ist Dozent und Projektleiter am Institut Sozialmanagement und Sozialpolitik an der Hochschule Luzern – Soziale Arbeit (Schweiz). Er beschäftigt sich im Bereich der Forschung und Entwicklung seit über zehn Jahren mit der Prävention im Glücksspielbereich.

2 Hayer, T./Meyer, G., Sportwetten im Internet, in: SuchtMagazin 1, 2004; Meyer, G.: Gesundheitswissenschaftliche Studie, in: Schweizerisches Institut für Rechtsvergleichung, International vergleichende Analyse des Glücksspielwesens, Lausanne 2009.

3 Kallick, M./Suits, D./Dielman, T./Hybels, J., Survey of American gambling attitudes and behavior, Ann Arbor, 1976.

4 Shaffer, H. J./Hall, M./Vander Bilt, J., Estimating the prevalence of disordered gambling behavior in the United States and Canada, in: American Journal of Public Health 89,

durchgeführte Prävalenzstudien in den Blick nahm. Parallel zum wachsenden Angebot von Glücksspielmöglichkeiten ließ sich ein Anwachsen der Prävalenz pathologischen Glücksspiels finden (vgl. Abbildung 1). In 2005 erreichte die Prävalenzrate pathologischen Glücksspiels allerdings einen historischen Tiefststand – und das zu einem Zeitpunkt als in 17 Bundesstaaten ein reguliertes Casino- und Wettangebot existierte und ein breites Angebot aller Glücksspielformen im Internet verfügbar war.[5] Seit Beginn der Prohibition von Online-Glücksspiel durch den *Unlawful Internet Gambling Enforcement Act* in 2006 ist die Prävalenzrate allerdings wieder leicht angestiegen.

Abb. 1: Auswirkungen der fortschreitenden Legalisierung von Casinospielen und Sportwetten in den USA.
Der nahezu lineare Zusammenhang zwischen der Verfügbarkeit und der Prävalenzrate pathologischen Glücksspiels reißt nach 2001 abrupt ab; der Zusammenhang wird ab diesem Zeitpunkt durch andere Effekte moderiert.

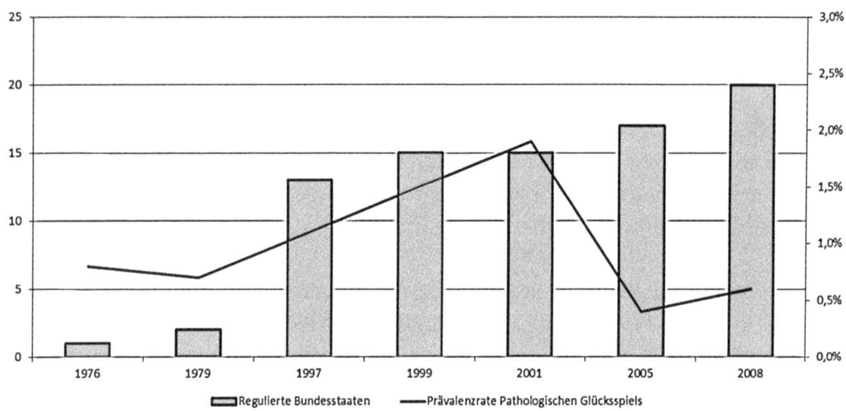

Vergleichbare paradoxe Effekte lassen sich in einer Vielzahl von Prävalenzstudien auffinden, sodass die Existenz eines direkten linearen Zusammenhangs zwischen Verfügbarkeit und Problemausmaß inzwischen abgelehnt wird.[6] Mögliche

1999.

5 Sparrow, M. K., Can Internet Gambling Be Effectively Regulated? Managing the Risks, Report prepared for the Brattle Group, 2009.

6 Williams, R. J./West, B. L./Simpson R. I., Prevention of Problem Gambling, Report prepared for the Ontario Problem Gambling Research Centre, Guelph, Ontario 2007.

Erklärungen für diese Effekte beziehen nun weitere Variablen mit ein. So konnten Williams, Rehm & Stevens[7] in einer Metaanalyse zeigen, dass während der Zusammenhang für terrestrische Glücksspielautomaten gut dokumentiert ist, er für das Online Glücksspiel zweifelhaft ist. Verschiedene Studien kommen auch zu dem Ergebnis, dass der gleichzeitige Anstieg von Verfügbarkeit und Problemausmaß nur ein kurzfristiger Effekt ist. So konnten Jacques & Ladouceur[8] zeigen, dass die Prävalenzrate pathologischen Glücksspiels durch die Eröffnung neuer Spielmöglichkeiten kurzfristig ansteigt, aber innerhalb von zwei Jahren wieder unter den Ausgangszustand gesunken ist. Die Erklärung dafür wird in Adaptionseffekten gesehen, die dazu führen, dass Spieler sich auf die Verfügbarkeit von Glücksspielmöglichkeiten in ihrer Umgebung relativ rasch einstellen.[9] Ein weiteres Erklärungsmodell bezieht den Spielerschutz als Mediatorvariable in den Zusammenhang mit ein. So konnte Volberg[10] zeigen, dass die Einführung zusätzlicher Spielgelegenheiten zu einem Absinken der Prävalenzrate pathologischen Glücksspiels führt, wenn sie von einer aktiven Promotion von Spielerschutzmaßnahmen begleitet wird. Daraus schließt sie, dass der Zusammenhang zwischen Verfügbarkeit und Problemausmass auch durch die Verfügbarkeit von Spielerschutzmaßnahmen moderiert wird.[11] In Regulierungen, die keinen starken Fokus auf Spielerschutz legen, würde damit ein direkter Zusammenhang existieren, während in Regulierungen, die den Spielerschutz ins Zentrum rücken, der Zusammenhang zwischen Verfügbarkeit und Prävalenzrate pathologischen Glücksspiels gegen Null geht. Hinterlegt man das theoretische Modell des epidemiologischen Dreiecks,[12] so ist diese Annahme eines moderierten Zusammenhangs sehr plausibel (siehe Abbildung 2).

---

7 Williams, R. J./Rehm, J./Stevens, R. M. G., The Social and Economic Impacts of Gambling, Final Report prepared for the Canadian Consortium for Gambling Research, 2011.

8 Jacques, C./Ladouceur, R., A prospective study of the impact of opening a casino on gambling behaviours: 2- and 4-year follow-ups, in: Canadian Journal of Psychiatry 51, 2006.

9 LaPlante, D. A./Shaffer, H. J., Understanding the Influence of Gambling Opportunities: Expanding Exposure Models to Include Adaptation, in: American Journal of Orthopsychiatry 77, 2007.

10 Volberg, R. A., Gambling and Problem Gambling in North Dakota, Bismarck, ND 2001.

11 Volberg, R. A., Fifteen years pf problem gambling prevalence research, in: Journal of gambling issues 10, 2004.

12 Last, J. M., A dictionary of epidemiology, Oxford 2001; Peller, A. J./LaPlante, D. A./Shaffer, H. J., Parameters for Safer Gambling Behavior, in: Journal of Gambling Studies 24, 2008.

Abb. 2: Das Epidemiologische Dreiecksmodell als Grundlage eines Public-Health Ansatzes.
Problematisches Glücksspiel entsteht als Wechselwirkung zwischen Spieler, Spiel und Umwelt. Präventive Bemühungen sollen an jedem dieser Aspekte ansetzen.

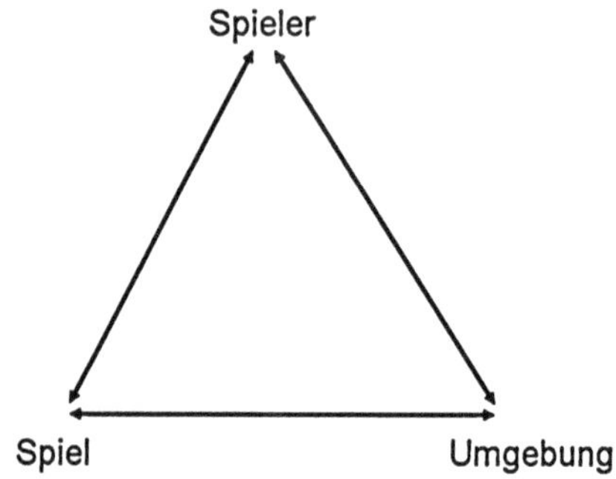

Nach dem epidemiologischen Dreiecksmodell ergibt sich das Risiko, glücksspielbezogene Probleme zu entwickeln, erst durch eine Interaktion zwischen Eigenschaften des Spiels, Vulnerabilitäten des Spielers und schützenden bzw. gefährdenden Charakteristika der Umgebung. Eindimensionale Ursachenzuschreibungen hingegen können diesen komplexen Zusammenhang nicht hinreichend abbilden: Die Annahme einer inhärenten Gefährlichkeit bzw. Ungefährlichkeit mancher Glücksspiele unterstellt eine solche eindimensionale Wirkung, nach der ein Spiel unabhängig von den Eigenschaften des Spielers und der Umgebung „süchtig macht". Würde dies tatsächlich der Realität entsprechen, so würden alle Personen, die mit diesem Spiel in Kontakt geraten, ein pathologisches Spielverhalten entwickeln; in der Tat kommt es aber nur bei einem sehr geringen Prozentsatz zu einem problematischen Verhalten.[13]

Realistischer ist daher die Annahme, dass Glücksspiele dann zur Gefährdung werden können, wenn sie zu den individuellen Vulnerabilitäten des Spielers passen und diese derart bedienen, dass bestehende Tendenzen des Spielers zu unvernünftigen Entscheidungen gefördert werden. So kann für einen Spieler, der zur Realitätsflucht neigt und sich sehnlichst eine Veränderung in seinem tristen Leben wünscht, ein immenser Jackpot einer Lotterie der Auslöser für ein prob-

13 Bundeszentrale für gesundheitliche Aufklärung, Glücksspielverhalten in Deutschland 2007 und 2009, Köln 2010.

lematisches Verhalten sein, während für einen Spieler, der zur Selbstüberschätzung neigt, ein Sportwetten-Produkt mehr Risiken birgt. Vergleichbar zu dem von Volberg an makroskopischen Prävalenzdaten formulierten Modell, kommt auch hier der Umgebung des Spielers eine Moderator-Rolle zu. Dabei ist die Verfügbarkeit angemessener Spielerschutzmaßnahmen zwar nur ein Aspekt unter vielen, allerdings von grosser Bedeutung, da dieses Angebot systematisch lenkbar ist und damit eine direkte regulatorische Kontrolle ermöglicht. Leitlinie eines präventiven Modells sollte nach der vorliegenden Evidenz nicht sein, die Attraktivität oder Verfügbarkeit von Glücksspielen einzudämmen, sondern stattdessen die präventiven Bemühungen zu verstärken und kontinuierlich zu verbessern.

2 Individualisierter Spielerschutz als notwendige Konsequenz eines Public Heath Ansatzes

Sobald jedoch nicht mehr die Eindämmung des Glücksspiels, sondern der Spielerschutz zum Kernelement einer Regulierung geworden ist, ergeben sich neue Herausforderungen, denn ebenso wie das Ausmaß an individuellen Vulnerabilitäten je nach Spieler unterschiedlich ist, ist auch das Schutzbedürfnis jedes einzelnen Spielers different. Allen Spielern dieselben Spielerschutzmaßnahmen vorzuschreiben würde dazu führen, dass sie für die einen zu weit führen und die Spieler diese nicht akzeptieren,[14] während andere Spieler trotzdem nicht ausreichend geschützt wären. Dies führt zur Notwendigkeit eines individualisieren Spielerschutzes.[15] Dazu ist es wichtig, sich die verschiedenen präventiven Ziele zu vergegenwärtigen und nötige Maßnahmen daraus abzuleiten (vgl. Abbildung 3).

Die universelle Prävention ist an alle Spieler gerichtet, also auch an jene, die ein sehr moderates Spielverhalten zeigen. Damit es nicht zur Entwicklung von Risikoverhalten kommt, sind die Grundprinzipien der Informed Choice[16] einzuhalten. Dazu müssen allen Spielern leicht verständliche, widerspruchsfreie und leicht

14 Bernhard, B. J./Lucas, A. F./Jang, D., Responsible Gaming Device Research Report, Las Vegas 2006, S. 7.

15 Vgl. Blaszczynski, A./Ladouceur, R./Shaffer, H. J., A Science-Based Framework for Responsible Gambling: The Reno Model, in: Journal of Gambling Studies 20, 2004.

16 Blaszczynski, A./Ladouceur, R./Nower, L./Shaffer, H. J., Informed Choice and Gambling: Principles for Consumer Protection, in: Journal of Gambling Business and Economics 2, 2008.

verfügbare Informationen über die Spiele, deren Regeln und Funktionsweisen, sowie Aufklärung über Spielsuchtgefahren und verfügbare Spielerschutzmaßnahmen proaktiv zur Verfügung gestellt werden.

Die selektive Prävention richtet sich an Spieler, bei denen zwar keine Spielsuchtproblematik vorliegt, die aber unter bestimmten äusseren Umständen eine solche entwickeln könnten. In Deutschland wird die Größe dieser Gruppe bei etwa 6 % angenommen.[17] Diese Spieler profitieren besonders von Hilfsmitteln, mit denen sie ihr Spielverhalten besser kontrollieren können. Maßnahmen wie die (Selbst-) Limitierung der Glücksspielkosten[18] verhindern, dass durch hohe Spielverluste irrationales Verhalten und damit der Beginn eines problematischen Spielverhaltens ausgelöst wird. Ziel der selektiven Prävention ist es daher, auch bei Risikogruppen ein moderates, verantwortungsbewusstes Spielverhalten sicherzustellen.

Die indizierte Prävention befasst sich mit pathologischen Spielern, die keine Kontrolle über ihr Spielverhalten haben. In Deutschland wird die Grösse dieser Gruppe bei etwa 1 % angenommen.[19] Diese Personen sind nicht in der Lage, sicher zu spielen, daher muss ein System existieren, mit dem Spieler vom weiteren Glücksspiel ausgeschlossen werden können.[20] Da der Ausschluss eines Spielers meist nicht ausreicht, um die Spielproblematik zu lösen, sollte im Rahmen des Ausschlussprozesses eine Überführung ins Hilfssystem angestrebt werden.[21]

---

17 Bundeszentrale für gesundheitliche Aufklärung, Glücksspielverhalten in Deutschland 2007 und 2009, Köln 2010.

18 Blazczynski, A.; Nower, L., Differences in attitudes toward money between subgroups of gamblers, in: Report prepared for The Queensland Government Treasury, Sydney 2008, S. 30-31.

19 Bundeszentrale für gesundheitliche Aufklärung, Glücksspielverhalten in Deutschland 2007 und 2009, Köln 2010.

20 Blaszczynski, A./Ladouceur, R./Nower, L., Self-exclusion: A Proposed Gateway to Treatment Model, in: International Gambling Studies 7, 2007; Meyer, G./Hayer, T., Die Effektivität der Spielsperre als Maßnahme des Spielerschutzes, Frankfurt am Main 2010.

21 Blaszczynski, A./Ladouceur, R./Nower, L., Self-exclusion: A Proposed Gateway to Treatment Model, in: International Gambling Studies 7, 2007; Meyer, G./Hayer, T., Die Effektivität der Spielsperre als Maßnahme des Spielerschutzes, Frankfurt am Main 2010.

Abb. 3: Public Health Modell der Prävention.
Insbesondere die Selektive Prävention wird im Rahmen der Glücksspielregulierung nicht ausreichend genutzt.

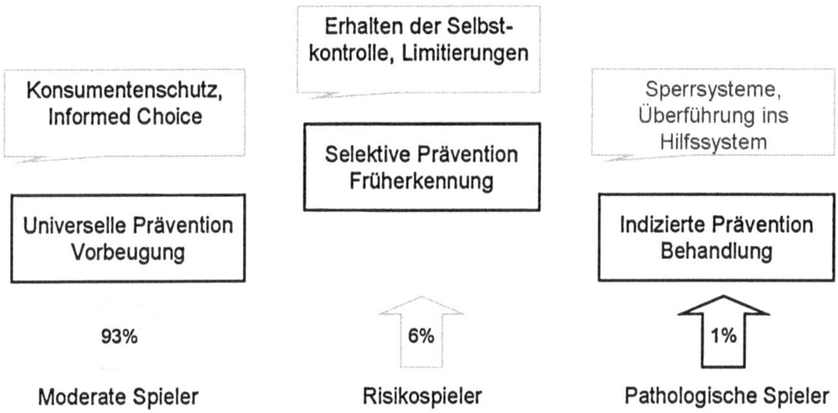

Im Rahmen dieses Modells ist darauf abzuzielen, entstehenden Problemen frühestmöglich entgegenzuwirken, um so potentiell schädliche Auswirkungen für den Betroffenen, sein unmittelbares soziales Umfeld sowie die Gesellschaft zu minimieren. Ein Regulierungsmodell, das den Spielerschutz darauf beschränkt, eine Sperrdatei zu führen, ist ungeeignet, da es keine ausreichenden Maßnahmen enthält, die das Ziel verfolgen, bereits die Entstehung von Spielproblemen zu verhindern.[22]

Eine Gegenüberstellung von Spielerschutzmaßnahmen im terrestrischen Bereich und im Internet findet sich in Tabelle 1. Es zeigt sich, dass Spielerschutzmaßnahmen, wie sie im terrestrischen Bereich möglich sind, auch im Online-Bereich eingesetzt werden und Bestandteil selbstregulatorischer Regelwerke[23] sind. Darüber

22 Vgl. Productivity Commission, Gambling, Report no. 50, Canberra 2010, S. 10.8-10.9; Wood, R., Review of the Espace Jeux responsible gambling strategy, Report prepared for Lotto Quebec, 2010, S. 6.

23 Vgl. Europäisches Komitee für Normung, Maßnahmen zur Gewährleistung von verantwortungsbewusstem Umgang mit Fernabsatz-Glücksspielen (CWA 16259:2011), Brüssel 2011.

hinaus bieten sich im Internet bessere Möglichkeiten, die Spielerfahrung auf die Schutzbedürfnisse der Spieler abzustimmen.[24] So kann im Internet ein proaktiverer Spielerschutz umgesetzt werden, da Maßnahmen wie die Selbstlimitierung, die Spieler vor einem möglichen Kontrollverlust[25] schützen und zusätzlich das Spielverhalten in Richtung eines moderateren verantwortungsvolleren Spielverhaltens korrigieren können,[26] technisch leicht machbar sind. Ein weiterer Vorteil ergibt sich daraus, dass auch bewährte Spielerschutzmaßnahmen aus dem terrestrischen Bereich im Internet auf eine andere Art genutzt werden. So konnten Meyer und Hayer[27] feststellen, dass der Selbstausschluss im Internet häufiger genutzt wird, um Spielproblemen vorzubeugen, während bei terrestrischen Casinos der Hauptgrund für einen Selbstausschluss tatsächlich die manifesten Konsequenzen eines problematischen Spielverhaltens waren. Das lässt sich dadurch erklären, dass die Nutzung von Spielerschutzmaßnahmen im Internet unkomplizierter ist und die Hemmschwelle niedriger liegt.[28]

24 Wood, R., Review of the Espace Jeux responsible gambling strategy, Report prepared for Lotto Quebec, 2010, S. 9.

25 Productivity Commission, Gambling, Report no. 50, Canberra 2010, S. 15.25-15.26.

26 Nelson, S. E./LaPlante, D. A./Peller, A. J./Schumann, A./LaBrie, R. A./Shaffer, H. J., Real limits in the virtual world: Self-limiting behavior of Internet gamblers, in: Journal of Gambling Studies 24, 2008.

27 Meyer, G./Hayer, T., Die Effektivität der Spielsperre als Maßnahme des Spielerschutzes, Frankfurt am Main 2010.

28 Wood, R., Review of the Espace Jeux responsible gambling strategy, Report prepared for Lotto Quebec, 2010.

Tab. 1: Gegenüberstellung von Spielerschutzmaßnahmen im terrestrischen und Online-Glücksspiel, gegliedert nach präventiver Funktion.

Spielerschutzmassnahme	Terrestrisches Glücksspiel	Online Glücksspiel
Universelle Prävention		
Zugangsbeschränkung für Minderjährige	allgemein üblich	allgemein üblich [1,2,3]
Keine Vergabe von Krediten	allgemein üblich	allgemein üblich [1,2,3]
Informationsmaterialien und Responsible Gaming Hinweise	allgemein üblich	allgemein üblich [1,2,3]
Selfbsttests	allgemein üblich	allgemein üblich [1,2,3]
Interaktive Beratungstools	nicht machbar	machbar
Darstellung der Spieldauer	machbar	allgemein üblich [1,2,3]
Darstellung des Spielvolumens	nicht machbar	allgemein üblich [1,2,3]
Darstellung der Spielhäufigkeit	machbar	allgemein üblich [1,2,3]
Selektive Prävention		
Teilausschluss von bestimmten Spielformen	nicht machbar	machbar
Limitierung des Spielvolumens	nicht machbar	allgemein üblich [1,2,3]
Limitierung der Spieldauer	nicht machbar [4]	machbar
Limitierung der Spielhäufigkeit	machbar [5]	machbar
Indizierte Prävention		
Selbstausschluss	allgemein üblich	allgemein üblich [1,2,3]
Auferlegte Spielsperre	allgemein üblich	allgemein üblich
Überführung in den Hilfssektor	allgemein üblich	allgemein üblich [1,2,3]

[1]... Bestandteil von CWA 16259:2011 des Europäischen Komitee für Normung
[2]... Bestandteil der EGBA Standards
[3]... Bestandteil der eCOGRA eGAP
[4]... Eine Limitierung ist nicht individuell, sondern nur über die generellen Öffnungszeiten möglich und dient daher nicht als Maßnahme der Selektiven Prävention.
[5]... Eine Umsetzbar ist als Limitierung der Besuchshäufigkeit möglich. Das Spielverhalten während der Besuche bleibt aber unkontrollierbar.

Grundsätzlich könnten alle Möglichkeiten des Spielerschutzes, die das Internet bietet, auch im terrestrischen Setting konsistent umgesetzt werden.[29] Dies würde

29 Parke, J./Rigbye, J./Parke, A., Cashless and card-based technologies in gambling: A review of the literature, Report prepared for the UK Gambling Commission, 2008.

allerdings die flächendeckende Einführung von individualisierten Spielerkarten notwendig machen, die die Spieltransaktionen bei allen Formen des Glücksspiels überwachen und dem Spieler ggf. eine Limitierung seines Spielvolumens bzw. den Selbstausschluss ermöglichen. Bisher ist allerdings nur in wenigen Märkten eine Bereitschaft zu diesem bedeutsamen Schritt erkennbar.

3 Früherkennung

Früherkennung und die dadurch ermöglichte frühzeitige minimale Intervention[30] sind zentrale Bausteine für eine effektive, auf die Bedürfnisse des Spielers ausgerichtete Prävention, deren Ziel es ist, glücksspielbezogene Probleme zu identifizieren bevor es zu einer nachhaltigen Selbstschädigung kommt. In diesem Zusammenhang erklärt sich auch das steigende Forschungsinteresse in diesem Bereich.[31]

Im terrestrischen Bereich haben sich eine Expertenbefragung[32] und drei Feldstudien dieses Themas angenommen.[33] Davis[34] hat in diesem Zusammenhang die Rolle von Kundenkarten untersucht. Eine umfangreiche Zusammenfassung des Themas findet sich bei Meyer und Hayer.[35] Eine Evaluierung der Früherkennungskriterien des Schweizer Casinoverbandes[36] wurde von Häfeli und Lischer[37]

30 Vgl. Hodgins, D.; Currie, S./el-Guebaly, N./Peden, N., Brief motivational treatment for Pathological Gambling: A 24-month follow-up, in: Psychology of Addictive Behaviors 18, 2004.

31 Hancock, L./Schellinck, T./Schrans, T., Gambling and corporate social responsibility (CSR): Re-defining industry and state roles on duty of care, host responsibility and risk management, in: Policy and Society 27, 2008.

32 Allcock, C., Current issues related to identifying the problem gambler in the gaming venue, Melbourne 2002.

33 Delfabbro, P./Osborn, A./Nevile, M./Skelt, L./McMillen, J., Identifying Problem gamblers in gambling venues, Melbourne 2007; Häfeli, J./Schneider, C., Identifikation von Problemspielern im Kasino – ein Screeninginstrument, Luzern 2005 sowie Schellinck, T./Schrans, T., Identifying Problem Gamblers at the Gambling Venue: Finding Combinations of High Confidence Indicators, in: Journal of the National Association for Gambling Studies 16, 2004.

34 Davis, B., iCare: Integrating responsible gambling into casino operations, in: International Journal of Mental Health and Addiction 5, 2007.

35 Meyer, G./Hayer, T., Die Identifikation von Problemspielern in Spielstätten, in: Prävention und Gesundheitsförderung 2, 2008.

36 Schweizer Casinoverband, Sozialkonzept Standards, Bern 2007.

37 Häfeli, J./Lischer, S., Die Früherkennung von Problemspielern in Schweizer Kasinos. Eine

durchgeführt. Die in diesen Studien generierten Früherkennungsindikatoren für problematisches Glücksspiel ähneln sich stark und wurden von Häfeli und Schneider[38] in mehrere Grundkategorien eingeteilt: „Häufigkeit und Dauer der Besuche“, „Art der Geldbeschaffung“, „Spiel und Einsatzverhalten“, „Sozialverhalten“ und „Verhalten und Reaktionen während des Spiels“, sowie „Äußerer Eindruck“.

Auch im Internet-Glücksspiel lässt sich eine Vielzahl von Faktoren des Spielverhaltens überwachen, aufzeichnen und analysieren. Abweichungen von einer populationsbasierten oder individuellen Norm können von geschultem Personal bzw. durch automatisierte Prozeduren erkannt und adressiert werden.[39] Erste Erkenntnisse zur Früherkennung von späteren Spielproblemen basierend auf echten Spielverhaltensdaten liegen vor. Das von dem Glücksspielunternehmen Svenska Spel entwickelte Spielerschutztool PlayScan ist einer der ersten Ansätze zur Nutzung von Spielverhaltensdaten zur Vorhersage der individuellen Gefährdung. Allerdings muss eingeräumt werden, dass für PlayScan keine wissenschaftliche Dokumentation der tatsächlichen Vorhersagekraft vorliegt. Die publizierte Evaluierung von PlayScan[40] beschränkt sich vollständig auf eine Erfassung der Akzeptanz durch die Kunden, ohne den Versuch anzutreten, die Vorhersagen von PlayScan auch zu validieren. Braverman und Shaffer[41] gelang es für eine Stichprobe von Personen, die sich zum Teil Monate später vom Spiel ausgeschlossen haben, dies schon aufgrund des Spielverhaltens während der ersten Wochen nach Registrierung vorherzusagen. Sie konnten zeigen, dass während überdurchschnittlich hohe Spielumsätze für sich alleingenommen noch kein Risikoindikator sind, eine Kombination aus hohen Spielumsätzen und hoher Variabilität im Spielverhalten überproportional häufig zu späteren Spielproblemen führt. Bei Betrachtung des späteren Verlaufs des Spielverhaltens lassen sich weitere Risikoindikatoren identifizieren. LaBrie und Shaffer[42] gelang es, ein statistisches Modell zu formulieren,

---

repräsentative, quantitative Datenanalyse der ReGaTo-Daten 2006, in: Prävention und Gesundheitsförderung 5, 2009.

38 Häfeli, J./Schneider, C., Identifikation von Problemspielern im Kasino – ein Screeninginstrument, Luzern 2005.

39 TÜV Rheinland Secure iT GmbH, What the Internet can do, Report Nr. 63002072-01-06, Köln 2009.

40 Griffiths, M.D./Wood, R.T.A./Parke, J. What do Internet gamblers think about online social responsibility tools? In: World Online Gambling Law Report, 8(11), 2009.

41 Braverman, J./Shaffer H. J., How do gamblers start gambling: identifying behaviour markers for high-risk internet gambling, in: European Journal of Public Health, 2010.

42 LaBrie, R. A./Shaffer, H. J., Identifying behavioral markers of disordered Internet sports

das in der Lage ist, eine weitere Gruppe von Problemspielern frühzeitig zu identifizieren, die sich zusätzlich durch eine sehr hohe Spielfrequenz auszeichnet.

Während Indikatoren, die auf dem Spielverhalten basieren, im Internet zugänglicher sind,[43] wird angenommen, dass im Gegensatz dazu das Kommunikations- und Sozialverhalten im terrestrischen Glücksspiel aufgrund der physischen Nähe zum Spieler besser überwacht werden kann. Entgegen dieser plausiblen Annahme, kommt es auch beim Internet-Glücksspiel zu einer regen Kommunikation zwischen Spieler und Anbieter, die allerdings in elektronischer Form stattfindet. Um die Brauchbarkeit dieser Daten weiter zu verfolgen, haben Häfeli, Lischer und Schwarz[44] – parallel zu früheren Studien, die spielverhaltensbasierte Variablen zur Früherkennung verwendet haben – ein Früherkennungsmodell basierend auf Inhalt und Tonalität dieser elektronischen Kommunikation entworfen.

Die Ergebnisse dieser Studie zeigen, dass durchaus eine soziale Interaktion zwischen Online Spieler und Glücksspielanbieter existiert, die via E-Mail stattfindet. Bei größeren Anbietern ist von mehreren Hunderttausend schriftlichen Kundenkontakten pro Monat auszugehen. Des Weiteren konnte gezeigt werden, dass es möglich ist, aus dieser Kommunikation Indikatoren abzuleiten, die zur Früherkennung von glücksspielbezogenen Problemen verwendet werden können. So ist davon auszugehen, dass das Modell bei praktischer Anwendung eine Trefferrate von rund 93 % erzielen würde und dabei in der Lage wäre, rund ein Drittel aller späteren Problemspieler frühzeitig zu identifizieren.

---

gambling, in: Addiction Research and Theory, 2010.

43 McMillen, J., Online gambling, in J. Forder and P. Quirk (Hrsg.), Electronic commerce and the law, Milton 2003; Parke, J./Rigbye, J./Parke, A./Williams L. V., An Exploratory Investigation into Attitudes and Behaviours of Internet Casino and Poker Players, Report prepared for eCOGRA, 2007; Griffiths, M.D./Wood, R.T.A./Parke, J. What do Internet gamblers think about online social responsibility tools? In: World Online Gambling Law Report, 8(11), 2009.

44 Häfeli, J./Lischer, S./Schwarz, J., Early detection items and responsible gambling features for online gambling, in: International Gambling Studies Vol. 11, Issue 3, 2011.

4 Ausblick

Durch Kombination mehrerer Modelle, die jeweils darauf abzielen, eine distinkte Risikogruppe mit möglichst hoher Spezifität abzubilden, lässt sich in einem schrittweisen Prozess der Anteil der Problemspieler, die frühzeitig identifiziert werden können, wahrscheinlich deutlich erhöhen. Eine sehr naheliegende Kombination wäre die Verbindung von Modellen, die das Spielverhalten analysieren und solchen, die auf dem Kommunikationsverhalten beruhen.

Auf Grund der vorliegenden Evidenz wäre ein solches kombiniertes Vorhersagemodell am sichersten und schnellsten bei Online-Glücksspielangeboten einsetzbar und in einem späteren Schritt auch auf terrestrische Angebote übertragbar. Deshalb ist die Einbeziehung von Online-Glücksspielangeboten in eine spielerzentrierte Glücksspielregulierung, die sich die Vermeidung glücksspielbezogener Probleme und nicht die Verhinderung von Glücksspiel zum Ziel setzt, nicht nur möglich sondern aus Public-Health-Perspektive geboten.

Gelingt es staatlicher Regulierung, unter diesen Prämissen und auf der Basis der vorliegenden wissenschaftlichen Grundlagen Bedingungen für die Teilnahme und das Angebot von jeder Art von Glücksspielen zu formulieren, die gleichzeitig eine attraktive Alternative zu unkontrollierten Schwarzmarktangeboten darstellen, dann wird es möglich sein, durch eine sinnvolle Kombination präventiver Maßnahmen die Entstehung glücksspielbezogener Probleme auf das Minimum zu reduzieren.

Literaturverzeichnis

Allcock, C. (2002): Current issues related to identifying the problem gambler in the gaming venue. Melbourne: Australian Gaming Council.

Bernhard, B. J.; Lucas, A. F.; Jang, D. (2006): Responsible Gaming Device Research Report. Las Vegas: International Gaming Institute University of Nevada.

Blaszczynski, A.; Ladouceur, R.; Shaffer, H. J. (2004): A Science-Based Framework for Responsible Gambling: The Reno Model. Journal of Gambling Studies 20, S. 301-317.

Blaszczynski, A.; Ladouceur, R.; Nower, L. (2007): Self-exclusion: A Proposed Gateway to Treatment Model. International Gambling Studies 7, S. 59-71.

Blaszczynski, A.; Ladouceur, R.; Nower, L.; Shaffer, H. J. (2008): Informed Choice and Gambling: Principles for Consumer Protection. Journal of Gambling Business and Economics 2, S. 103-118.

Blazczynski, A.; Nower, L. (2008): Differences in attitudes toward money between subgroups of gamblers: Implications for smart card technologies and an exploration of the Tool and Drug Theories of Money in gambling. Report prepared for The Queensland Government Treasury. Sydney: The University of Sydney Gambling Research Unit.

Braverman, J.; Shaffer H. J. (2010): How do gamblers start gambling: identifying behaviour markers for high-risk internet gambling. European Journal of Public Health. DOI 10.1093/eurpub/ckp232.

Bundeszentrale für gesundheitliche Aufklärung (2010): Glücksspielverhalten in Deutschland 2007 und 2009. Köln: BZgA.

Davis, B. (2007): iCare: Integrating responsible gambling into casino operations. International Journal of Mental Health and Addiction 5, S. 307-310.

Delfabbro, P.; Osborn, A.; Nevile, M.; Skelt, L.; McMillen, J. (2007): Identifying Problem gamblers in gambling venues. Melbourne: Gambling Research Australia.

E-COMMERCE AND ONLINE GAMING REGULATION AND ASSURANCE (2009): eCOGRA Generally accepted Practices. London: eCOGRA.

EUROPÄISCHES KOMITEE FÜR NORMUNG (2011): Maßnahmen zur Gewährleistung von verantwortungsbewusstem Umgang mit Fernabsatz-Glücksspielen (CWA 16259:2011). Brüssel: CEN.

EUROPÄISCHER GERICHTSHOF (2010): C-46/08: Carmen Media Group v. Land Schleswig-Holstein, para. 103.

EUROPEAN GAMING AND BETTING ASSOCIATION (2009): EGBA Standards. Brussels EGBA.

GRIFFITHS, M.D.; WOOD, R.T.A. & PARKE, J. (2009): What do Internet gamblers think about online social responsibility tools? In: World Online Gambling Law Report, 8(11), S. 8-9.

HÄFELI, J.; SCHNEIDER, C. (2005): Identifikation von Problemspielern im Kasino – ein Screeninginstrument. Luzern: Hochschule Luzern.

HÄFELI, J.; LISCHER, S. (2009): Die Früherkennung von Problemspielern in Schweizer Kasinos. Eine repräsentative, quantitative Datenanalyse der ReGaTo-Daten 2006. Prävention und Gesundheitsförderung 5, S. 145-150.

HÄFELI, J.; LISCHER S.; SCHWARZ J. (2011): Early detection items and responsible gambling features for online gambling, in: International Gambling Studies, Vol. 11, Issue 3.

HAYER, T.; MEYER, G. (2004). Sportwetten im Internet – Eine Herausforderung für suchtpräventive Handlungsstrategien. SuchtMagazin 1, S. 33-41.

HANCOCK, L.; SCHELLINCK, T.; SCHRANS, T. (2008): Gambling and corporate social responsibility (CSR): Re-defining industry and state roles on duty of care, host responsibility and risk management. Policy and Society 27, S. 55-68.

HODGINS, D.; CURRIE, S.; EL-GUEBALY, N.; PEDEN, N. (2004): Brief motivational treatment for Pathological Gambling: A 24-month follow-up. Psychology of Addictive Behaviors 18, S. 293-296.

JACQUES, C.; LADOUCEUR, R. (2006): A prospective study of the impact of opening a casino on gambling behaviours: 2- and 4-year follow-ups. Canadian Journal of Psychiatry 51, S. 764-773.

KALLICK, M.; SUITS, D.; DIELMAN, T.; HYBELS, J. (1976): Survey of American gambling attitudes and behavior: Final report to the Commission on the Review of National Policy Toward Gambling. Ann Arbor: Survey Research Center, Institute for Social Research.

LABRIE, R. A.; SHAFFER, H. J. (2010): Identifying behavioral markers of disordered Internet sports gambling. Addiction Research and Theory. DOI 10.3109/16066359.2010.512106.

LAPLANTE, D. A.; SHAFFER, H. J. (2007): Understanding the Influence of Gambling Opportunities: Expanding Exposure Models to Include Adaptation. American Journal of Orthopsychiatry 77, S. 616-623.

LAST, J. M. (2001): A dictionary of epidemiology. Oxford: Oxford University Press.

MCMILLEN, J. (2003): Online gambling. In J. Forder and P. Quirk (Hrsg.). Electronic commerce and the law (2nd ed.) (S. 405-445). Milton: Wiley.

MEYER, G.; HAYER, T. (2008): Die Identifikation von Problemspielern in Spielstätten. Prävention und Gesundheitsförderung 2, S. 67-74.

MEYER, G. (2009): Gesundheitswissenschaftliche Studie. In Schweizerisches Institut für Rechtsvergleichung, International vergleichende Analyse des Glücksspielwesens. Lausanne: Schweizerisches Institut für Rechtsvergleichung.

MEYER, G.; HAYER, T. (2010): Die Effektivität der Spielsperre als Maßnahme des Spielerschutzes. Frankfurt am Main: Lang.

NELSON, S. E.; LAPLANTE, D. A.; PELLER, A. J.; SCHUMANN, A.; LABRIE, R. A.; SHAFFER, H. J. (2008): Real limits in the virtual world: Self-limiting behavior of Internet gamblers. Journal of Gambling Studies 24, S. 463-477.

Parke, J.; Rigbye, J.; Parke, A. (2008): Cashless and card-based technologies in gambling: A review of the literature. Report prepared for the UK Gambling Commission.

Parke, J.; Rigbye, J.; Parke, A.; Williams L. V. (2007): An Exploratory Investigation into Attitudes and Behaviours of Internet Casino and Poker Players. Report prepared for eCOGRA.

Peller, A. J.; LaPlante, D. A.; Shaffer, H. J. (2008): Parameters for Safer Gambling Behavior: Examining the Empirical Research. Journal of Gambling Studies 24, S. 519-534.

Productivity Commission (2010): Gambling, Report no. 50. Canberra: Commonwealth of Australia.

Schellinck, T.; Schrans, T. (2004): Identifying Problem Gamblers at the Gambling Venue: Finding Combinations of High Confidence Indicators. Journal of the National Association for Gambling Studies 16, S. 8-24.

Schweizer Casinoverband (SCV, 2007): Sozialkonzept Standards, Version 1.1. Schweizer Casinoverband, Bern.

Shaffer, H. J.; Hall, M.; Vander Bilt, J. (1999): Estimating the prevalence of disordered gambling behavior in the United States and Canada: A research synthesis. American Journal of Public Health 89, S. 1369-1376.

Sparrow, M. K. (2009): Can Internet Gambling Be Effectively Regulated? Managing the Risks. Report prepared for the Brattle Group.

TÜV Rheinland Secure iT GmbH (2009): What the Internet can do. Report Nr. 63002072-01-06. Köln: TÜV.

Volberg, R. A. (2001): Gambling and Problem Gambling in North Dakota: A Replication Study, 1992 to 2000. Bismarck, ND: Office of the Governor.

Volberg, R. A. (2004): Fifteen years pf problem gambling prevalence research. What do we know? Where do we go? Journal of gambling issues 10.

Williams, R. J.; West, B. L.; Simpson R. I. (2007): Prevention of Problem Gambling: A Comprehensive Review of the Evidence. Report prepared for the Ontario Problem Gambling Research Centre, Guelph, Ontario.

Williams, R. J.; Rehm, J.; Stevens, R. M. G. (2011): The Social and Economic Impacts of Gambling. Final Report prepared for the Canadian Consortium for Gambling Research.

Wood, R. (2010): Review of the Espace Jeux responsible gambling strategy. Report prepared for Lotto Quebec.

Untersuchung zur Evaluierung der Novelle der Spielverordnung[1]

Prof. Dr. Gerhard Bühringer[2]

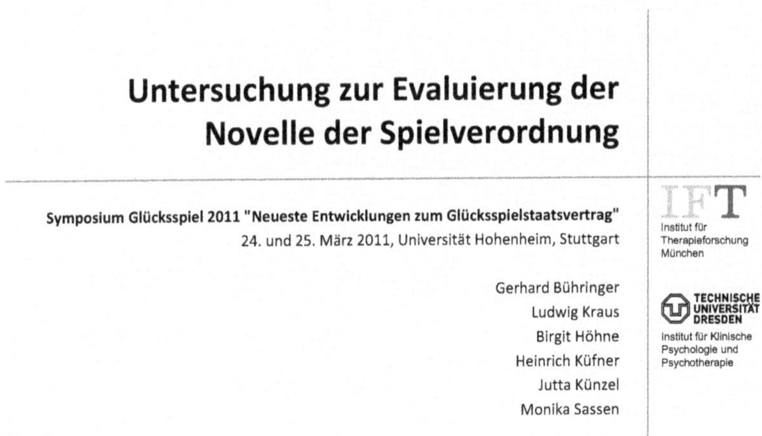

1 Der Abschlussbericht des Instituts für Therapieforschung „Untersuchung zur Evaluierung der Fünften Novelle der Spielverordnung vom 17.12.2005“ ist im Internet nachzulesen unter:
http://www.ift.de/fileadmin/downloads/Abschlussbericht_online.pdf
der Kurzbericht findet sich unter:
http://www.ift.de/fileadmin/downloads/Kurzbericht_online.pdf

2 Prof. Dr. Gerhard Bühringer ist als Leiter des IFT Institut für Therapieforschung in München tätig und hat seit 2005 die Professur für Suchtforschung am Institut für Klinische Psychologie und Psychotherapie der TU Dresden inne.
Dr. Ludwig Kraus, Birgit Höhne, Heinrich Küfner, Jutta Künzel und Monika Sassen sind ebenfalls am IFT München tätig.

IFT TECHNISCHE UNIVERSITÄT DRESDEN

Deklaration möglicher Interessenskonflikte

Frühere (F) und aktuelle (A) Zuwendungs- und Auftraggeber

1. **Mit spezifischen Interessen auf dem Glücksspielmarkt**
   - Bayrisches Staatsministerium für Umwelt und Gesundheit (IFT; A)
   - Spitzenverbände der Automatenwirtschaft (IFT; F)
   - Bundesministerium für Wirtschaft und Technologie (IFT; F)
   - Spielbanken Baden-Württemberg (IFT; F)
   - bwin.party (TUD; A)

2. **Ohne spezifische Interessen**
   - Bundesministerium für Gesundheit (IFT; A)
   - Deutsche Forschungsgemeinschaft (TUD; A)

IFT TECHNISCHE UNIVERSITÄT DRESDEN

Gliederung

1. Hintergrund der Evaluation
2. Teilziele
3. Rahmenbedingungen für die Evaluierung
4. Teilstudien
5. Einige zentrale Ergebnisse (Spieler)
6. Bewertung der Ergebnisse
7. Vorschläge

IFT
TECHNISCHE UNIVERSITÄT DRESDEN

1. Hintergrund der Evaluation

- 01.01.2006 Novelle der Spielverordnung für Geldspielautomaten (GSG) in Spielhallen und Gaststätten
- Auslöser: Beschluss der Wirtschaftsministerkonferenz vom 18./19.05.2000
- Zielsetzungen:
  (1) Verbot von Fun Games
  (2) Umstellung des Prüfsystems für die Geräte durch die PTB
  (3) Besserer Jugend- und Spielerschutz
  (4) Bessere Abgrenzung zur Angeboten in Spielbanken
  (5) Liberalisierung der Bestimmungen (Hintergrund: Rückgang der Geräte 1996-2005 um 22%)

IFT
TECHNISCHE UNIVERSITÄT DRESDEN

2. Teilziele

Teilziel 1:	Umsetzung der Novelle: Spielmerkmale
Teilziel 2:	Umsetzung der Novelle: Aufstell- und Zugangsmerkmale
Teilziel 3:	Auswirkungen auf Spielerschutz
Teilziel 4:	Auswirkungen auf Jugendschutz
Teilziel 5:	Auswirkung auf Wirtschaftlichkeit und Technik
Teilziel 6:	Auswirkungen auf illegales Glücksspiel
Teilziel 7:	Auswirkungen auf die Abgrenzung von GSG zu Automaten in Spielbanken

IFT TECHNISCHE UNIVERSITÄT DRESDEN

3. Rahmenbedingungen für die Evaluierung

(1) Exakte Analyse kausaler Zusammenhänge nicht möglich (weder Experiment noch Längsschnittstudie)

(2) 4 Jahre Umsetzung der Novelle (Übergangsregeln bis 2010) zu kurz für erst langfristig eintretende Veränderungen (z. B. Veränderung der Spieler mit PG)

(3) Umsetzung der Novelle einfach zu prüfen
Spiel-, Aufstell- und Zugangsmerkmale

(4) Auswirkungen der Novelle basiert nur auf Experten-, Betreiber- und Spielermeinungen

(5) Hilfsweise: *Erfassung der Probleme aktuellen Spielverhaltens*
Subjektive Aussagen und objektive Daten

(6) Mögliche Einschränkungen der Gültigkeit: soziale Erwünschtheit der Antworten, Verfälschungen aus betrieblichem Interesse, Erinnerungslücken

Gliederung • Hintergrund • Teilziele • Rahmenbedingungen • Teilstudien • Ergebnisse • Bewertung • Vorschläge 6

IFT TECHNISCHE UNIVERSITÄT DRESDEN

3. Rahmenbedingungen für die Evaluierung

(7) Aus der Grundlagenforschung zahlreiche Risikofaktoren für Glücksspiele bekannt (Zeit, Auszahlungsquote); → daraus aber kaum exakte Schlussfolgerungen für komplexe nationale Glücksspielregelungen ableitbar

(8) Viele Ergebnisse erlauben nur begrenzte wissenschaftliche Bewertungen, sondern sind Gegenstand gesellschaftlicher Beurteilung, Konsensbildung und parlamentarischer Mehrheitsbildung
(Beispiel: maximaler Verlust und Gewinn pro Stunde)

(9) Wissenschaft kann Ergebnisse einordnen (z. B. Verluste in Relation zum Gehalt) oder Auswirkungen abschätzen bzw. erfassen, aber nicht „richtige Werte" festlegen
→ Monitoringsystem und rasches Anpassen von „Stellschrauben"

Gliederung • Hintergrund • Teilziele • Rahmenbedingungen • Teilstudien • Ergebnisse • Bewertung • Vorschläge 7

IFT TECHNISCHE UNIVERSITÄT DRESDEN

4. Teilstudien

4.1 Überblick

(1) Teilstudie 1: Befragung von Spielern an Geldspielgeräten
- 447 in Spielhallen, 144 in Gaststätten (591, Soll: 576)
- Quotierung: 75% Spielerfahrung vor 2006
- Hohe Teilnahmeverweigerung (47% bzw. 33%)

(2) Teilstudie 3: Befragung von Betreibern von Spielhallen/Gaststätten
- 84 in Spielhallen, 18 in Gaststätten (102, Soll: 96)
- 86% bzw. 67% Erfahrung vor 2006

(3) Teilstudie 4: Teilnehmende Beobachtung in Spielhallen und Gaststätten
- Stichprobe wie Spielerbefragung in Spielhallen und Gaststätten

Gliederung • Hintergrund • Teilziele • Rahmenbedingungen • Teilstudien • Ergebnisse • Bewertung • Vorschläge 8

IFT TECHNISCHE UNIVERSITÄT DRESDEN

4. Teilstudien (Forts.)

4.1 Überblick

(4) Teilstudie 5: Begehung von Spielhallen mit Ordnungsämtern
- 36 Spielhallenkomplexe mit 50 Einzellizenzen (Soll: 36)

(5) Teilstudie 7: Experteninterviews
- 10 Experten
- Überarbeitung des Textentwurfs durch Interviewte

(6) Teilstudie 8: Sekundäranalyse vorhandener Literatur

Gliederung • Hintergrund • Teilziele • Rahmenbedingungen • Teilstudien • Ergebnisse • Bewertung • Vorschläge 9

IFT
TECHNISCHE UNIVERSITÄT DRESDEN

4. Teilstudien (Forts.)

4.2 Zeitplan

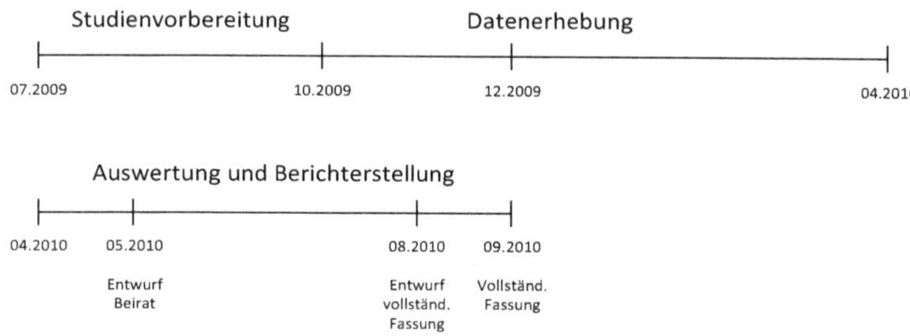

IFT
TECHNISCHE UNIVERSITÄT DRESDEN

4. Teilstudien (Forts.)

4.3 Durchführung

- Verzögerungen durch anfängliche Totalverweigerung von Betreibern und Spielern in Pilotstudien
- Nach Umplanung alle Stichprobenziele erreicht
- Alle sechs Teilstudien planmäßig abgeschlossen

IFT TECHNISCHE UNIVERSITÄT DRESDEN

4. Teilstudien (Forts.)

4.4 Hinweis zur Stichprobenziehung

- Langzeitspieler durch Quotierung überrepräsentiert (für Vergleich 2005 – 2009)
- Vielspieler überrepräsentiert (durch Zufallsauswahl von Besuchern)

→ Pathologische Spieler überrepräsentiert!

→ Keine repräsentative Stichprobe aller GSG-Spieler in der Bevölkerung!

→ Keine Vergleiche mit Daten aus Bevölkerungsstichproben erlaubt!

IFT TECHNISCHE UNIVERSITÄT DRESDEN

4. Teilstudien (Forts.)

4.5 Vergleich der Anteile von GSG – Spielern mit PG und allen GSG Spielern in der Bevölkerung und in der aktuellen GSG Studie

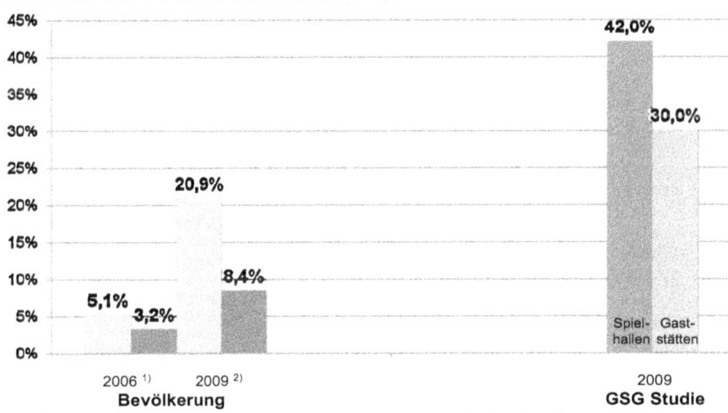

1) Bühringer et al., 2007

2) Sassen et al., in Vorbereitung

IFT
TECHNISCHE UNIVERSITÄT DRESDEN

4. Teilstudien (Forts.)

4.6 Exkurs: Nicht zu verwechseln mit: Glücksspielpräferenz pathologischer Glücksspieler in Bevölkerungs- und Patientenstichproben [1)]

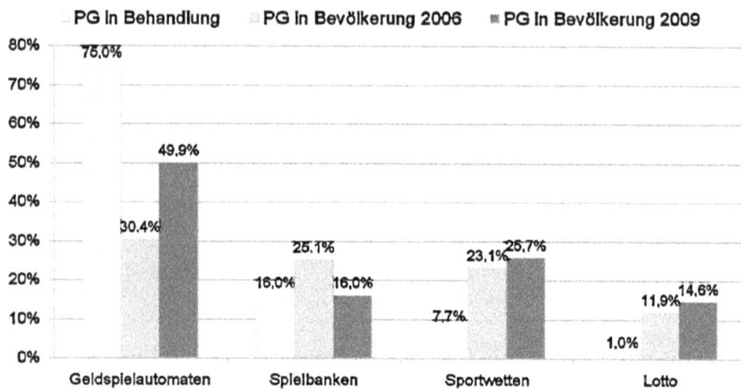

1) Bühringer et al., 2007; Sassen et al., in Vorbereitung

IFT
TECHNISCHE UNIVERSITÄT DRESDEN

5. Einige zentrale Ergebnisse (Spieler)

5.1 Gründe für Spielen an GSG (Mehrfachnennungen möglich; Tab. 4.4-6)

Gründe	sehr wichtig %	eher wichtig %	eher unwichtig %	sehr unwichtig %
Spielhallen (N=447)				
Macht Spaß, zur Unterhaltung	47,9	33,4	13,2	5,8
Um mit Freunden zusammen zu sein	18,9	27,4	26,1	27,6
Um andere kennen zu lernen	5,4	15,0	34,3	45,3
Reizt mich GSG zu überlisten!	31,9	27,9	18,9	21,3
Um Geld zu gewinnen für andere Zwecke	**31,5**	**28,6**	22,3	17,6
Um verlorenes Geld zurückzugewinnen	**38,8**	**25,1**	20,2	15,9
Um einen inneren Spieldrang zu folgen	**26,2**	**26,2**	26,4	21,2
Sonstiges	38,6	21,4	3,8	36,2
Gaststätten (N=144) [2)]				
Macht Spaß, zur Unterhaltung	31,3	45,1	16,7	6,9
Um mit Freunden zusammen zu sein	15,3	34,0	27,8	22,9
Um andere kennen zu lernen	4,9	18,8	31,9	44,4
Reizt mich GSG zu überlisten!	31,5	30,1	19,6	18,9
Um Geld zu gewinnen für andere Zwecke	**26,6**	**30,1**	27,3	16,1
Um verlorenes Geld zurück-zugewinnen	**26,8**	**23,9**	23,2	26,1
Um einen inneren Spieldrang zu folgen	**17,6**	**26,8**	27,5	28,2
Sonstiges	33,3	27,3	7,6	31,8

IFT
TECHNISCHE UNIVERSITÄT DRESDEN

5. Einige zentrale Ergebnisse (Spieler)

5.2 Veränderung von Spielhäufigkeit und –dauer 2005 – 2009 (Tab. 4.4-12)

	Spielhallen [1] (N=316)		Gaststätten [1] (N=105)	
	2005 (%)	2009 (%)	2005 (%)	2009 (%)
Spieltage/Monat [3]				
1 - 4	38,2	20,6	40,9	33,0
5 - 8	18,4	21,6	23,8	21,4
9 - 12	19,5	19,8	17,3	23,3
13 - 16	10,1	12,7	9,7	6,9
17 - 20	7,8	13,6	7,5	11,7
21 +	6,0	11,8	1,1	3,9
Mittelwert (Tage) [2]	**9,0**	**11,7**	**7,7**	**8,8**
Stunden / Spieltag [4]				
1 - 2	53,4	39,3	69,9	66,3
3 - 4	31,8	40,3	21,5	26,1
5 - 8	13,4	19,2	8,6	6,5
9 und mehr	1,5	1,3	0,0	1,1
Mittelwert (Stunden) [2]	**2,9**	**3,3**	**2,2**	**2,4**
Spielintensität / Monat (Stunden) [6]				
Mittelwert	**26,1**	**38,6**	**16,9**	**21,1**
Monatsangabe (€) [7]				
Mittelwert	**548,00**	**541,00**	**356,00**	**296,00**

IFT
TECHNISCHE UNIVERSITÄT DRESDEN

5. Einige zentrale Ergebnisse (Spieler)

5.3 Gleichzeitiges Spielen an mehreren GSG (Tab. 4.4-8)

	Spielhallen (N=447) %	Gaststätten (N=144) %
Zumeist gleichzeitiges Spielen		
1 Gerät	(38,4)	(64,0)
2 Geräte	(42,0)	(29,5)
3 Geräte	(11,0)	(5,8)
4 Geräte	(6,8)	(0,7)
5 und mehr	(1,8)	
Mittelwert (Geräte)	**1,86**	**1,40**
Sichtblenden aufgefallen		
Ja	(90,0)	
Nein	(10,0)	
Abhalten der Sichtblenden vom Spiel an mehr als 2 Geräten		
Trifft nicht zu	(28,5)	
Ja	(14,6)	
Nein	**(56,9)**	

IFT

TECHNISCHE UNIVERSITÄT DRESDEN

5. Einige zentrale Ergebnisse (Spieler)

5.4 Gewinne mit Punktsystemen an GSG in 2009 (Tab. 4.4-9)

	Spielhallen (N=447) %	Gaststätten (N=144) %
Höchste erreichte Punktzahl an einem Tag zur Auszahlung		
keine	24,4	24,1
1 – 10.000	43,6	45,7
10.001 – 50.000	16,6	19,0
50.001 –100.000	7,5	6,0
100.001 und mehr	7,8	5,2
Mittelwert (Punkte)	48.832,34	39.701,55
Eingetauschter Betrag für die höchste erreichte Punktzahl (€)		
Keine	23,3	24,2
1 – 100	16,5	27,4
101 – 200	8,3	14,5
201 – 300	7,0	6,5
301 – 400	6,5	5,6
401 – 500	7,3	4,0
501 -1000	17,3	11,3
1001-2000	8,8	4,8
2001-5000	4,0	0,8
5001 und mehr	1,0	0,8
Mittelwert (€)	**764,29**	**434,99**
Auszahlung		
durch Spielautomat	65,4	67,6
durch Mitarbeiter	**16,3**	**10,2**
teils, teils	**17,5**	**22,2**
weiß nicht	0,9	0,0

IFT

TECHNISCHE UNIVERSITÄT DRESDEN

5. Einige zentrale Ergebnisse (Spieler)

5.5 Finanzielle Auswirkungen (Tab. 4.4-14)

	Spielhallen (N=447) %	Gaststätten (N=144) %
Auswirkung auf finanzielle Situation		
keine	40,3	52,1
etwas einschränken	36,9	32,6
sehr einschränken	**22,6**	**15,3**
Zusätzlich Geld besorgen		
verwende Teil des verfügbaren Geldes	81,0	88,2
Verwende alles verfügbare Geld	11,6	9,7
muss zusätzlich Geld besorgen	**7,2**	**2,1**

IFT
TECHNISCHE UNIVERSITÄT DRESDEN

5. Einige zentrale Ergebnisse (Spieler)

5.6 Einschätzung eigener und fremder Risiken (Tab. 4.4-23)

	Spielhallen (N=447) %	Gaststätten (N=144) %
Eigene Spielkontrolle verloren		
ja	**51,9**	**37,5**
nein	48,1	62,5
Risiko des Verlustes der eigenen Spielkontrolle [1]		
keine Gefahr	26,7	41,7
geringe Gefahr	35,3	30,6
große Gefahr	**38,3**	**27,8**
Anteil anderer Spieler mit Verlust der Spielkontrolle [2]		
0-25%	8,4	12,0
26-50%	21,0	35,3
51-75%	26,7	24,1
76-100%	43,9	28,6
Mittelwert (%)	**66,58**	**58,08**

IFT
TECHNISCHE UNIVERSITÄT DRESDEN

6. Bewertung der Ergebnisse

6.1 Teilziel 1: Umsetzung der Novelle: Spielmerkmale

(1) Die Umsetzung der festgelegten Spielmerkmale ist weitgehend erfolgt

- SpielV: 90% / 100% (BI)
- [Erlass: 50% / 50% (BI)]
- Alle korrekt zugelassen (Beg.)
- Kaum Beanstandungen (Ex., Lit.)

(2) Die maximale Obergrenze von 500 € Gewinn je Stunde wird durch Punktesysteme (legal) umgangen

- 57% der höchsten Auszahlungen über 500 Euro (BI)
- 28% über 1.000 Euro (BI)
- Bestätigung durch Spl, Ex und Lit

IFT TECHNISCHE UNIVERSITÄT DRESDEN

6. Bewertung der Ergebnisse

6.1 Teilziel 1: Umsetzung der Novelle: Spielmerkmale (Forts.)

(3) Es gibt Fälle von rechtswidrigem „Vorladen" der GSG
- Bestätigung durch Spl, (13% bzw. 10%)
- Bestätigung durch Ex, Lit

(4) Es erfolgen rechtswidrige Auszahlungen eingetauschter Punktgewinne
- 12% bzw. 30% illegale Formen der Auszahlung des höchsten Betrags in den letzten 5 Tagen (BI)
- 34% bzw. 32% des höchsten 2009 gewonnenen Betrages (Spl)

(5) Geringe Kenntnisse der Betreiber über die Spielmerkmale der SpielV
- 80 – 90% keine Kenntnis der SpielV (BI)

Gliederung • Hintergrund • Teilziele • Rahmenbedingungen • Teilstudien • Ergebnisse • **Bewertung** • Vorschläge 22

IFT TECHNISCHE UNIVERSITÄT DRESDEN

6. Bewertung der Ergebnisse

6.2 Teilziel 2: Umsetzung der Aufstell- und Zugangsmerkmale

(6) Es bestehen zahlreiche Mängel bei der Umsetzung der Aufstell- und Zugangsmerkmale aus der novellierten SpielV
- Anzahl, Abstandsregeln, Sichtblenden
- Warnhinweise, Beratungsmöglichkeiten
- Broschüren

(7) Die Bestimmungen zum Hinweis auf die Altersbegrenzung werden in der Regel in Spielhallen erfüllt
- Eingangshinweise (100%)
- Warnhinweise Jugendliche (100%)

(8) Kein Betrieb nichtzugelassener Geräte
- Verstöße vernachlässigbar

Gliederung • Hintergrund • Teilziele • Rahmenbedingungen • Teilstudien • Ergebnisse • **Bewertung** • Vorschläge 23

IFT
TECHNISCHE UNIVERSITÄT DRESDEN

6. Bewertung der Ergebnisse

6.2 Teilziel 2: Umsetzung der Aufstell- und Zugangsmerkmale (Forts.)

(9) Geringer Kenntnisstand der Betreiber über die Aufstell- und Zugangsregelungen der SpielV

- Keine Kenntnisse (80 – 100%)

(10) Unterschiede bei den Kontrollen

- Unterschiede: Länder, Stadt – ländliche Region, Einzellizenz – Spielhallenkomplexe

(11) Defizite bei baurechtlichen Steuerungsinstrumenten

- 30% der Standorte: mehr als eine Lizenz
- 11% sechs Konzessionen und mehr
- Präferenzen der Gemeinden uneinheitlich

IFT
TECHNISCHE UNIVERSITÄT DRESDEN

6. Bewertung der Ergebnisse

6.3 Teilziel 3: Auswirkungen auf den Spielerschutz

(12) Die Regelungen der SpielV zu Spiel-, Aufstell- und Zugangsmerkmalen verhindern illegale Spielabläufe an GSG in zu geringem Umfang

- 2% der Betreiber in Gaststätten laden GSG illegal vor (BI).
- Je 50% der Betreiber in Spielhallen und Gaststätten halten vorgeladene Geräte für Vielspieler für wichtig(BI).
- Spielen an illegal „vorgeladenen" GSG geben aktuell 13% der Spieler in Spielhallen und 11% in Gaststätten an (SPI).
- Illegale Auszahlungspraktiken von Gewinnen über 500 € aus dem Umtausch von Punkten geben aktuell 34% der Spieler in Spielhallen bzw. 32% in Gaststätten an (Spl).
- Von den Betreibern zahlen 11% bzw. 33% Gewinne über 500 € illegal aus (BI)

IFT
TECHNISCHE UNIVERSITÄT DRESDEN

6. Bewertung der Ergebnisse

6.3 Teilziel 3: Auswirkungen auf den Spielerschutz (Forts.)

(13) Die Regelungen der SpielV zu Spiel-, Aufstell- und Zugangsmerkmalen gewährleisten in zu geringem Umfang beabsichtigte Schutzmaßnahmen

- Sichtblenden in Spielhallen halten 57% der Spieler nicht vom Spielen an mehr als zwei Geräten ab (Spl).
- 20% der Spieler in Spielhallen und 7% in Gaststätten spielen zumeist an mehr als 2 Geräten (Spl).
- Die Zwangspausen (bei einstündigem Spiel bzw. Erreichen des maximalen Verlustes von 80 € vor Ende einer Stunde) werden von 56% bzw. 34% der Spieler durch Gerätewechsel umgangen (Spl)

Gliederung • Hintergrund • Teilziele • Rahmenbedingungen • Teilstudien • Ergebnisse • **Bewertung** • Vorschläge

26

IFT
TECHNISCHE UNIVERSITÄT DRESDEN

6. Bewertung der Ergebnisse

6.3 Teilziel 3: Auswirkungen auf den Spielerschutz (Forts.)

(14) Durch Punktesysteme werden höhere „Gewinnerwartungen“ als die vorgegebene Obergrenze von 500 € / Stunde geweckt

- Die von den Herstellern entwickelten Punktesysteme erzeugen zumindest subjektiv in den Augen den Spieler den Eindruck höherer Gewinne als 500 € pro Stunde.
- 31% bzw. 18% der Spieler geben Gewinne aus Punktetausch von über 500 € in 2009 an, 5% bzw. 2% von über 2.000 €.
- In einem Drittel der Fälle werden diese Gewinne (illegal) sofort ausbezahlt, so dass der Gewinn pro Stunde – zumindest aus Sicht der Spieler, auch wenn er mehrere Stunden gespielt hat, - höher als 500 €/Stunde ist.

Gliederung • Hintergrund • Teilziele • Rahmenbedingungen • Teilstudien • Ergebnisse • **Bewertung** • Vorschläge

27

IFT TECHNISCHE UNIVERSITÄT DRESDEN

6. Bewertung der Ergebnisse

6.3 Teilziel 3: Auswirkungen auf den Spielerschutz (Forts.)

(15) Hohe regelmäßige Ausgaben für Spielen an GSG

- Monatsangaben von etwa 500 Euro für Spielhallen bzw. 280 Euro für Gaststätten pro Spieler an einem Gerät berechnet.
- Bei gleichzeitigem Spielen an durchschnittlich 1,9 Geräten in Spielhallen in 2009 ergibt das fast das Doppelte der Verlustsumme bzw. bei 1,4 Geräten in Gaststätten fast das 1,5-fach (Spl, Lit).
- 60% der Spieler in Spielhallen und 48% in Gaststätten müssen sich wegen des Spiels an GSG finanziell einschränken (Spl).
- 7% bzw. 2% müssen für Spielen an GSG zusätzlich Geld besorgen (Spl).

IFT TECHNISCHE UNIVERSITÄT DRESDEN

6. Bewertung der Ergebnisse

6.3 Teilziel 3: Auswirkungen auf den Spielerschutz (Forts.)

(16) Hohe Risikobewertungen der neuen Spielmerkmale

- Betreiber in Spielhallen und Gaststätten geben an, dass das Risiko für Spieler die Kontrolle über das Spiel zu verlieren für 37% bzw. 45% höher oder sehr viel höher sei als früher (BI).
- 20% bzw. 34% der Spieler haben nach Angaben der Betreiber die Kontrolle bereits verloren (BI).
- Punktesysteme und Höchsteinsatz von 2,30 Euro (bei 75 Sec. Spiel) werden von Betreibern mit dem höchsten Risiko (50% - 60%)) eingestuft (BI).
- 61% der Spieler in Spielhallen und 54% in Gaststätten geben an, dass durch die veränderten Spielmerkmale das Risiko besteht, mehr Geld zu verlieren (Spl).
- 41% der Spieler in Spielhallen und 33% in Gaststätten geben an, dass ihre Versuche zugenommen haben, verlorenes Geld vom Vortag zurückzugewinnen (ein Merkmal pathologischen Spielverhaltens) (Spl).

IFT TECHNISCHE UNIVERSITÄT DRESDEN

6. Bewertung der Ergebnisse

6.4 Teilziel 4: Auswirkungen auf den Jugendschutz

(17) Wenig Verstöße gegen das Spielverbot für Jugendliche in Spielhallen

- In einer von 50 kontrollierten Spielhallen wurde eine Person gesichtet, die „augenscheinlich" unter 18 Jahre alt war (Beg).
- In 3 der 65 besuchten Spielhallen spielten nach Beobachtung der Interviewern Personen an GSG, die als Jugendliche eingeschätzt wurden (TB).
- Die Betreiber von Spielhallen haben eine gute Kenntnis der Jugendschutzmaßnahmen (BI)

(18) Hinweise auf Defizite beim Jugendschutz in Gaststätten

- Der Kenntnisstand von Betreibern von Gaststätten zu notwendigen Maßnahmen für den Jugendschutz ist schlecht (BI)
- Defizite gemäß Interviewaussagen und Literatur

Gliederung • Hintergrund • Teilziele • Rahmenbedingungen • Teilstudien • Ergebnisse • **Bewertung** • Vorschläge

30

IFT TECHNISCHE UNIVERSITÄT DRESDEN

6. Bewertung der Ergebnisse

6.5 Teilziel 5: Auswirkungen auf Wirtschaftlichkeit und Technik

(19) GSG sind attraktiver geworden

- Je nach Frage geben 40% bis 70% der Betreiber in Spielhallen an, dass der Anreiz zum Spielen gestiegen sei. In Gaststätten sind es nur 15% bis 22% (BI).
- 45% der Spieler in Spielhallen und 38% der Spieler in Gaststätten geben an, dass der Spielanreiz im Vergleich zu früher größer sei (Spl).
- Etwa 24% (Spl, TB) bzw. 14% (Bg) der Spieler in Spielhallen sind Frauen, in Gaststätten ist der Anteil etwas geringer.

Gliederung • Hintergrund • Teilziele • Rahmenbedingungen • Teilstudien • Ergebnisse • **Bewertung** • Vorschläge

31

IFT TECHNISCHE UNIVERSITÄT DRESDEN

6. Bewertung der Ergebnisse

6.5 Teilziel 5: Auswirkungen auf Wirtschaftlichkeit und Technik (Forts.)

(20) Die Wirtschaftlichkeit des Betriebs von GSG hat sich verbessert

- Die Zahl der Geräte in Spielhallen ist – nach einem Rückgang von 1996 auf 2005 um 22% - von 2005 auf 2009 um 23% gestiegen, hat aber den Wert von 1996 noch nicht erreicht (Lit).
- Nach einer geringen Umsatzsteigerung für GSG zwischen 2000 und 2005 (+ 4%; unter Einbeziehung anderer Geräte + 1%) hat der Umsatz zwischen 2005 und 2009 um 38% zugenommen (Lit).
- 38% der Betreiber in Spielhallen geben an, dass ihr Umsatz durch die Änderung der Spielverordnung gestiegen sein, 22% geben einen Rückgang an (BI).
- Dem gegenüber geben 61% der Gaststätten an, dass ihr Umsatz zurückgegangen sei, keine einziger gibt eine Steigerung an (BI).
- Eigene Berechnungen zeigen, dass die Umsatzsteigerung nicht durch eine Steigerung der Monatsausgabe des einzelnen Spieler verursacht wird, so dass dies indirekt darauf hindeutet, dass die Umsatzsteigerung durch eine Zunahme der Spieler erfolgt ist (Spl, Lit).

IFT TECHNISCHE UNIVERSITÄT DRESDEN

6. Bewertung der Ergebnisse

6.6 Teilziel 6: Auswirkungen auf illegales Glückspiel

(21) Illegale Formen des Spielens an GSG bestehen im Zusammenhang mit dem „Vorheizen" der Geräte und der illegalen Auszahlung von Punktegewinnen

(22) Die Beteiligung von Spielern an GSG an anderen illegalen Glücksspielen ist gering

- 15% der Spieler in Spielhallen bzw. 22% der Spieler in Gaststätten haben Erfahrungen mit illegalem Glücksspielen (ohne illegales Glücksspiel im Internet, wurde gesondert abgefragt).
- 7,2% der Personen in Spielhallen und 7% der Personen in Gaststätten geben an, dass sie 2009 an illegalen Glückspielaktivitäten (ohne Internet) teil genommen haben, davon nur ein marginaler Anteil regelmäßig.
- 1,1% bzw. 2,8% der befragten Spieler geben an, dass das illegale Glücksspiel („Hinterzimmer") 2009 die größte Bedeutung hatte (Spl).

IFT
TECHNISCHE UNIVERSITÄT DRESDEN

6. Bewertung der Ergebnisse

6.7 Teilziel 7: Auswirkungen auf die Abgrenzung von GSG zu SBA

(23) Spieler an GSG spielen nur in sehr geringem Umfang an SBA

- Die Zahl regelmäßiger Spieler an SBA in 2009 (zumindest einmal pro Woche) ist sehr gering (2,7% bzw. 2,1%) (Spl).

IFT
TECHNISCHE UNIVERSITÄT DRESDEN

7. Vorschläge

7.1 Bessere Kenntnis der Kernmerkmale von GSG und der Schutzziele

(1) Verbesserte Darstellung der Abgrenzungsmerkmale von Geldspielgeräten mit Gewinnmöglichkeit (GSG) nach §33c GWO und Glücksspielautomaten (SBA) nach §284 StGB sowie des Jugend- und Spielerschutzes in den entsprechenden Vorschriften

(2) Aufnahme einer Sachkundeprüfung für die Betreiber von Spielhallen und Gaststätten

(3) Entwicklung und Vorgabe eines bundeseinheitlichen Sozialkonzepts für Spielhallen und Gaststätten

7. Vorschläge

7.2 Bessere Einhaltung der SpielV / GewO

(4) Vervollständigung des Sanktionskatalogs in §§ 144 und 145 der GewO

(5) Verbesserung der Kontrolldichte in Spielhallen und Gaststätten

(6) Abgestuftes Sanktionsverfahren bei Verletzungen der Regelungen bis zum Widerruf der Betriebserlaubnis

(7) Verbesserung der baurechtlichen Steuerungsinstrumente

IFT
TECHNISCHE UNIVERSITÄT DRESDEN

7. Vorschläge

7.3 Bessere Umsetzung des Kernmerkmals: Unterhaltung

(8) Ein Spieler darf nicht mehr als an einem Gerät gleichzeitig spielen

(9) Nach einer Stunden spielen werden alle Spielvorgänge beendet und Punkte bzw. Gewinnbeträge abgerechnet

(10) Punkteströme werden identisch mit Geldströmen gehandhabt

(11) Der durchschnittliche Verlust pro Stunde bei langer Spielzeit wird auf 20 Euro pro Stunde gesenkt. Die Einhaltung des Grenzwertes wird von der PTB in Versuchsreihen für die Bauartzulassung geprüft.

(12) Der maximale Verlust pro Stunde (80€) wird durch einen maximalen Verlust pro Tag (200€) ergänzt)

(13) Einführung einer bundesweit einheitlichen Spielkarte für das Spielen an GSG zur Kontrolle zentraler Spielgeräte – und Zugangsmerkmale

IFT

TECHNISCHE UNIVERSITÄT DRESDEN

7. Vorschläge

7.4 Aufbau eines Monitoringsystems

(14) Zur Beobachtung und Früherkennung von Trends sollten zentrale Parameter problematischen Spielverhaltens regelmäßig in Bevölkerungs- und Spielstättenbefragungen erfasst werden.

(15) Zur Diskussion und Bewertung aktueller Entwicklungen bei der Gerätetechnik von GSG und beim Spielverhalten wird ein Beirat beim BMWi eingerichtet

Die Ermächtigungsgrundlage der Spielverordnung und die Zulassungspraxis der Physikalisch-Technischen Bundesanstalt

Frank Peters[1]

1 Einleitung

Eigentlich muss es erstaunen, dass auf einem Symposium über Glücksspiel so eingehend über Spielhallen gesprochen wird. Betrachtet man nämlich die rechtlichen Grundlagen der Spielhallen in der Gewerbeordnung, so findet Glücksspiel in ihnen nicht statt oder soll es jedenfalls nicht. Doch ist dem nicht so. In der Beurteilung des dortigen Spiels als Glücksspiel sind sich das Bundesverfassungsgericht[2] und der EuGH[3] einig, und in der Tat liegen ja auch alle Merkmale eines solchen vor, wenn denn nur der Zufall über Erfolg und Verlust entscheidet, § 12 II lit b SpielV, und eine bei Glücksspiel vielleicht zu ziehende Bagatellgrenze nun wirklich überschritten ist. Da spielt man nicht – wie ich einst als Schüler – Skat auf einen zehntel Pfennig. Doch soll diese rätselhafte Diskrepanz von Sein und Sollen hier nicht näher vertieft werden.

Das Interesse soll vielmehr den Geräten gelten, die da in Spielhallen – und Gaststätten – zum Spiel vorgehalten werden. Ihre Bauart bedarf nach den §§ 11 ff. SpielV der Zulassung durch die Physikalisch-Technische Bundesanstalt. Und betrachtet man die aktuelle Zulassungspraxis dieser Behörde, stellen sich zwei Fragen.

Deren erste geht dahin, ob die Zulassungspraxis der Physikalisch-Technischen Bundesanstalt der heutigen Fassung der Spielverordnung entspricht, wie sie bekanntlich 2006 novelliert worden ist. Deren zweite wird es sein, was überhaupt von dieser aktuellen Fassung der Spielverordnung zu halten ist.

---

1 Prof. Dr. Frank Peters war Richter am OLG Hamburg und ist Professor für Römisches und Bürgerliches Recht an der Universität Hamburg.

2 BVerfGE 115, 276, 305.

3 EuGH ZfWG 2010, 344 Rdnr. 67 – Carmen Media.

2 Die aktuelle Spielverordnung

Gegenwärtig sieht sie in ihrem § 13 I einen Höchsteinsatz von 20 Cent vor (Nr. 1), bei längerer Spieldauer von 2,30 Euro (Nr. 2).

2.1 Cent, Euro, Punkte

Angesprochen ist jedenfalls die deutsche Währung. Würde nun jemand ein Gerät auf den Markt bringen, an dem man um Schweizer Franken oder dänische Kronen spielt, müsste ja wohl die Zulassung versagt werden, selbst wenn die deutschen Grenzwerte – umgerechnet – eingehalten sind. Das ist keine Pedanterie, sondern dänische Kronen würden die Transparenz gefährden. Es geht um Preisauszeichnung, und da hat man schon penibel zu sein.

Dann kann man sich aber der Bindung an Cent und Euro auch nicht dadurch entziehen, dass diese zwar einzugeben sind, aber das Spiel selbst um Punkte geht, mag auch der Umrechnungskurs 1:1 sein. Einerseits wird der Gegenstand des Spiels wiederum verschleiert, andererseits und vor allem ermöglicht das Spiel um Punkte offenbar ohne weiteres die Überschreitung jener Höchstgrenzen von Gewinn und Verlust, die die Spielverordnung vorgibt.

§ 13 I Nr. 7 SpielV bestätigt diese Überlegungen, wenn denn danach der Spielbetrieb nur mit auf Euro lautenden Münzen und Banknoten erfolgen darf. Von Punkten ist da nicht die Rede.

2.2 Die Risikotaste

Diese letztgenannte Bestimmung ist nun freilich geeignet, den Interpreten in Verwirrung zu stürzen. Denn zulässig ist also die Eingabe von 5 Euro – kleinste Banknote – oder jedenfalls von 2 Euro als der größten Münze. Wie passt das zu einem Höchsteinsatz von 20 Cent? Die Konkordanz der Nummern 1 und 7 des § 13 I SpielV dürfte sich wohl nur dadurch herstellen lassen, dass der eingegebene höhere Betrag vom Spieler nur in Einzelschritten von jeweils 20 Cent abgerufen und eingesetzt werden kann. Bei eingegebenen 2 Euro hat er dann also zehnmal zu starten.

Dem widerspricht es krass, dass Geräte am Markt sind, also offenbar über eine Zulassung verfügen, die eine Risikotaste haben, mit der der Spieler den gesamten eingegebenen Betrag auf einmal abrufen kann. Dass das Gerät dann entsprechend oft läuft, ändert daran nicht eigentlich etwas.

2.3 Zwischenergebnis

Punktsystem und Risikotaste entsprechen nicht der aktuellen Spielverordnung. Beides darf man nicht bagatellisieren, wenn denn bei der Lektüre der Spielverordnung immer zugleich die ihr zugrundeliegende Gewerbeordnung mitzulesen ist. Dieser geht es nach ihrem § 33e um die Meidung der Gefahr unangemessen hoher Verluste in kurzer Zeit; besteht diese Gefahr, ist die Bauartzulassung zu versagen.

Nun sind das natürlich auf den ersten Blick sehr vage Kriterien. Sie gewinnen Konturen, wenn man das Publikum der Spielhallen betrachtet. Das sind nicht die Reichen und Wohlhabenden, die in ihrer Wohngegend wohl auch gar keine Spielhalle vorfinden werden, sondern eher die Minderbemittelten, Personen mit Migrationshintergrund oder Arbeitslose, wie sie es zur nächsten Spielhalle nicht weit haben werden. § 33e GewO lässt sich nahtlos auf das Sozialstaatsprinzip des Art. 20 I GG zurückführen. Ob die heute eröffneten Möglichkeiten des Verlustes § 33e GewO entsprechen, wird nicht nur der sparsame Schwabe bezweifeln. In meiner Heimatstadt Hamburg sind die Pfeffersäcke zuhause, deren Reichtum sich nicht zuletzt darauf gründet, dass sie knauserig sind.

3 Die Novellierung der Spielverordnung

Die Spielverordnung ist eine Rechtsverordnung, deren Ermächtigungsgrundlage sich in § 33f GewO findet. Dem Gebot des Art. 80 I 2 GG entsprechend gibt die Bestimmung insbesondere den Zweck der Spielverordnung vor. Diese soll – so wörtlich – der „Eindämmung der Betätigung des Spieltriebs“ und dem „Schutz der Spieler“ dienen. Soweit außerdem vom „Schutz der Allgemeinheit“ die Rede ist, dürfte sich das damit weithin überschneiden. Wer exzessiv spielt, gefährdet seine Fähigkeit, etwaigen Unterhaltspflichten nachzukommen. Seine Angehörigen – und gar auch er selbst – sind dann auf staatliche Hilfe angewiesen.

Was nun aber für den erstmaligen Erlass einer Rechtsverordnung gilt, muss gleichermaßen auch für ihre Fortschreibung gelten. Und da fällt es auf, dass die Novellierung der Spielverordnung im Jahre 2006 die Mindestdauer eines Spiels verkürzt hat, und zwar von 12 auf 5 Sekunden. Gleichzeitig wurde der pro Stunde an einem Gerät mögliche Verlust heraufgesetzt, von 60 auf 80 Euro. Und konnte es eben nicht mit Sicherheit beurteilt werden, was denn nun ein unangemessen hoher Verlust in kurzer Zeit ist, so fällt die Beurteilung hier eindeutig aus, wenn es denn um zwei Schritte in die um 180 Grad falsche Richtung geht. Die Betätigung des Spieltriebs wird angeheizt, der Schutz der Spieler abgebaut. Der Vorgang ist – soweit mir ersichtlich – einmalig, dass dem von der Ermächtigungsgrundlage benannten Zweck diametral zuwider gehandelt worden ist. Soweit es speziell um die Verkürzung der Spieldauer geht, ist zwar davon die Rede gewesen, dass damit das gleichzeitige Spielen an zwei Geräten eingedämmt werden sollte. Aber einmal braucht der Spieler ja gar kein zweites Gerät mehr, wenn er an einem mehr als doppelt so schnell spielen kann, wie zuvor an zweien, zum anderen kann man immer noch täglich und allüberall Spieler beobachten, die zwei Geräte gleichzeitig bespielen. Und wenn man der nach dem Verbot der Fun-Games ein wenig kriselnden Branche unter die Arme greifen wollte, kann das gewiss kein legitimes Ziel des Verordnungsgebers gewesen sein. Bundesverfassungsgericht und EuGH sind sich darin einig, dass im Glücksspielbereich ein staatliches Monopol unter bestimmten Voraussetzungen zu rechtfertigen ist[4] – die Branche könnte also auch ganz abgeschafft werden, wie sie im Übrigen von beiden Gerichten als die Achillesferse des deutschen Glücksspielrechts betrachtet wird[5].

Der Verstoß einer Rechtsverordnung gegen ihre Ermächtigungsgrundlage führt zu ihrer Nichtigkeit[6]. Es ist bei 12 Sekunden und 60 Euro zu verbleiben, wenn nicht gar – aus denselben Gründen – auf eine noch frühere Fassung der Spielverordnung zurückzugreifen ist.

4 Folgerungen

Damit weist die Zulassungspraxis der Physikalisch-Technischen Bundesanstalt insgesamt vier Mängel auf. Hausgemacht sind davon die Zulassung von Punktsystemen und von Risikotasten, vom Verordnungsgeber „geerbt" die Mindestspieldauer und der Maximalverlust, wenn denn beides ohne wirksame rechtliche Grundlage ist.

---

4 BVerfGE 115, 276; EuGH ZfWG 2010, 344.

5 BVerfGE 115, 276, 305; EuGH ZfWG 2010,344 Rdnr. 67 f.

6 Vgl. zu dieser Rechtsfolge nur Bauer, in: Dreier, GG, 2. Aufl. 2006, Art. 80 Rdnr. 55. Es kann hier nichts anderes gelten, als wenn die Rechtsverordnung die Grenzen ihrer Ermächtigung überschreitet, vgl. zu diesem Fall BVerfGE 13, 248, 254 ff.; 101, 1, 37.

Nun ist die Zulassung einer Bauart ein Verwaltungsakt, und ein Verwaltungsakt, der Mängel aufweist, ist in der Regel nur anfechtbar, nicht aber nichtig. Nichtigkeit tritt vielmehr nur in den Fällen des § 44 VwVfG ein. Dabei wird man die Evidenz des § 44 I VwVfG wohl nicht annehmen können, doch kommt aus dem Katalog des § 44 II VwVfG der Fall der Nr. 6 in Betracht, des Verstoßes gegen die guten Sitten. Von der Bestimmung wird nur selten Gebrauch gemacht.

Hier muss man sich freilich vergegenwärtigen, worum es geht. Spielsucht ist als Krankheit anerkannt[7], bedarf in vielen Fällen gar der klinischen Behandlung, und unter ihren Verursachern stehen die Spielhallen mit an vorderster Stelle[8]. Nun hat aber das Bundesverfassungsgericht aus Art. 2 II 1 GG hergeleitet, dass es sich bei der Vermeidung und Abwehr von Suchtgefahren um ein überragend wichtiges Gemeinwohlziel handelt[9]. Speziell die Spielsucht belastet eben über die Betroffenen hinaus auch ihre Angehörigen und die Allgemeinheit. Insofern geht es also bei den Mängeln der Bauartzulassungen beileibe nicht um Quisquilien, sondern sie haben grundrechtsrelevantes Gewicht. Dies reicht eigentlich schon bei einzelner Betrachtung, jedenfalls aber in ihrer Gesamtheit. Das Anstandsgefühl aller billig und gerecht Denkenden darf dabei namentlich auch die von der Bundesanstalt perpetuierte Auflehnung des Verordnungsgebers gegen den parlamentarischen Gesetzgeber als seinen Herrn und Meister nicht außer Ansatz lassen.

Einen Verstoß gegen die guten Sitten wird man also nicht leugnen können. Zwar ist die Vorstellung einer sittenwidrig handelnden Bundesbehörde befremdlich, aber dadurch darf man sich nicht dazu verleiten lassen, mit Christian Morgensterns Palmström zu schließen, dass nicht sein kann, was nicht sein darf.

---

7 Vgl. nur BVerfGE 115, 276, 304.

8 So wird jedenfalls aus der Praxis berichtet, vgl. Meyer Jahrbuch Sucht 2010, 120.

9 BVerfGE 115, 276, 304 f.

5 Konsequenzen

Die Konsequenzen der hier vertretenen Auffassung – sollte sie denn richtig sein – schlagen sich in allen drei großen Rechtsgebieten nieder.

5.1 Öffentliches Recht

Öffentlich-rechtlich dürfte es für die Ordnungsbehörden keine Alternativen zum Einschreiten geben. Und wenn gegenwärtig darüber nachgedacht wird, ob den Spielhallen die Daumenschrauben angezogen werden sollen, sei es nun bundesrechtlich oder landesrechtlich, sollte dabei doch auch bedacht werden, ob nicht die konsequente Anwendung der lex lata geeignet ist, einiges von den Missständen abzutragen. Wer als Spieler immer nur 20 Cent eingeben kann, wird nicht so leicht in Spielsucht verfallen. Und jedenfalls dürfte die Rückkehr zur guten alten Zeit mit längerer Spieldauer und geringer Geldeingabe effektiver sein als Spielersperren, bei denen man doch einen Sack voll Flöhe unter Kontrolle bringen müsste, oder Spielerkarten mit einem Tageslimit, wie es erstens immer noch zu hoch sein dürfte und bei deren Beschaffung man zweitens einen Freund einsetzen könnte. Maßnahmen dieser Art sind auf die gegenwärtigen Geräte zugeschnitten und setzen damit immanent deren Tolerierung voraus. Vorrangig müsste ihre Entschärfung sein.

5.2 Strafrecht

Meine strafrechtliche Kompetenz ist mager. Immerhin stellt sich mir die Frage, ob die Genehmigung einer Spielhalle als solcher nach § 33c GewO auch geeignet ist, das dortige Vorhalten nicht wirksam zugelassener Geräte aus dem Bereich des § 284 StGB zu eliminieren. Sollte dem nicht so sein, wäre man mit den Fragen eines Verbotsirrtums und seiner Vermeidbarkeit konfrontiert.

Das erschöpft die strafrechtliche Problematik freilich nicht. Denn wenn Spielsucht in einem konkreten Fall erzeugt worden ist, müsste doch wohl auch an eine Gesundheitsschädigung i.S.d. § 223 StGB gedacht werden; als strafrechtlicher Laie habe ich mit Interesse die geistige Krankheit oder Behinderung zur Kenntnis genommen, die § 226 StGB anspricht. Solche Überlegungen lassen sich jedenfalls hinsichtlich der führenden Vertreter der Branche anstellen und ihrer Helfershelfer bei der Physikalisch-Technischen Bundesanstalt.

5.3 Zivilrecht

Zivilrechtlich gesehen verschafft man sich mit dem Einsatz nicht wirksam zugelassener Geräte den Wettbewerbsvorsprung durch Rechtsbruch des § 4 Nr. 11 UWG. Das kann die vielfältige Konkurrenz aufgreifen, also Spielbanken, Lotto, Toto etc. Und wenn es hier um Verbraucherschutz geht, stehen die wettbewerbsrechtlichen Unterlassungsansprüche auch eingetragenen Verbraucherschutzverbänden zur Verfügung.

Was den einzelnen Spieler angeht, der sich durch seine Spielsucht ruiniert hat, führt ihre Anerkennung als Krankheit geradenwegs zu § 823 I BGB.

Online-Spielhallen im Schnittfeld von Gewerbe-, Glücksspiel- und Medienrecht

Jörg Ennuschat[1]

1 Einleitung

Etwas im Schatten der langjährigen Diskussion um das Staatsmonopol hat sich ein neues Segment im Glücksspielmarkt herausgebildet: die Online-Spielhallen.[2] Dort können virtuelle Gegenstücke zu denjenigen Automaten bespielt werden, die aus Gaststätten oder Spielhallen bekannt sind. Herkömmliche Spielhallen genießen die Gewerbefreiheit – und diese nehmen auch die virtuellen Anbieter für sich in Anspruch. Ob Online-Spielhallen der Gewerbeordnung zu subsumieren sind, ist allerdings so sicher nicht. Spielhallen als virtuelles Phänomen sind dort jedenfalls nicht explizit benannt.

2 Überblick über den Regelungsrahmen für Online-Spielhallen

Als Rechtsrahmen für Online-Spielhallen kommen gleich drei Regelwerke in Betracht: die Gewerbeordnung, der Glücksspielstaatsvertrag und der Rundfunkstaatsvertrag. Die drei genannten Regelwerke repräsentieren zugleich grundverschiedene Regulierungsmodelle.

2.1 Anzeige- und Erlaubnispflichtigkeit für Spielautomaten und Spielhallen, §§ 33c ff. GewO

Wären Online-Spielhallen ihren realen Vorbildern gleichzusetzen, wären die maßgeblichen Vorschriften in der Gewerbeordnung zu finden, und zwar in den §§ 33c ff. GewO. Für Spielautomaten und Spielhallen gilt die Gewerbefreiheit, deren Ausübung lediglich an eine Anzeigepflicht und an eine Präventiverlaubnis

---

1 Prof. Dr. Jörg Ennuschat ist seit Okt. 2011 Inhaber des Lehrstuhls für Verwaltungsrecht an der FernUniversität in Hagen.
Zuvor war er an der Universität Konstanz tätig. Zu seinen Forschungsschwerpunkten zählt das Glücksspielrecht.

2 Zu Online-Spielhallen siehe etwa VG Ansbach, Beschluss vom 15.06.2010 – AN 4 S 10.00573.

geknüpft ist. Jedermann kann also Spielautomaten aufstellen oder eine Spielhalle eröffnen, wenn bestimmte Erlaubnisvoraussetzungen erfüllt sind. Ob die Gewerbeordnung auch Internet-Spiele zulässt, wird noch zu untersuchen sein.

2.2 Staatsmonopol und Internetverbot für Glücksspiele i.e.S., §§ 4 Abs. 1 und 4, 10 Abs. 1, 2 und 5 GlüStV

Einen Gegenpol zum liberalen Regulierungsansatz der Gewerbeordnung bildet – jedenfalls gegenwärtig – das Glücksspielrecht der Länder. Dies betrifft Lotterien sowie Sportwetten und in einigen Ländern auch die Spielbanken. Diese Glücksspiele sind in staatlicher Hand monopolisiert. Gem. § 4 Abs. 4 GlüStV in seiner jetzigen Fassung sind zudem alle Online-Glücksspiele verboten. Zu klären bleibt, ob das staatsvertragliche Internetverbot auch für Online-Spielhallen gilt.

2.3 Anzeige- und Erlaubnisfreiheit für Gewinnspiele im Internet, § 58 Abs. 4 i.V.m. § 8a RStV

Das 3. Regulierungsmodell betrifft die sog. Gewinnspiele. Diese sind außerhalb von Gewerbeordnung und Glücksspielstaatsvertrag geregelt, und zwar im Rundfunkstaatsvertrag der Länder. Gem. §§ 8a und 58 Abs. 4 RStV sind Gewinnspiele bis zu einer Einsatzhöhe von 50 Cent im Fernsehen und auch im Internet zulässig, sie sind dort erlaubnis- und sogar anzeigefrei. Deshalb begrenzen manche Online-Spielhallen die maximale Einsatzhöhe gezielt auf 50 Cent, um die Option zu wahren, in den Genuss dieser privilegierenden Bestimmung des Medienrechts zu gelangen.[3]

2.4 Ungeklärte Verortung der Online-Spielhallen im Regelungsdreieck von Gewerbe-, Glücksspiel- und Medienrecht

Der Regelungsrahmen für Online-Spielhallen wird also durch drei Eckpunkte bestimmt: Gewerberecht, Glücksspielrecht und Medienrecht. Die möglicherweise einschlägigen Regulierungsansätze reichen von vollständiger Freiheit über Anzeigepflicht und Präventiverlaubnis bis hin zum Totalverbot. Wo genau die Online-Spielhallen in diesem Regelungsdreieck zu verorten sind, ist in Rechtsprechung und Literatur noch nicht geklärt.

---

3 Siehe z. B. den Sachverhalt bei VG Ansbach, Beschluss vom 15.06.2010 – AN 4 S 10.00573, juris Rn. 23; VG Regensburg, Beschluss vom 18.05.2010 – RO 5 S 10.505, juris Rn. 3.

Im Folgenden wird versucht, diese Unsicherheiten auszuräumen. Ausgangspunkt aller Überlegungen ist das Gewerberecht.

3 Spielhallen und ähnliche Unternehmen, § 33i Abs. 1 GewO

Die uns aus dem Stadtbild vertrauten Spielhallen werden von § 33i GewO erfasst. Danach benötigt eine Erlaubnis, wer gewerbsmäßig eine Spielhalle oder ein ähnliches Unternehmen betreiben will. Fraglich ist, ob dies auch für eine Spielhalle im Internet gilt.

Die Behördenpraxis bejaht dies bisweilen. So hat vor zwei Jahren ein Gewerbeamt in Mecklenburg-Vorpommern dem Betreiber einer Online-Spielhalle eine solche Spielhallenerlaubnis nach § 33i GewO erteilt.[4] Die Behörde hielt den Bescheid augenscheinlich für unproblematisch, hat ihn jedenfalls noch am Tage des Antragseingangs ausgefertigt.

So eindeutig ist die Subsumtion unter § 33i GewO freilich nicht. Zweifelhaft ist schon, ob eine Spiel*halle* vorliegt.[5] Im allgemeinen Sprachgebrauch ist unter einer Halle ein überdachter Raum zu verstehen; die Halle ist Teil eines Bauwerks oder selbst ein Bauwerk. Der allgemeine Wortsinn ist zugleich Grundlage für das gewerberechtliche Verständnis von Spielhalle. So gibt es in Rechtsprechung und Literatur seit langem den Streit, ob der Begriff der Spielhalle raum- oder betriebsbezogen zu verstehen ist. Diese Diskussion betrifft jedoch nicht das räumliche Element, das nach allen Ansichten nötig ist. Strittig ist nur, ob darüber hinaus der Raum ein eigenständiger Betrieb sein muss.[6] Hinsichtlich des unstreitig erforderlichen Raumbezugs steht ferner außer Streit, dass der Raumbezug räumlich-baulich, also gegenständlich, zu verstehen ist. Nun könnte man versuchen, den Raumbezug zu lockern, indem man darauf abstellt, dass § 33i nicht nur für Spielhallen, sondern auch für „ähnliche Unternehmen" gilt. Aber aus dem Erfordernis der Ähnlichkeit folgt auch insoweit ein räumlich-bauliches, gegenständli-

4 Siehe den Sachverhalt bei LG Köln, ZfWG 2010, 149 ff.

5 Zum Begriff „Spiel" siehe BVerwG, NVwZ 2005, 961: Bei einem Spiel stünden Zeitvertreib, Entspannung und Zerstreuung im Vordergrund, während Sport auf die Erhaltung und ggf. Steigerung der Leistungsfähigkeit ziele.

6 Siehe hierzu einerseits BVerwG, GewArch 1985, 62 – raumbezogenes Verständnis; andererseits VGH BW, NVwZ 1983, 297 – betriebsbezogenes Verständnis.

ches Verständnis. Online-Spielhallen fallen mangels gegenständlicher Räumlichkeit also nicht unter § 33i GewO.[7]

Seit der Föderalismusreform im Jahre 2006 können die Länder die bundesrechtliche Vorschrift des § 33i GewO durch eigene Regelungen ersetzen. Mittlerweile gibt es die ersten Gesetzesinitiativen, z. B. den Entwurf eines Spielhallengesetzes in Berlin. Dieser knüpft hinsichtlich des Spielhallenbegriffs unmittelbar an den bisherigen § 33i GewO an und verlangt daher auch die räumliche Gegenständlichkeit einer Spielhalle.

Noch deutlicher ist das Erfordernis der Räumlichkeit in den Entwürfen zur Änderung des Glücksspielstaatsvertrags enthalten: Alle drei diskutierten Modelle sehen eine an § 33i GewO angelehnte Legaldefinition für Spielhallen vor, welche durch folgenden Passus ergänzt werden soll: „*Dabei findet die Aufstellung der Geräte im räumlichen Verbund oder engem räumlichen Zusammenhang statt.*“

Zu erwarten steht mithin, dass auch nach künftigem Landesrecht Online-Spielhallen nicht unter den Spielhallenbegriff fallen werden.

4 Spielgeräte mit Gewinnmöglichkeit, § 33c Abs. 1 GewO

Die Online-Spielautomaten orientieren sich am Erscheinungsbild herkömmlicher Spielgeräte in Spielhallen und Gaststätten, welche dem Erlaubnistatbestand des § 33c Abs. 1 S. 1 GewO zu subsumieren sind. So stellt sich die Frage, ob auch deren virtuelle Gegenstücke von § 33c GewO erfasst werden. Zentrale Merkmale des Erlaubnistatbestandes sind das „Spielgerät“ und sein „Aufstellen“. Im Kontext der Online-Spielhallen kommen als Spielgerät sowohl der virtuelle Spielautomat in Betracht als auch der heimische PC, von dem aus ein Spieler die Online-Spielhalle aufsucht.

---

7 Postel, ZfWG 2009, 246 (248); Hüsken, GewArch 2010, 336 (343). – Im Übrigen wären auch die weiteren Tatbestandsvoraussetzungen des Spielhallenbegriffs zu verneinen: Dies betrifft die Merkmale „Aufstellung“ (siehe in diesem Beitrag auch Kap. 4) und „Spielgerät“ sowie den Verweis auf § 33c Abs. 1 S. 1 und § 33d Abs. 1 S. 1 (näher unter Kap. 4 und 5).

4.1 Virtueller Spielautomat

Fraglich ist, ob es sich beim virtuellen Spielautomat um ein „Spielgerät" i.S.d. § 33c handelt. Ein Gerät ist eine Maschine oder ein Apparat. Der Begriffskomponente „Gerät" dürfte somit eher eine körperlich-gegenständliche Dimension eigen sein, welche beim virtuellen Spielautomaten fehlt.

Wendet man sich dem weiteren Merkmal „aufstellen" zu, scheint es zunächst, als würde sich das Erfordernis der Körperlichkeit verflüchtigen. So ist das Verständnis von „aufstellen" nicht zwingend mit körperlichen Gegenständen verbunden. Das Baurecht kennt etwa die Aufstellung eines Bebauungsplans.[8] Im Kontext des § 33c Abs. 1 GewO könnte man ferner darauf abstellen, dass die Erlaubnispflicht nicht schon dann greift, wenn ein Spielautomat hingestellt wird, sondern erst dann, wenn er *betrieben* wird. Versteht man Aufstellen i.S.v. Betreiben, wäre eine Einbeziehung virtueller Automaten durchaus denkbar.

Nun verlangt der Wortlaut des § 33c Abs. 1 GewO aber eben nicht nur das Betreiben, sondern auch das Aufstellen. Das Aufstellen ist die Vorstufe für den späteren Betrieb und erfordert eine räumliche Positionierung der Spielgeräte.[9] Die Räumlichkeit ist mithin schon im Erlaubnistatbestand angelegt. Hinzu kommt, dass § 33c in seinen Absätzen 1 und 3 die Aufstellung mit bestimmten Aufstellungsorten verknüpft. Als Aufstellungsorte benennt § 33c Abs. 3 GewO Gaststätten und Beherbergungsbetriebe, § 1 der Spielverordnung zusätzlich insbesondere Spielhallen, also jeweils körperlich-gegenständliche Räume. Deutlich wird damit, dass § 33c die Körperlichkeit von Spielgerät und Aufstellungsort zugrunde legt.

Virtuelle Spielgeräte werden somit von § 33c nicht erfasst.[10]

4.2 PC des Spielers

Körperlich greifbar ist der PC des Spielers, mit dem er die virtuellen Automaten bespielt. Das *BVerwG* hat bereits entschieden, dass ein Internet-Terminal, aufgestellt z. B. in einer Spielhalle oder einem Internet-Café, als Spielgerät i.S.d.

---

8 Siehe z. B. § 2 Abs. 1 BauGB.

9 Siehe BVerwG, NVwZ 2005, 961; ebenso zu Online-Spielautomaten (und deshalb die Anwendbarkeit von § 33c GewO verneinend) Spindler, K&R 2010, 450 (453).

10 Ebenso Hüsken, GewArch 2010, 336 (339); Postel, ZfWG 2009, 246 (248).

§ 33c zu werten sein kann.[11] Spielgerät ist dann nicht das virtuelle Spiel, sondern der PC, der im Internet-Café steht. Spielgerät wäre also auch der private PC des Spielers. Dieser wird aber nicht vom Betreiber der Online-Spielhalle aufgestellt. Der Spieler wiederum hätte zwar ein Gerät, das er aufstellt; er bietet jedoch kein Spiel an. Selbst wenn man auf den PC des Spielers als „Gerät" abstellt, wäre der Erlaubnistatbestand des § 33c Abs. 1 GewO also weder für den Online-Spielhallenbetreiber noch für den Spieler erfüllt.[12]

Als ein Zwischenergebnis kann damit festgehalten werden, dass Online-Spielautomaten keiner Erlaubnispflicht nach § 33c GewO unterliegen. [13]

5 Andere Spiele mit Gewinnmöglichkeit, § 33d Abs. 1 GewO

Offener als die §§ 33i und 33c GewO ist der Erlaubnistatbestand des § 33d formuliert: Dort fehlen die Merkmale „Halle", „Gerät" oder „Aufstellung", es fehlen also gerade die Merkmale, deren Bedeutungsgehalt einen körperlich-räumlichen Kern aufweist. § 33d verlangt lediglich die Veranstaltung eines anderen Spiels mit Gewinnmöglichkeit.

5.1 Virtuelle Spielautomaten als andere Spiele i.S.d. § 33d Abs. 1 S. 1 GewO?

Auch das virtuelle Spiel ist ein Spiel. Zu klären bleibt, ob es ein *anderes* Spiel i.S.d. § 33d Abs. 1 S. 1 GewO ist.

1. Vorfrage: Glücksspiele als andere Spiele i.S.d. § 33d Abs. 1 S. 1 GewO

Das Erfordernis des „anderen Spiels" grenzt § 33d von § 33c GewO ab. Da § 33c voraussetzt, dass der Spielausgang durch eine technische Vorrichtung – nicht durch den Spieler – beeinflusst wird, zielt § 33c auf Glücksspiele. Aus der

---

11 BVerwG, NVwZ 2005, 961; ebenso Hahn, in: Friauf, GewO, § 33c Rn. 4; Odenthal, GewArch 2006, 58 (59).

12 Spindler, K&R 2010, 450 (453).

13 Ebenso OVG LSA, GewArch 2006, 163 f.; AG Wiesbaden, GewArch 2005, 485; Hahn, in: Friauf, GewO, § 33c Rn. 4; Odenthal, GewArch 2006, 58 (59); Postel ZfWG 2009, 246 (247); Spindler, K&R 2010, 450 (453).

Gegenüberstellung von § 33c und § 33d schließt daher manche Stimme in Literatur und Rechtsprechung, das *andere* Spiel müsse ein Geschicklichkeitsspiel und dürfe kein Glücksspiel sein.[14] Insoweit ist jedoch klarzustellen, dass auch Glücksspiele ein anderes Spiel sein können, nämlich dann, wenn sie nicht von § 33c erfasst sind. Dies ist bei virtuellen Spielautomaten gerade der Fall.

2. Kein Schluss von der fehlenden Erlaubnisfähigkeit auf die Frage der Erlaubnisbedürftigkeit

Betrachtet man den Wortlaut, spricht also nichts dagegen, virtuelle Spiele dem § 33d zu subsumieren. Aus systematischer Sicht könnte man indessen anführen, dass sämtliche Vorgaben des gewerblichen Spielrechts – sowohl in der Gewerbeordnung selbst als auch in dazugehörigen Rechtsverordnungen – ersichtlich das reale, das sog. terrestrische Spiel vor Augen haben. Im Kontext des § 33d GewO wird dies etwa anhand folgender Vorgaben deutlich: Gem. § 4 SpielV dürfen andere Spiele, bei denen der Gewinn in Geld besteht, nur in Spielhallen oder ähnlichen Unternehmen veranstaltet werden, also, wie ausgeführt, nur in räumlich-gegenständlich zu begreifenden Spielhallen. Nach § 6 Abs. 2 SpielV muss der Veranstalter eines anderen Spiels den Erlaubnisbescheid im Original[15] zur Einsichtnahme bereithalten, und zwar am Veranstaltungsort.[16] Im Internet könnte aber kein Original vorgezeigt werden.

Es gibt also einige Vorschriften im Verordnungsrecht, welche – salopp formuliert – für das virtuelle Spiel schlicht nicht passen. Einige Literaturstimmen und vereinzelt auch Gerichte ziehen daraus den Schluss, dass § 33d erkennbar nicht auf Internet-Spiele ausgerichtet sei und folglich auf diese Spiele keine Anwendung finde.[17]

---

14 So AG Wiesbaden, GewArch 2005, 485 (485); Bahr, Glücks- und Gewinnspielrecht, 2. Auflage 2007, Rn. 234a. – Siehe auch BT-Drs. 8/1863, S. 11: § 33h Nr. 3 GewO stelle klar, dass andere Spiele – bis auf die Ausspielungen i.S.d. § 33h Nr. 2 – Geschicklichkeitsspiele sein müssten.

15 Marcks, in: Landmann/Rohmer II, § 6 SpielV Rn. 4.

16 Bereitgehalten werden müssen ferner die Unbedenklichkeitsbescheinigung oder ihr Abdruck.

17 Vgl. etwa LG Köln, ZfWG 2010, 149 (150); Leupold/Bachmann/Pelz, MMR 2000, 648 (649); Liesching, MMR 2009, 795 (796); Lober/Neumüller, MMR 2010, 295 (298); Spindler, K&R 2010, 450 (456); ähnlich Bolay, ZfWG 2010, 88 (93); Schulz, CR 2006, 164 (165).

Diese Argumentation vermengt freilich Erlaubnisbedürftigkeit und Erlaubnisfähigkeit: Weil bei virtuellen Spielen die Erlaubnisvoraussetzungen des § 33d GewO offensichtlich nicht erfüllt werden können, soll sein Erlaubnistatbestand gar nicht erst eröffnet sein. Ein derartiger Schluss von der fehlenden Erlaubnisfähigkeit auf die Frage der Erlaubnisbedürftigkeit ist jedoch nicht zulässig.[18]

3. *Verhinderung des Internet-Glücksspiels als Ziel des Gesetz- und Verordnungsgebers*

Etwas anderes könnte allenfalls dann zu erwägen sein, wenn der Gesetz- und Verordnungsgeber bei der Festlegung der Erlaubnisvoraussetzungen virtuelle Spiele überhaupt nicht bedacht hätte[19] und sich hierdurch ungewollte und untragbare Ergebnisse einstellten. Jedoch hat der Gesetz- und Verordnungsgeber das Internetspiel längst im Blick. So hat der Bundesgesetzgeber schon 1997 die seinerzeitige Neufassung der strafrechtlichen Bestimmungen zum Glücksspiel u. a. mit der zunehmenden Intensität von Angeboten im Internet begründet. Und im Jahre 2005 wurde die Begründung zur Änderung der SpielV mit folgender Beschreibung der Ausgangslage eingeleitet: „*Der deutsche Glücksspielmarkt ist seit einigen Jahren geprägt von neuen und erweiterten Spielangeboten (Internetspiele...).*“[20]

Online-Angebote bildeten also gerade den Hintergrund der letzten Novellierung der Spielverordnung. Als Ziele der Neuregelung wurden u.a. benannt:[21] Schließen von „Lücken im Recht“, Verhinderung von „unkontrollierten Fehlentwicklungen“, Sicherstellung einer effizienten Überwachung.

---

18 Vgl. OVG RP, ZfWG 2009, 413 (417): „Soweit … vorgetragen wird, die in Rede stehenden Pokerturniere könnten keine anderen Spiele iSd § 33d GewO sein, weil sie insbesondere wegen der Voraussetzung einer Unbedenklichkeitsbescheinigung nach § 33e Abs. 1 GewO nicht genehmigungsfähig seien, kann dieser Rechtsansicht nicht gefolgt werden. Denn die Frage, ob eine bestimmte Art einer gewerblichen Betätigung vorliegt, kann nicht allein mit dem Argument verneinend beantwortet werden, es fehle an ihrer Genehmigungsfähigkeit.“

19 In diese Richtung wohl Spindler, K&R 2010, 450 (455).

20 BR-Drs. 655/05, S. 9.

21 BR-Drs. 655/05, S. 12. Ferner benannt: Ziehung einer klaren Grenze zwischen dem staatlich konzessionierten großen Spiel und dem gewerblichen kleinen Spiel; Beseitigung von „Grauzonen“. Weiter heißt es in der Begründung, es gelte, den Rechtsrahmen an die neue tatsächliche Lage anzupassen.

Gäbe es im Gewerberecht erlaubnisfreie Online-Spielhallen, entstünde indessen gerade eine Lücke im Recht: Im Unterschied zu traditionellen Spielangeboten, die erlaubnispflichtig sind, böte das Gewerberecht für virtuelle Angebote einen nicht überwachten Freiraum, welcher mit der Gefahr unkontrollierter Fehlentwicklungen verbunden wäre. Wenn also der Verordnungsgeber einerseits Internetspiele als Realität zugrunde legt, andererseits Rechtslücken sowie unkontrollierte Entwicklungen ausschließen will, deuten diese entstehungsgeschichtlichen Hinweise darauf hin, dass die fehlende Erlaubnisfähigkeit von Internetspielen von der ratio legis der gewerberechtlichen Vorschriften getragen wird.[22]

4. Zwischenergebnis: virtuelle Glücksspiele als nicht erlaubnisfähige andere Spiele i.S.d. § 33d Abs. 1 GewO

Fasst man die bisherigen Überlegungen zusammen, ergibt sich folgendes Bild: Virtuelle Glücksspiele einer Online-Spielhalle sind andere Spiele i.S.d. § 33d Abs. 1 GewO, d.h. unterfallen insoweit diesem Erlaubnistatbestand.[23] Zu den Erlaubnisvoraussetzungen gehört, dass sie gem. § 4 SpielV nur in Spielhallen angeboten werden dürfen – und zwar nur in räumlich-gegenständlichen Spielhallen.

Online-Spiele sind daher nach Gewerberecht nicht erlaubnisfähig.[24]

5.2 Nichtanwendung von § 33d GewO wegen § 33h Nr. 1 GewO (Spielbanken)?

§ 33d GewO wäre allerdings überhaupt nicht anwendbar, wenn einer der Fälle des § 33h GewO vorläge. Zu denken ist zunächst an § 33h Nr. 1 GewO, der Spielbanken betrifft. Auch eine Internet-Spielbank kann als Spielbank in diesem Sinne einzustufen sein. Abzugrenzen sind also Spielhalle und Spielbank. Ein zentrales Unterscheidungsmerkmal besteht darin, dass man nur in einer Spielbank in allerkürzester Zeit sogar sehr große Summen verlieren kann, während es in Spielhallen die Vorgabe zur Begrenzung der Verluste auf maximal 80 Euro/Stunde gibt. Wenn also die Online-Spielhallen virtuelle Spielautomaten anbieten, die den herkömmlichen Spielgeräten auch hinsichtlich Einsatz, Gewinn und Verlust

---

22 Ebenso OVG LSA, GewArch 2006, 163; VG Wiesbaden, GewArch 2007, 490.
23 A.A. Hambach/Hettich/Pfundstein, K&R 2010, 711 (712).
24 Ebenso VG Berlin, MMR 2009, 794 (795).

nachempfunden sind, dann spricht manches dafür, sie nicht als Online-Spielbank i.S.d. § 33h Nr. 1 GewO zu werten.

5.3 Nichtanwendung von § 33d GewO wegen § 33h Nr. 3 GewO (andere Spiele, die Glücksspiele i.S.d. § 284 Abs. 1 StGB sind)?

§ 33d GewO könnte ferner nicht herangezogen werden, wenn es sich gem. § 33h Nr. 3 GewO um ein anderes Spiel handelt, das als Glücksspiel i.S.d. § 284 Abs. 1 StGB einzuordnen ist.

1. Glücksspiel i.S.d. § 284 Abs. 1 StGB

Ein Glücksspiel im Sinne des Strafrechts liegt vor, wenn es auf einen Gewinn gerichtet ist, aber der Verlust des Einsatzes droht und die Entscheidung über Gewinn und Verlust im Wesentlichen vom Zufall abhängt. Mit Blick auf den Einsatz besteht in der strafrechtlichen Rechtsprechung und Literatur weitgehend Einigkeit, dass hierunter eine *nicht ganz unbeträchtliche* Vermögensleistung zu verstehen ist. Glücksspiele mit Bagatalleinsätzen verwirklichen nach weit verbreiteter Auffassung also nicht den Straftatbestand.[25] Fraglich ist, wo die Bagatellgrenze zu ziehen ist.

In der Literatur werden zumeist Beträge zwischen 50 Cent und 5 Euro, teils sogar 20 Euro vorgeschlagen.[26] Strafgerichte haben in Einzelfällen eine Einsatzhöhe von 1,83 Euro oder 49 Cent für strafrechtlich irrelevant erachtet.[27] Der Wert von 50 Cent wird recht häufig genannt, wohl auch in Orientierung an der 50 Cent-Grenze im Rundfunkstaatsvertrag zur Regelung der Fernseh-Gewinnspiele. Hierin liegt im Übrigen ein weiterer Grund, warum manche Online-Spielhallen die Einsatzhöhe auf 50 Cent begrenzen: Hierdurch wahren sie, wie erwähnt, die Chance, in den Genuss der Gewinnspielvorschriften des Rundfunkstaatsvertrages zu gelangen, und reduzieren zugleich die strafrechtlichen Risiken.

---

25 A.A. OVG LSA, GewArch 2006, 163: keine Geringfügigkeitsgrenze.

26 Brandl, Spielleidenschaft und Srafrecht, 2003, S. 46: 5 Euro; Eichmann/Sörup, MMR 2002, 142 (145): 2,50 Euro; Hoyer, in: SK-StGB, § 284 Rn. 6: 40 DM; Kleinschmidt MMR 2004, 654 (657): 1,89 Euro; Krehl, in: LK-StGB, 12. Aufl. 2006, § 284 Rn. 11: 0,55 Euro; Liesching ZfWG 2009, 320 (321): 0,50 Euro.

27 Siehe OLG Düsseldorf , Urteil vom 23.09.2003 – 20 U 39/03, juris Rn. 34: 1,83 Euro; LG Freiburg, MMR 2005, 547: 0,49 Euro.

Die Begrenzung der Einsatzhöhe auf 50 Cent garantiert aber keineswegs Straffreiheit. So neigt die Mehrheit der strafrechtlichen Stimmen dazu, eine Folge mehrerer Spiele als Einheit zu betrachten, sodass selbst höhere Bagatellschwellen schnell überschritten werden.[28] Gerade beim virtuellen wie realen Automatenspiel entspricht diese Gesamtbetrachtung der Lebenswirklichkeit. Das einzelne Spiel dauert nur zwei bis fünf Sekunden. Ferner gibt es „Autostart"-Tasten, die dem Spieler die Mühe abnehmen, selbst alle paar Sekunden ein neues Spiel zu beginnen.

2. Konsequenz der Nichtanwendung der §§ 33c bis 33g GewO

Mit Blick auf Online-Spielhallen ist also zu unterscheiden: Wenn die Bagatellschwelle nicht erreicht wird, bleibt § 33d GewO anwendbar. Relevant ist dies für Online-Glücksspiele mit einem sehr kleinen Einsatz. Diese Spiele sind nach § 33d GewO erlaubnisbedürftig, können jedoch die Erlaubnisvoraussetzungen nicht erfüllen, sind also gewerberechtlich unzulässig. Wenn die Einsatzhöhe die strafrechtliche Bagatellschwelle übersteigt, greift § 33h Nr. 3 GewO – mit der Konsequenz der Nichtanwendung der §§ 33c ff. GewO. Dies bedeutet, dass die Gewerbeordnung für solche Online-Spielhallen keinen Genehmigungstatbestand bietet.

Dies lenkt den Blick auf das Landesrecht.

6 Verbot von Online-Glücksspielen, § 4 Abs. 4 GlüStV

In der Tat eröffnet § 33h Nr. 3 GewO dem Landesgesetzgeber Regelungsspielräume für Glücksspiele, welche dieser durch den Glücksspielstaatsvertrag ausgefüllt hat. Spätestens dann, wenn die strafrechtliche Bagatellschwelle überschritten ist, fallen virtuelle Spielautomaten daher unter den Glücksspielstaatsvertrag. Dieser

28 OLG Düsseldorf , Urteil vom 23.09.2003 – 20 U 39/03, juris Rn. 34; VG Düsseldorf, ZfWG 2009, 300 (302); LG Köln, ZfWG 2009, 131 (132); Fischer, StGB, 57. Aufl. 2010, § 284 Rn. 5; Groeschke/Hohmann, in: MüKo-StGB, 2006, § 284 Rn. 8; Krehl, in: LK-StGB, 12. Aufl. 2006, § 284 Rn. 12a; Hüsken, ZfWG 2009, 153 (157) u. GewArch 2010, 336 (337); a.A. Ernst, MMR 2005, 735 (739); zweifelnd auch Beckemper, in: BeckOK-StGB, § 284 Rn. 12; Hambach/Münstermann, K&R 2009, 457 (460). Gegen die Gesamtbetrachtung auch LG Freiburg, MMR 2005, 547, das darauf hinweist, dass der Spieler ja auch jedes Mal eine neue Gewinnchance erhält.

jedoch verbietet – nach heutiger Fassung – Glücksspiele im Internet. Insoweit laufen also zurzeit die gewerberechtlichen und die glücksspielstaatsvertraglichen Wertungen parallel: Virtuelle Spielautomaten sind weder nach § 33d GewO noch nach dem Glücksspielstaatsvertrag erlaubnisfähig.

Noch unklar ist, welche Regelungen künftig für das Internet gelten sollen. Es zeichnet sich wohl ab, dass das grundsätzliche Internetverbot erhalten bleiben soll – mit Ausnahmemöglichkeiten allein für Lotterien und Sportwetten, nicht aber für Online-Spielhallen. Sollte sich diese Vermutung bestätigen, hieße das, dass Online-Spielhallen auch künftig unter ein glücksspielstaatsvertragliches Verbot fielen.

7 Gewinnspiele in vergleichbaren Telemedien, §§ 8a, 58 IV RStV

Allerdings scheinen die gewerberechtliche und die glücksspielstaatsvertragliche Wertung in einem Spannungsverhältnis zur Regelung im Rundfunkstaatsvertrag der Länder zu stehen. Gem. § 8a RStV sind im Fernsehen Gewinnspiele zulässig, solange für ihre Teilnahme nur ein Entgelt bis zu 50 Cent verlangt wird. Unter den Begriff der Gewinnspiele fallen sowohl Geschicklichkeits- wie Glücksspiele.[29]

Nun bildet die Online-Spielhalle kein TV-Gewinnspiel. § 8a RStV greift also nicht. Der Rundfunkstaatsvertrag enthält jedoch auch Regelungen, die für das Internet relevant sind, und zwar im Abschnitt über die sog. Telemedien. In § 58

---

29 Teils werden unter Gewinnspiele i.S.d. §§ 8 a, 58 IV RStV lediglich Geschicklichkeitsspiele gefasst, um Normkollisionen mit dem GlüStV zu vermeiden (VG Regensburg, Beschluss vom 18.05.2010 – RO 5 S 10.505, juris Rn. 22; Hüsken, ZfWG 2009, 153 (160) u. GewArch 2010, 336 (337); im Ergebnis ebenso Bahr Glücks- und Gewinnspielrecht, 2. Aufl. 2007, Rn. 39). Andere verstehen Gewinnspiele als Oberbegriff zu Glücks- und Geschicklichkeitsspielen (BayVGH, AfP 2010, 204 (205) = BayVBl. 2010, 466 (467); VG Münster, Beschluss vom 14.06.2010 – 1 L 155/10, juris Rn. 40, 42; Bolay MMR 2009, 669 (671) und ZfWG 2010, 88; Liesching ZfWG 2009, 320 (323). Die zweitgenannte Auffassung überzeugt. Dies folgt aus der amtlichen Begründung zu § 8 a RStV (BayLT-Drs. 15/9667, S. 15), die den Glücksspielstaatsvertrag im Blick hat: Die Vertragsparteien ordnen den Gewinnspielen augenscheinlich auch die Glücksspiele zu. Bestätigt wird diese Sichtweise durch die offene Formulierung des § 2 Nr. 1 der Gewinnspielsatzung (Rn. 26). Die geltend gemachte Normkollision kann im Übrigen auf Konkurrenzebene gelöst werden (unten Rn. 33 ff.), sodass es keiner Korrektur auf Tatbestandsseite bedarf.

IV RStV wird bestimmt: *„Für Gewinnspiele in vergleichbaren Telemedien (Telemedien, die an die Allgemeinheit gerichtet sind), gilt § 8a entsprechend.“*

Internetdienste können als Telemedien eingestuft werden.[30] Problematischer ist, ob es sich um ein *vergleichbares* Telemedium handelt.

7.1 Anknüpfung an die frühere Unterscheidung von Tele- und Mediendiensten

Das Merkmal „vergleichbar“ wird zunächst durch den Klammerzusatz erläutert: *„Telemedien, die an die Allgemeinheit gerichtet sind“*. Man könnte darauf abstellen, dass eine Internet-Spielhalle sich an Jedermann wendet und deshalb an die Allgemeinheit gerichtet ist – so das *VG Münster* im Juni 2010.[31]

Bei Berücksichtigung der Entstehungsgeschichte liegt allerdings ein anderes Verständnis näher. Der heutige Begriff der Telemedien vereint in sich die früher zu unterscheidenden Teledienste und Mediendienste. Und die Formulierung „an die Allgemeinheit gerichtet“ knüpft ersichtlich an die seinerzeitige Differenzierung an:[32] Teledienste waren elektronische Informations- und Kommunikationsdienste, die für eine *individuelle Nutzung* bestimmt sind.[33] Demgegenüber handelte es sich bei einem Mediendienst um einen *an die Allgemeinheit gerichteten* Informations- und Kommunikationsdienst.[34]

Ein Telemedium, das an die Allgemeinheit gerichtet ist, ist somit in ähnlicher Weise zu verstehen wie früher ein Mediendienst[35], muss also der Massenkommu-

---

30 Der rundfunkstaatsvertragliche Begriff der Telemedien (§ 2 I 3 RStV) entspricht der Legaldefinition von Telemedien in § 1 I TMG (= alle elektronischen Informations- und Kommunikationsdienste, soweit sie nicht Telekommunikationsdienste nach § 3 Nr. 24 des Telekommunikationsgesetzes, die ganz in der Übertragung von Signalen über Telekommunikationsnetze bestehen, telekommunikationsgestützte Dienste nach § 3 Nr. 25 des Telekommunikationsgesetzes oder Rundfunk nach § 2 des Rundfunkstaatsvertrages sind). Ein Internetportal mit dem Angebot von Glücks- oder Geschicklichkeitsspielen kann diesem Begriff subsumiert werden (vgl. VG Münster, Beschluss vom 14.06.2010 – 1 L 155/10, juris Rn. 24; Nagel, in: Dietlein/Hecker/Ruttig, Glücksspielrecht, 2008, § 9 GlüStV Rn. 35).

31 So VG Münster, Beschluss vom 14.06.2010 – 1 L 155/10, juris Rn. 51, 55. Ebenso Hambach/Münstermann, K&R 2009, 457 (458).

32 Ebenso Bolay, ZfWG 2010, 88 (89).

33 So der frühere § 2 I TDG.

34 So der frühere § 2 I 1 MDStV.

35 Ebenso Bolay, MMR 2009, 669 (672); ders., ZfWG 2010, 88 (89). Siehe ferner die Be-

nikation dienen, Breitenwirkung und Relevanz für die öffentliche Meinungsbildung entfalten – kurz: rundfunkähnlich sein.[36]

7.2 Erfordernis der Rundfunkähnlichkeit

Diese Überlegungen finden eine systematische Bekräftigung durch andere Vorschriften, welche den Begriff „vergleichbare Telemedien" verwenden. So werden etwa sowohl im Telekommunikationsrecht (z.B. §§ 2 V, 27 III TKG) als auch im Rundfunkrecht (§§ 50, 52a III 1, 52c I RStV) „Rundfunk und vergleichbare Telemedien" vielfach quasi in einem Atemzug genannt. Bezugspunkt für das Merkmal „vergleichbar" ist also der Rundfunk.[37] Die Rundfunkähnlichkeit wäre bei einer Online-Spielhalle nicht gegeben.[38]

Angemerkt sei, dass sich diese Sichtweise mit dem unionsrechtlichen Verständnis deckt. Die Richtlinie über audiovisuelle Mediendienste von März 2010, welche die frühere Fernseh-Richtlinie fortentwickelt, versteht unter audiovisuellen Mediendiensten die Massenmedien in ihrer informierenden, unterhaltenden und die breite Öffentlichkeit bildenden Funktion. Explizit ausgeschlossen werden Glücksspiele, andere Gewinnspiele sowie Online-Spiele. Lediglich *Sendungen mit Gewinnspielen oder Glücksspielen* sollen zu den audiovisuellen Mediendiensten zählen. Eine Online-Spielhalle offeriert jedoch nur das Spiel als solches, ist aber keine fernsehähnliche Sendung mit einem Spiel.

Daher scheidet § 58 Abs. 4 RStV als Grundlage für eine Online-Spielhalle und für virtuelle Spielautomaten aus. Ein Widerspruch zur gewerberechtlichen und zur heutigen glücksspielstaatsvertraglichen Regelung entsteht somit nicht.

---

gründung zum 9. RÄndStV, LT NRW-Drs. 14/3130, S. 27. – Vor diesem Hintergrund ist bedeutsam, dass Telespiele vom Begriff des Mediendienstes ausgenommen und dem Begriff des Teledienstes zugeordnet wurden (§ 2 II Nr. 4 MDStV, § 2 II Nr. 4 TDG), also als nicht an die Allgemeinheit gerichtet eingestuft wurden. Der Sache nach wird hier also die frühere Unterscheidung zwischen Telediensten und Mediendiensten weitergeführt, vgl. Dörr/Schwartmann, Medienrecht, 2. Aufl. 2008, Rn. 272; Schmitz, K&R 2007, 135 (136).

36 Dazu Schmitz, in: Hoeren/Sieber, Multimedia-Recht, 22. Aufl. 2009, 16.4 Rn. 28-30.

37 Insoweit ebenso VG Münster, Beschluss vom 14.6.2010 – 1 L 155/10, juris Rn. 51.

38 Ebenso Bolay MMR 2009, 669 (673).

8 Fazit und Ausblick

Zusammenfassend lässt sich damit festhalten: Virtuelle Spielautomaten und Online-Spielhallen sind weder nach der Gewerbeordnung noch nach heutigem Glücksspielstaatsvertrag erlaubnisfähig und können auch nicht als Gewinnspiele i.S.d. RStV eingeordnet werden. Sie sind nach gegenwärtiger Rechtslage vielmehr unzulässig.

Deutlich geworden ist freilich auch, dass die einzelnen Instrumente des deutschen Glücksspielrechts – in der Gewerbeordnung, im Glücksspielstaatsvertrag und im Rundfunkstaatsvertrag – nicht allzu überzeugend aufeinander abgestimmt sind. Bezogen auf Online-Spielhallen können Wertungswidersprüche im Wege der Auslegung zwar vermieden werden. Andere Friktionen verbleiben indessen. Eine Neuregelung des Glücksspielrechts sollte daher auch das Verhältnis zu den rundfunkrechtlichen Vorgaben klären.

Soziale Kosten des Glücksspiels im Vergleich

Tilman Becker[1]

1 Einleitung

Der Begriff „soziale Kosten" stammt aus der Wohlfahrtsökonomie. Es wird zwischen privaten und sozialen Kosten sowohl bei der Herstellung als auch bei dem Konsum unterschieden. Private Kosten entstehen dem Hersteller bzw. dem Konsumenten. Soziale Kosten entstehen anderen Personen auf Grund von externen Effekten in der Herstellung oder dem Konsum. Soziale Kosten sind die Kosten, die durch eine wirtschaftliche Tätigkeit entstehen, die ein Hersteller oder ein Konsument aber nicht selber trägt, sondern bei anderen Unternehmen oder Personen durch diese Tätigkeit anfallen. Es ist das Ziel der Wohlfahrtspolitik, diese negativen externen Effekte mit geeigneten Maßnahmen wie Steuern oder Abgaben, Ver- und Geboten zu kontrollieren und zu reduzieren.

Für die Messung der sozialen Kosten des Tabak-, Alkohol- und Drogenkonsums hat sich weltweit ein methodischer Standard etabliert, der in den „International Guidelines for Estimating the Costs of Substance Abuse" der World Health Organization (WHO) dargelegt ist. Dieser folgt der ökonomischen Betrachtungsweise. So wird dort häufig auch von „economic cost" anstatt von „social cost" gesprochen. Die „International Guidelines for Estimating the Costs of Substance Abuse" wurden unter der Leitung des „Canadian Centre on Substance Abuse (CCSA)" von Experten aus der ganzen Welt in einer Reihe von Treffen zwischen 1994 und 2002 entwickelt und dann von der WHO übernommen.[2] Diese Richtlinien stellen den weltweit akzeptieren methodologischen Standard für die Berechnung der Kosten des Substanzmissbrauchs dar.

Auf diesen bereits etablierten Standard kann bei der Berechnung der sozialen Kosten des Glückspiels zurückgegriffen werden, obwohl natürlich gewisse Anpassungen vorgenommen werden. Die wichtigste Anpassung ist die Unterscheidung in drei Gruppen von pathologischen Spielern. In die Berechnungen für die

---

1 Prof. Dr. Tilman Becker ist Geschäftsführender Leiter der Forschungsstelle Glücksspiel an der Universität Hohenheim.

2 World Health Organization (Hrsg.): International guidelines for estimating the cost of substance abuse. World Health Organization, 2003.

sozialen Kosten des pathologischen Glücksspiels werden nicht nur die Kosten der stationär und der ambulant behandelten Spieler einfließen, sondern auch die Kosten für die Personen mit einem pathologischen Spielverhalten in der Bevölkerung, die sich nicht in Therapie begeben.

Entsprechend diesen Richtlinien werden weltweit die Kosten des Alkohol-, Tabak- und generell des Substanzmissbrauchs berechnet. Folgende Kostenkomponenten werden in den „International Guidelines for Estimating the Costs of Substance Abuse" der WHO aufgeführt:

1. Konsequenzen für das Gesundheits- und Sozialsystem (Kosten der stationären und ambulanten Behandlung, Kosten für Medikamente und andere Gesundheitskosten, Kosten der Prävention und der Forschung),
2. Konsequenzen für den Arbeitsplatz (Verlust an Arbeitsproduktivität, frühzeitiger Tod),
3. Kosten der Rechtsdurchsetzung und -verfolgung (Polizei und Gerichtskosten einschließlich dieser Kosten für drogeninduzierte Vergehen),
4. Andere Kosten (z. B. Zerstörung von Eigentum bzw. Kosten durch drogeninduzierte Verkehrsunfälle).

In der Regel werden die Kosten, die durch einen krankheitsbedingten Verlust des Arbeitsplatzes, durch eine krankheitsbedingte geringere Produktivität und durch krankheitsbedingte Fehlzeiten entstehen, als indirekte Kosten bezeichnet, während die Kosten für das Gesundheits- und Sozialsystem einschließlich der Kosten für das Rechtssystem als direkte Kosten bezeichnet werden.

Als dritte Kostenkomponente können die intangiblen Kosten aufgeführt werden. Die intangiblen Kosten bewerten das Leid, das dem Klienten selbst und seinen Angehörigen durch den Substanzmissbrauch entsteht. Da das persönliche Leid sich kaum mit Geld messen lässt, enthalten sich Ökonomen in der Regel einer monetären Bewertung dieser Kosten.

Bei der Berechnung der direkten Kosten des Substanzmissbrauchs lassen sich zwei Ansätze unterscheiden: der Inzidenzansatz, bei dem die erwarteten Kosten auf Grund einer Krankheit berechnet werden, und der Prävalenzansatz, bei dem die jährlichen Kosten berechnet werden. Der Inzidenzansatz wird selten gewählt, da Kenntnisse der Entwicklung der Krankheit und ihrer Dauer, der Weiterentwicklung der medizinischen Methoden, der Kosten der Medikamente, des zukünftigen Konsumverhaltens und der Arbeitsproduktivität benötigt werden. Der

Prävalenzansatz hingegen berechnet die Kosten pro Jahr. Dieser Ansatz ist auch für die Berechnung der sozialen Kosten des pathologischen Glückspielverhaltens besser geeignet.

Bei den Berechnungen der indirekten Kosten ist zwischen dem Humankapital- und dem Friktionskostenansatz zu unterscheiden. Bei dem Humankapitalansatz werden bei der Berechnung des Verlusts an Arbeitsproduktivität die durch Krankheit oder frühzeitigen Tod verlorenen Lebensjahre zu Grunde gelegt. Die verlorenen Lebens- oder Erwerbstätigkeitsjahre werden monetär mit dem Marktpreis für den Produktionsfaktor Arbeit, also über Lohn oder Einkommen, bewertet. Bei dem Friktionskostenansatz wird angenommen, dass durch Krankheit oder Tod verlorengegangene Arbeitsplätze auf dem Arbeitsmarkt nach einer gewissen Übergangszeit von anderen Personen wieder besetzt werden können und deshalb die Produktionsverluste entsprechend niedriger ausfallen. In einer Gesellschaft, in der es Arbeitssuchende ohne Beschäftigung gibt, ist die Friktionskostenmethode der angemessene Ansatz. Die Bewertung hat über das Opportunitätskostenprinzip zu erfolgen.

Generell kann über die entlohnte Arbeit hinaus auch die nicht entlohnte Arbeit, wie im Haushalt, bewertet werden. Zukünftig anfallende Kosten werden in der Regel diskontiert.

2 Soziale Kosten des Tabakkonsums

Es ist eine ganze Anzahl von Krankheiten bekannt, für die Tabak eine nachgewiesene oder wahrscheinliche Ursache oder verstärkender Faktor ist. Insbesondere Krebserkrankungen, Herz-Kreislauf-Erkrankungen, Erkrankungen der Atemwege und Schädigungen des Kindes vor der Geburt sind hier zu nennen.[3]

Der Tabakkonsum schädigt nicht nur die konsumierende Person selbst, sondern kann auch negative gesundheitliche Auswirkungen auf die Umgebung haben. Es wird davon ausgegangen, dass auch das Passivrauchen beträchtliche Effekte auf die Gesundheit der Bevölkerung hat, und dass Personen, die häufig dem Tabak-

---

3 Vgl. zu einer umfassenden Liste West, R. (2006): Tobacco Control: present and future. In: British Medical Bulletin, Vol. 77 und 78, S. 123-136.

rauch passiv exponiert sind, vermehrt an Lungenkrebs, koronaren Herzkrankheiten, Schlaganfällen und Atemwegserkrankungen leiden.[4]

Anhand des Humankapitalansatzes schätzen Welte et al.[5] die durch Tabakkonsum in Deutschland verursachten Kosten für das Jahr 1993. Es wird von 116.507 tabakbedingten Todesfällen in Deutschland ausgegangen. Die direkten Kosten der tabakbedingten Krankheiten für das Gesundheitssystem liegen bei 4,7 Milliarden Euro. Hinzu kommen der Verlust an Arbeitsproduktivität auf Grund der tabakbedingten Todesfälle in Höhe von 4,2 Milliarden Euro und der Verlust an Arbeitsproduktivität auf Grund von Krankheit und vorgezogenem Ruhestand in der Höhe von 8,4 Milliarden Euro (bei einer Diskontrate von 3 %). Es ergeben sich somit direkte und indirekte Kosten der tabakbedingten Krankheiten von insgesamt 17,3 Milliarden Euro. Umgerechnet auf alle Raucher entspricht dies jährlichen Kosten von 817 Euro für jeden Raucher. Der geschätzte Verlust an Lebenszeit liegt bei 1,5 Millionen Menschenjahren.

Ausschließlich die Kosten für das Gesundheitssystem, d. h. die direkten Kosten, werden von Ruff et al.[6] für das Jahr 1996 geschätzt. Sie gehen von 137.000 tabakbedingten Todesfällen aus und kommen zu Kosten von 16,6 Milliarden Euro.

Ausschließlich die Kosten des Produktivitätsausfalls auf Grund des Tabakkonsums, die indirekten Kosten, werden von Wegner et al.[7] mit der Friktionskostenmethode für das Jahr 1999 geschätzt. Die so berechneten Kosten betragen 4,3 Milliarden Euro (3,8 Milliarden Euro durch Arbeitsunfähigkeit, 0,3 Milliarden Euro durch Erwerbsunfähigkeit, 0,3 Milliarden Euro durch vorzeitigen Tod). Verglichen mit den 12,6 Milliarden Euro von Welte et al. kommen Wegner et al.

---

4 Vgl. Deutsches Krebsforschungszentrum (2005), Heidrich et al. (2007). Beide Veröffentlichungen lagen im Original leider nicht vor und wurden zitiert nach: Baumeister, S. E.; Kraus, L.; Stonner, T.-K.; Metz, K. (2008): Tabakkonsum, Nikotinabhängigkeit und Trends. Ergebnisse des Epidemiologischen Suchtsurveys 2006. In: Sucht 2008 (54) Sonderheft 1, S. 26-35.

5 Vgl. Welte, R.; König, H.-H.; Leidl, R. (2000): The costs of health damage and productivity loss attributable to cigarette smoking in Germany. In: European Journal of Public Health, Vol. 10 (1), S. 31-38.

6 Ruff, L. K.; Vollmer, T.; Nowak, D.; Meyer, A. (2000): The economic impact of smoking. In: European Respiratory Journal Vol. 16, S. 385-390.

7 Wegner, C.; Gutsch, A.; Hessel, F.; Wasem, J. (2005): Volkswirtschaftliche Produktivitätsverluste infolge des Rauchens – eine Analyse unter Berücksichtigung des Friktionskostenmethode. In: Gesundheitsökonomisches Qualitätsmanagement, Vol. 10, S. 356-363.

mit der Friktionskostenmethode erwartungsgemäß zu deutlich geringeren Werten.

Einen ähnlichen Ansatz wie Welte et al. verfolgen Neubauer et al.[8] Es wird für 2003 von 114.647 tabakbedingten Todesfällen ausgegangen, wobei etwa 3.300 Todesfälle durch Passivrauchen nicht enthalten sind. Die tabakbedingten Kosten in Deutschland werden für 2003 auf 21 Milliarden Euro geschätzt. Die direkten Kosten für das Gesundheitssystem betragen 7,5 Milliarden Euro. Die indirekten Kosten der Todesfälle werden auf 4,7 Milliarden Euro geschätzt und die indirekten Kosten auf Grund von verlorener Arbeitszeit und frühzeitigem Ruhestand auf 8,8 Milliarden Euro. Der Verlust an menschlicher Lebenszeit wird auf 1,6 Millionen Menschenjahre geschätzt.

Im Jahr 1995 veröffentlichte der Ärztliche Arbeitskreis Rauchen und Gesundheit e. V. zusammen mit der Nichtraucher-Initiative Deutschland e. V. eine Berechnung der sozialen Kosten des Rauchens.[9] Nach dieser Kalkulation[10] belief sich der Schaden 1991 auf 12,1 Milliarden Euro durch Arbeitsunfähigkeit, 6,4 Milliarden Euro durch Übersterblichkeit, 23,1 Milliarden Euro durch Frühinvalidität.

In seinen Angaben im Jahr 2003 schätzt Adams die volkswirtschaftlichen Kosten des Rauchens auf 52 Milliarden Euro im Jahr. Davon seien 13 Milliarden Euro Krankheitskosten, und 39 Milliarden Euro würde die vernichtete Lebenserwartung kosten.[11] In seinen Angaben im Jahr 2010 geht Adams von 8,7 Milliarden Euro direkten Kosten und 24,9 Milliarden Euro Euro indirekten Kosten aus und kommt zu insgesamt 33,5 Milliarden Euro sozialen Kosten.[12]

---

8 Neubauer, S.; Welte, R.; Beiche, A.; Koenig, H.-H; Buesch, K.; Leidl, R. (2006): Mortality, morbidity and costs attributable to smoking in Germany; update and a 10-year comparison. In: Tobacco Control, 2006 (15). S. 464-471.

9 Ärztlicher Arbeitskreis Rauchen und Gesundheit e. V. zusammen mit der Nichtraucher-Initiative Deutschland: Informationen zum Welt-Nichtraucher-Tag am 31. Mai 1995. http://www.raucherportal.de/kosten/pics/kosten.pdf

10 Originalzahlen in DM, hier umgerechnet in Euro mit 1,95583 DM = 1 Euro.

11 Vgl. Adams, M. (2003): Rauchen muss noch teurer werden. In: Die Zeit 5. Juni 2003 Nr. 24. http://www.zeit.de/2003/24/Forum_Tabaksteuer

12 Vgl. Tabak-, Alkohol- und Glücksspielabhängigkeit: Soziale Kosten und wirksame Vorschläge zur Verhältnisprävention. Vortragsfolien auf dem Deutschen Suchtkongress in Tübingen, 23.09.2010.

Die vorliegenden Studien deuten darauf hin, dass die direkten und indirekten Kosten tabakbedingter Krankheiten bei etwa 20 Milliarden Euro pro Jahr liegen dürften. Nur Adams kommt zu anderen Ergebnissen, wobei die Berechnungen selber leider nicht transparent gemacht werden.

Unterschiede in den Ergebnissen der vorliegenden Studien für Deutschland lassen sich nur zu einem sehr geringen Teil auf die unterschiedlichen Analysezeiträume zurückführen. So kommen Neubauer et al. bei einem Vergleich der vorliegenden Studien zu dem Ergebnis, dass sich zwischen 1993 und 2003 die direkten Kosten um 35,8% erhöht haben, während die indirekten Kosten um 7,1% gesunken sind.[13]

3 Soziale Kosten des Alkoholkonsums

Eine Reihe von gesundheitlichen Schäden wird in Zusammenhang mit einer chronisch hohen Zufuhr von Alkohol gebracht: vor allem Leberschäden, aber auch Pankreatitis, Gastritis, Herzmuskelerkrankungen, Schädigungen des Gehirns, des peripheren Nervensystems, der Muskulatur und der Knochen sowie verschiedene Krebserkrankungen. Das Risiko für Bluthochdruck steigt und verschiedene Stoffwechselerkrankungen werden verstärkt. Bei einigen mit Alkohol assoziierten Krankheiten reichen bereits anhaltend mäßige Alkoholmengen aus, das Erkrankungsrisiko ansteigen zu lassen, wie bei der Leberzirrhose sowie Tumoren in dem Bereich von Mundhöhle, Rachen, Kehlkopf und Speiseröhre.[14]

Zu den akuten gesundheitsrelevanten Folgen von Alkoholkonsum zählen auch Unfälle im Verkehr, am Arbeitsplatz und im Haushalt. Von den jährlich etwa 150.000 Verurteilungen wegen Straftaten im Straßenverkehr gehen im Jahr 2000 etwa 60 % auf Alkohol zurück.[15] Bezogen auf das Jahr 2007 war Alkohol bei

---

13 Eine ausführliche Diskussion der Ergebnisse der für Deutschland vorliegenden Studien ist zu finden in Neubauer, S.; Welte, R.; Beiche, A.; Koenig, H.-H; Buesch, K.; Leidl, R. (2006): Mortality, morbidity and costs attributable to smoking in Germany; update and a 10-year comparison. In: Tobacco Control, 2006 (15). S. 464-471.

14 Vgl. hierzu im Detail Burger, M.; Mensink, G. (2003): Bundes-Gesundheitssurvey: Alkohol – Konsumverhalten in Deutschland. Beiträge zur Gesundheitsberichterstattung des Bundes. Berlin: Robert Koch-Institut.

15 Bühringer, G.; R. Augustin, R.; Bergmann, E.; Bloomfield, K.; Funk, W.; Junge, B.; Kraus, L.; Merfert-Diete, C.; Rumpf, H.-J.; Simon, R.; Töppich, J. (2000): Alkoholkonsum und alkoholbezogene Störungen in Deutschland. Band 128 der Schriftenreihe des Bundes-

rund 21.000 Verkehrsunfällen mit Personenschaden beteiligt, d. h. zumindest ein Fahrer oder Fußgänger hatte mehr als 0,3 Promille Alkohol im Blut. Bei diesen Unfällen verunglückten 26.594 Personen, wovon 565 starben. Dies ist ein Anteil von 11,4% an allen Verkehrstoten.[16]

Aggressivität, Gewalttaten, Kriminalität, Suizid und Suizidversuche treten ebenfalls in Abhängigkeit von der akuten Blutalkoholkonzentration auf. Eine hohe Zufuhr von Alkohol innerhalb kurzer Zeit kann eine Alkoholintoxikation verursachen. Alkoholkonsum kann soziale Störungen verursachen und verstärken. Diese können sich als Verlust der sozialen Anbindung, des Arbeitsplatzes und der Wohnung äußern.

Für Deutschland liegen mehrere wissenschaftlich umfassende Berechnungen der durch Alkohol verursachten Kosten vor. Diese Studien berechnen die direkten Kosten für das Gesundheitssystem und die indirekten Kosten. Die intangiblen und vor allem die begleitenden Kosten werden nicht berücksichtigt.

Bergmann und Horch[17] gehen für 1995 von 41.872 alkoholbedingten Todesfällen aus und schätzen die Kosten für alkoholbedingte Krankheiten für 1995 (ohne Diskontierung) auf 20,3 Milliarden Euro.

Die Anzahl der Todesfälle durch alkoholbedingte Krankheiten wird für das Jahr 2002 auf 48.751 Fälle geschätzt. Die Behandlungs- und Rehabilitationskosten werden von Konnopka und König[18] für das Jahr 2002 auf 8,4 Milliarden Euro geschätzt. Die indirekten Kosten, die durch den Verlust der Arbeitsproduktivität durch Tod (6,6 Milliarden Euro), einen früheren Ruhestand (1,6 Milliarden Euro) und vorübergehend verlorene Arbeitszeit (2,2 Milliarden Euro) entstehen, liegen bei insgesamt 10,3 Milliarden Euro. Die indirekten Kosten, die durch den Verlust nicht-entlohnter Arbeit entstehen, werden auf 5,6 Milliarden Euro geschätzt. Ins-

---

ministeriums für Gesundheit. Baden-Baden, Nomos Verlagsgesellschaft.

16 Albrecht, M.; Heinrich, S.; Schulze, H. (2009): Suchtmittel im Straßenverkehr – Zahlen und Fakten. In: Deutsche Hauptstelle für Suchtfragen (Hrsg.): Jahrbuch Sucht 2009. Geesthacht: Neuland, S. 159-172.

17 Vgl. Bergmann, E.; Horch, K. (2002): Kosten alkoholassoziierter Krankheiten. Schätzungen für Deutschland. Beiträge zur Gesundheitsberichterstattung des Bundes, Robert-Koch-Institut, Berlin 2002.

18 Vgl. Konnopka, A.; König, H.H. (2007): Direct and indirect costs attributable to alcohol consumption in Germany. Pharmacoeconomics 2007: 25 (7), 606-618.

gesamt werden die alkoholbedingten Kosten von Konnopka und König (bei einer Diskontrate von 5 %) mit 24,4 Milliarden Euro veranschlagt.
Der Unterschied zu der Studie von Bergmann und Horch lässt sich maßgeblich auf die unterschiedliche Schätzung der Kosten durch indirekt verursachte Krankheiten zurückführen. Konnopka und König kommen hier zu 16 Milliarden Euro Kosten, während Bergmann und Horch hier nur zu 7 Milliarden Euro kommen.

Für das Jahr 1995 schätzen Bühringer et al. die direkten Kosten alkoholbedingter Krankheiten auf 8,1 Milliarden Euro und die indirekten Kosten auf 11,9 Milliarden Euro. Die Summe liegt bei knapp 20 Milliarden Euro.[19]

Die vorliegenden Studien kommen übereinstimmend zu etwa 20 Milliarden Euro soziale Kosten des Alkoholkonsums. In diesen Studien werden nicht die Kosten berücksichtigt, die durch andere Auswirkungen des Alkoholkonsums entstehen: alkoholbedingte Unfälle, Straftaten, Kosten, die der Polizei und Justiz entstehen, Gefängniskosten, Verwaltungskosten, etc. Auch die intangiblen Kosten werden nicht veranschlagt.[20] Daher dürften die 20 Milliarden Euro eher eine Untergrenze darstellen.

4 Direkte soziale Kosten des pathologischen Glücksspielkonsums

An den sozialen Kosten des Tabak- oder Alkoholmissbrauchs haben die Krankheitskosten einen hohen Anteil. Jede zehnte Krankenhausbehandlung bei Erwachsenen ist in Deutschland auf die schädliche Wirkung von Alkohol oder Tabak zurückzuführen. Auf diese beiden Suchtmittel entfällt auch jeder zehnte für die Krankenhausbehandlung ausgegebene Euro.[21] Bei dem pathologischen Glücksspielkonsum hingegen entstehen Kosten für das Gesundheitssystem fast ausschließlich durch die Therapie und Behandlung pathologischer Glücksspieler. Jedoch kann der Beratungs- und Behandlungsaufwand für eine Person mit Glücksspielproblemen in etwa mit dem Aufwand bei anderen Suchtproblemen

19 Vgl. Bühringer, G.; Augustin, R.; Bergmann, E.; Bloomfield, K.; Funk, W.; Junge, B.; Kraus, L.; Merfert-Diete, C.; Rumpf, H.-J. ; Simon, R.; Töppich, J. (2000): Alkoholkonsum und alkoholbezogene Störungen in Deutschland. Band 128 der Schriftenreihe des Bundesministeriums für Gesundheit. Baden-Baden, Nomos Verlagsgesellschaft. S. 133 ff.

20 Zu einem umfassenden Überblick über Umfang und Art schädlicher Auswirkungen vgl. Bühringer et al. (2000), S. 67-104.

21 Vgl. http://www.medizinnews.de/archiv/3-0907-1.htm

(wie illegale Drogen und Alkohol) verglichen werden.[22] Bei der hier dargestellten Berechnung der sozialen Kosten des pathologischen Glücksspielverhaltens wird die Berechnungsweise der Kosten des Substanzmissbrauchs modifiziert, um allen pathologischen Spielern in der Bevölkerung Rechnung zu tragen. Es werden drei Gruppen von Spielern mit pathologischem Spielverhalten (PG) unterschieden:

- Spieler in stationärer Behandlung (2008: 1.131 Klienten mit Hauptdiagnose PG)
- Spieler in ambulanter Behandlung (2008: 7.300 Klienten mit Hauptdiagnose PG)
- Spieler, die nicht in Behandlung sind (BZgA (2010)[23] kommt zu 238.500 Personen mit einem pathologischen Spielverhalten in der Bevölkerung, wovon die 8.431 pathologische Spieler in Behandlung abzuziehen sind).

Nach der Deutschen Suchthilfestatistik 2008 für ambulante Beratungs- und/oder Behandlungsstellen, Fach- und Institutsambulanzen ist in 558 Einrichtungen bei 4.329 Klienten die Einzeldiagnose „Pathologisches Spielverhalten" gestellt worden. Die Anzahl der Hauptdiagnosen betrug 3.822. Hochgerechnet auf die Gesamtzahl der betreuten Spieler in den bundesweit 934 Suchtberatungsstellen haben sich 2008 rund **7.300 Glückspieler in ambulante Beratung** begeben.[24]

Die Deutsche Suchthilfestatistik 2008 für stationäre Einrichtungen weist 833 Einzeldiagnosen und 333 Hauptdiagnosen in 127 Einrichtungen aus. Eine Auswahl stationärer Einrichtungen, die sowohl Suchtfachkliniken als auch psychosomatische Fachkliniken und Kliniken mit entsprechenden Abteilungen einbezieht, belegt eine deutlich höhere Anzahl behandelter Spieler. Insgesamt wurden 2008 **in den stationären Einrichtungen 1.131 pathologische Spieler therapiert.**[25]

---

22 Vgl. Künzi, K.; Fritschi, T.; Oesch, T.; Gehring, M.; Julien, N. (2009): Soziale Kosten des Glücksspiels in Casinos. Studie zur Erfassung der durch die Schweizer Casinos verursachten sozialen Kosten. Herausgegeben von dem Büro für Arbeits- und Sozialpolitische Studien BASS AG, Bern, Zusammenfassung, S. 55.

23 Bundeszentrale für gesundheitliche Aufklärung (BZgA): Glücksspielverhalten in Deutschland 2007 und 2009. Ergebnisse aus zwei repräsentativen Bevölkerungsbefragungen. Ergebnisbericht Januar 2010.

24 Vgl. Meyer, G. (2010): Glücksspiel – Zahlen und Fakten. In: Deutsche Hauptstelle für Suchtfragen (DHS) e.V. (Hrsg.): Jahrbuch Sucht 2010, Geesthacht: Neuland Verlag, S. 127 ff.

25 Vgl. Meyer, G. (2010): Glücksspiel – Zahlen und Fakten. In: Deutsche Hauptstelle für

Tab. 1: Direkte Kosten[26]

Kosten der stationären Behandlung	16.970.000 €
Kosten der ambulanten Behandlung	24.090.000 €
Kosten der Schuldnerberatung	390.000 €
Kosten der (Beschaffungs-)Kriminalität	30.000.000 €
Kosten der Aufsicht, Gerichte und Strafverfolgung	18.200.000 €
Verwaltungskosten Arbeitslosigkeit	12.100.000 €
Kosten durch Ehescheidungen	15.900.000 €
Kosten für Maßnahmen des Spieler- und Jugendschutzes	26.000.000 €
Kosten für Präventionsforschung	8.800.000 €
Direkte Kosten insgesamt	**152.450.000 €**

Bei 1.131 pathologischen Spielern in stationären Einrichtungen ergeben sich Krankheitskosten (bei 15.000 Euro pro Patient) von 16,97 Millionen Euro für die stationäre Behandlung. Bei 7.300 pathologischen Spielern in ambulanten Einrichtungen ergeben sich Krankheitskosten von 24,09 Millionen Euro für die ambulante Behandlung (bei 3.300 Euro Kosten pro Patient). Insgesamt ergeben sich also Krankheitskosten bei pathologischem Glücksspiel in der Höhe von 41,06 Millionen Euro.[27]

Der hier vorliegende Schätzansatz für Deutschland kommt zu höheren Werten für die Krankheitskosten pro Kopf als die anderen beiden vorliegenden Schätzungen aus Österreich[28] und der Schweiz.[29]

Suchtfragen (DHS) e.V. (Hrsg.): Jahrbuch Sucht 2010, Geesthacht: Neuland Verlag, S 127 ff.

26 Quelle: Becker, T. (2011): Soziale Kosten des Glücksspiels in Deutschland. Frankfurt: Peter Lang Verlag, S. 41.

27 Vgl. im Detail zu dieser und den folgenden Berechnungen Becker, T. Soziale Kosten des Glücksspiels in Deutschland. Frankfurt. Peter Lang Verlag, 2011.

28 Köberl, J.; F. Prettenthaler, F. (2009): Kleines Glücksspiel – Großes Leid? Empirische Untersuchungen zu den sozialen Kosten des Glückspiels in der Steiermark. Graz: Leykam Verlag.

29 Vgl. Künzi, K.; Fritschi, T.; Oesch, T.; Gehrig; M., Julien; N. (2009): Soziale Kosten des Glücksspiels in Casinos. Studie zur Erfassung der durch die Schweizer Casinos verursachten sozialen Kosten. Studie des Büros für Arbeits- und Sozialpolitische Studien AG (BASS) im Auftrag der Eidgenössischen Spielbankenkommission (ESBK), Bern.

Aus dem Bundesmodellprojekt „Frühe Intervention beim pathologischen Glücksspielen" liegen Angaben darüber vor,[30] wie die Klienten auf das Beratungsangebot aufmerksam wurden. In unserem Zusammenhang ist von Bedeutung, dass 16,6 % über die Schuldnerberatung oder andere (als das Internet mit 20,4 %, Freunde/Bekannte mit 18,5 % oder eine Information über die Beratungsstelle mit 17,4 %) auf das Beratungsangebot aufmerksam wurden. Somit hat etwa jeder sechste Klient eine Schuldnerberatungsstelle aufgesucht. Jeder sechste Klient hat auch Schulden im Bereich von 50.000 Euro oder mehr. In den folgenden Berechnungen wird daher davon ausgegangen, dass jeder sechste der etwa 8.500 pathologischen Spieler, die sich 2008 in Deutschland in Behandlung begeben haben, eine Schuldnerberatung aufgesucht hat, dies wären 1.417 Klienten.

Wenn die Kosten für die Schuldnerberatung in Anlehnung an die vorliegende Schätzung für die Steiermark von Köberl und Prettenthaler auf 275 Euro pro Klient veranschlagt werden, ergeben sich für Deutschland insgesamt Kosten für die Schuldnerberatung in der Höhe von 390.000 Euro.

In Anlehnung an die beiden vorliegenden Studien aus Österreich und der Schweiz werden die Kosten der (Beschaffungs-) Kriminalität auf Grund eines pathologischen Spielverhaltens für Deutschland mit 30 Millionen angesetzt.

Den Glückspielaufsichtsbehörden sind im Jahr 2009 Kosten von 9,1 Millionen Euro entstanden. Diese setzen sich aus 6,6 Millionen Euro für Personalkosten und 2,5 Millionen Euro für Sachkosten (einschließlich Prozesskosten) zusammen. Dies beinhaltet die Kosten für Erlaubnisanträge, Untersagungsverfügungen zur Durchsetzung des Verbots des Veranstaltens nicht erlaubter Glücksspiele (im Internet), sowie Verstöße gegen Werbebestimmungen.[31] Hierzu wären noch die Kosten, die den Gerichten und Strafverfolgungsbehörden entstanden sind, hinzuzurechnen. Wenn davon ausgegangen wird, dass diese etwa noch einmal in derselben Höhe liegen, ergeben sich insgesamt Kosten für Glücksspielaufsicht, Gerichte und Strafverfolgung in der Höhe von 18,2 Millionen Euro.

---

30 Der Abschlussbericht ist noch nicht freigegeben. Die folgenden ersten Daten stammen aus einer Präsentation von Armin Koeppe (Deutsche Hauptstelle für Suchtfragen e.V.) Hamm: Glücksspieler in der Schuldenfalle. Vortrag auf der Jahrestagung der Bundesarbeitsgemeinschaft Schuldnerberatung e.V. (BAG-SB) am 6. Mai 2009 in Bonn.

31 Vgl. hierzu: Bericht zur Erhebungswelle 2010 im Rahmen der Evaluation des Glücksspielstaatsvertrags, Tabelle K1E: Kosten nach Kostenart und Betreibern: Welche Kosten sind durch die Umsetzung des Glücksspielstaatsvertrags verursacht?

In Anlehnung an Künzi et al. wird bei 238.500 pathologischen Spielern in Deutschland von 12,1 Millionen Euro für die Verwaltungskosten, die durch die Arbeitslosigkeit, und 15,9 Millionen Euro Kosten, die der Gesellschaft im Zusammenhang mit Scheidungen auf Grund von Glücksspielproblemen entstehen, ausgegangen.

Die Maßnahmen des Spielerschutzes verursachten bei den vom Deutschen Lotto- und Totoblock angebotenen Lotterien, den gewerblichen Spielvermittlern, den Soziallotterien, den Klassenlotterien und anderen Lotterien im Jahr 2008, dem ersten Jahr des Glückspielstaatsvertrags, Kosten in der Höhe von 23 Millionen Euro. Diese sanken auf schätzungsweise 12 Millionen Euro im Jahr 2009. (In diesem Jahr machten die gewerblichen Spielvermittler keine Angaben, diese wurden hochgerechnet). Die Ausgaben der Spielbanken für Maßnahmen des Spielerschutzes sanken von 7,4 Millionen Euro auf 3,9 Millionen Euro. Die Kosten für Jugendschutzmaßnahmen insgesamt sanken von 7,1 Millionen Euro im Jahr 2008 auf 3,5 Millionen Euro im Jahr 2009.[32] Im Durchschnitt dieser beiden Jahre liegen die Kosten für Maßnahmen des Spieler- und Jugendschutz insgesamt bei etwa 26 Millionen Euro.

Die sozialen Kosten umfassen auch die Aufwendungen für Forschung zur Prävention pathologischen Spielverhaltens. Während des Glücksspielstaatsvertrags wurden im Durchschnitt etwa 8,8 Millionen Euro pro Jahr hierfür ausgegeben.

Die einzelnen Kostenkomponenten summieren sich zu 152,45 Millionen Euro direkte soziale Kosten des pathologischen Spielverhaltens.

5 Indirekte Kosten des pathologischen Glücksspielkonsums

Neben den direkten Kosten entstehen einer Gesellschaft auch indirekte Kosten. Hierunter werden die Kosten auf Grund von Arbeitslosigkeit, verminderter Arbeitsproduktivität und Tod verstanden, die der Gesellschaft entstehen. Hier erfolgt die Bewertung nach dem Opportunitätskostenprinzip. Die Verwaltungskosten der Arbeitslosigkeit sind bereits bei den direkten Kosten berücksichtigt.

---

32 Vgl. zu den Kosten des präventiven Spieler- und Jugendschutzes: Bericht zur Erhebungswelle 2010 im Rahmen der Evaluation des Glücksspielstaatsvertrags, Tabelle K1E: Kosten nach Kostenart und Betreibern: Welche Kosten sind durch die Umsetzung des Glücksspielstaatsvertrags verursacht? S. 19.

Der Anteil der Erwerbslosen im stationären Bereich ist wesentlich höher als im ambulanten Bereich. Im stationären Bereich beträgt der Anteil der Erwerbslosen unter den pathologischen Spielern 44,2 %. Im Vergleich dazu liegt dieser Anteil für Alkohol bei 46,5 %, für Opioide bei 60,1 %, für Cannabis bei 53,1 %, für Kokain bei 50,5 % und für Stimulanzien bei 56,3 %.[33] Die Erwerbslosenquote lag in Deutschland im Jahr 2008 im Durchschnitt bei 7,2 % und im Jahr 2009 bei 7,6 %.[34] Pathologische Spieler haben eine unterdurchschnittliche Ausbildung; deshalb dürfte die Erwerbslosigkeit bereits auf Grund des Ausbildungsniveaus überdurchschnittlich hoch sein. Wenn davon ausgegangen wird, dass 30 % der Klienten auf Grund ihres pathologischen Spielverhaltens erwerbslos geworden sind, wäre dies bei 1.100 stationären Klienten die Anzahl von 330 Klienten.

Etwa 11 % der Spieler, die sich in ambulante Behandlung begeben, nennen als Hauptgrund hierfür die Arbeitslosigkeit. Dies deutet darauf hin, dass bei diesen Spielern ein enger Zusammenhang zwischen der Arbeitslosigkeit und dem Spielen besteht. Bei 7.300 Spielern, die sich im Jahr 2008 in ambulante Behandlung begeben haben, wären 11 % davon 803 Spieler. Damit wären insgesamt 1.133 der 8.400 Spieler, die sich in (ambulante und stationäre) Therapie begeben haben, auf Grund ihres Spielverhaltens erwerbslos geworden.

Von den Klienten, die mit der Suchthilfestatistik im Jahr 2009 erfasst werden, waren 26,3 % der pathologischen Spieler erwerbslos.[35] Im Vergleich dazu betrug dieser Anteil bei Alkohol 40 %, bei Opioiden 60,7 %, bei Cannabis 35,8 %, bei Kokain 39,2 % und bei Stimulanzien 42 %. Wenn davon ausgegangen wird, dass bei 18 % der Klienten die Erwerbslosigkeit auf das pathologische Spielverhalten zurückzuführen ist, wären dies bei 8.400 Klienten die Anzahl von 1.512 patholo-

---

33 Steppan, M.; Künzel, J. Pfeiffer-Gerschell, T. (2010): Suchtkrankenhilfe in Deutschland 2009: Jahresbericht der deutschen Suchthilfestatistik (DSHS). IFT Institut für Therapieforschung, München, Oktober 2010, S. 22, Tabelle 4. http://www.suchthilfestatistik.de/Downloads/Jahresbericht_DSHS.pdf

34 Vgl. Statistisches Bundesamt Deutschland (2009): Eckzahlen zum Arbeitsmarkt Deutschland 2008. http://www.destatis.de/jetspeed/portal/cms/Sites/destatis/Internet/DE/Content/Statistiken/Arbeitsmarkt/content75/Eckwertetabelle,templateId=renderPrint.psml

35 Steppan, M.; Künzel, J. Pfeiffer-Gerschell, T. (2010): Suchtkrankenhilfe in Deutschland 2009: Jahresbericht der deutschen Suchthilfestatistik (DSHS). IFT Institut für Therapieforschung, München, Oktober 2010, S. 21, Tabelle 3. http://www.suchthilfestatistik.de/Downloads/Jahresbericht_DSHS.pdf

gischen Spielern, die auf Grund ihrer Krankheit erwerbslos geworden sind. Diese Zahl liegt über den 1.133 eben berechneten pathologischen Spielern.

In den Berechnungen wird von einem Mittelwert von 1.300 Erwerbslosen auf Grund eines pathologischen Spielverhaltens unter den etwa 8.430 Klienten, die sich 2008 in ambulante oder stationäre Therapie begeben haben, ausgegangen.

Wenn davon ausgegangen wird, dass es 238.500 Spieler mit einem problematischen oder pathologischen Spielverhalten in der Bevölkerung gibt, so bleiben 230.100 Spieler übrig, die sich nicht in Therapie begeben haben. Wenn weiterhin davon ausgegangen wird, dass 2 % davon auf Grund des pathologischen Spielverhaltens erwerbslos geworden sind, so wären dies 4.630 Spieler.

Für alle drei Gruppen insgesamt wären somit in der deutschen Bevölkerung 5.930 Spieler auf Grund ihres pathologischen Spielverhaltens im Jahr 2008 erwerbslos geworden.

Angesichts der Erwerbslosenquote in der Bevölkerung von etwa 7 % und der unterdurchschnittlichen Qualifikation in der Gruppe der pathologischen Spieler ist davon auszugehen, dass die Arbeitsplätze relativ schnell wieder besetzt werden können. Wenn von einer Übergangszeit von drei Monaten ausgegangen wird, so entstehen Produktivitätsverluste von 5.930 mal drei Monaten. Dies würde 1.482 Arbeitsjahren entsprechen. Bei einem krankheitsbedingten Tod durch Selbstmord entstehen Produktivitätsverluste, die denen beim Verlust eines Arbeitsplatzes durch Kündigung entsprechen.

Bei einem Bruttoinlandsprodukt von 2.481 Milliarden Euro im Jahr 2008 und 43,36 Millionen Erwerbstätigen liegt die Bruttowertschöpfung pro Erwerbstätigen bei 57.223 Euro pro Jahr. Wenn ein Arbeitsjahr mit der durchschnittlichen Bruttowertschöpfung von 57.223 Euro bewertet wird, entstehen Kosten durch die Erwerbslosigkeit nach der Friktionskostenmethode in der Höhe von 84.804.500 Euro.

Zu diesen sozialen Kosten, die durch die Erwerbslosigkeit entstehen, wären noch die sozialen Kosten hinzuzurechnen, die durch eine geringere Arbeitsproduktivität wegen Krankheit am Arbeitsplatz entstehen.

In der Studie von Künzi et al. aus der Schweiz wird auf Grund von Befragungen der Spieler davon ausgegangen, dass pathologische Spieler auf Grund ihrer Glückspielprobleme im Durchschnitt sechs Tage pro Jahr und problematische Spieler 0,24 Tage im Jahr am Arbeitsplatz fehlen. Dabei wird von Durchschnittswerten ausgegangen. Hier soll hingegen zwischen stationären, ambulanten und anderen problematischen bzw. pathologischen Spielern unterschieden werden.

Wenn davon ausgegangen wird, dass die Spieler, die sich in stationäre Therapie begeben, im Durchschnitt 10 Wochen oder 2,5 Monate auf Grund ihres Aufenthalts nicht arbeiten können, so ergeben sich Fehlzeiten für die 1.131 Spieler in stationärer Behandlung von insgesamt 236 Jahren.

Die Patienten in ambulanter Behandlung sind mit denen von Künzi et al. vergleichbar. Bei einer Erwerbslosenquote von 10 % unter diesen 7.300 pathologischen Spielern und somit 6.570 erwerbstätigen Spielern und bei sechs Fehltagen pro Jahr entspricht dies bei 250 Arbeitstagen im Jahr einer Fehlzeit von 158 Arbeitsjahren.

Bei den pathologischen Spielern, die sich nicht in Behandlung begeben, soll von einem Tag im Jahr Fehlzeit auf Grund des pathologischen Spielens ausgegangen werden. Bei 238.500 pathologischen Spielern in Deutschland wären dies etwa 230.000 Spieler oder die dementsprechende Anzahl von Fehltagen. Dies wären 920 Arbeitsjahre. Bei einer krankheitsbedingen Fehlzeit von vier Tagen würde sich der Wert vervierfachen auf 3.680 Arbeitsjahre.

Insgesamt ergeben sich somit Fehlzeiten für alle drei Gruppen von pathologischen Spielern in der Höhe von 1.314 Arbeitsjahren. Mit einer Bruttowertschöpfung von 57.223 Euro im Jahr würden die sozialen Kosten durch krankheitsbedingte Fehlzeiten 75.191.000 Euro betragen. Bei der Annahme von krankheitsbedingten Fehlzeiten in der Höhe von vier Fehltagen für die nicht in Behandlung befindlichen pathologischen Spieler würden sich Fehlzeiten von insgesamt 4.074 Arbeitsjahren für alle drei Gruppen von pathologischen Spielern ergeben. Die sozialen Kosten durch Fehlzeiten würden 233.126.000 Euro betragen bzw. um 157.935.000 Euro steigen.

Zu einer geringeren Produktivität pathologischer Glücksspieler während der Arbeitszeit liegen keine Informationen vor. Wenn die Spielstätte nicht am Arbeitsplatz ist, sondern in der Spielhalle, Gaststätte oder dem Spielcasino, so gibt es a priori keine Gründe, von einer verringerten Produktivität am Arbeitsplatz auszugehen. Wenn es sich jedoch um einen pathologischen Spieler handelt, der mit

Internetspielen ein sehr starkes oder starkes Problem hat, kann es zu einer Verringerung der Arbeitsproduktivität kommen.

Bühringer et al. haben Spieler in Spielhallen (n = 447) und Gaststätten (n = 144) befragt, von denen ein hoher Anteil seit mehreren Jahren regelmäßig spielt. Nur etwa 1,6 % bis 3,6 % dieser häufig pathologischen Geldspielautomatenspieler spielen auch im Internet.[36] Auf der anderen Seite hatte das Internet unter den Hilfesuchenden für das internetbasierte Beratungsprogramm der BZgA „Check dein Spiel" eine höhere Bedeutung, die sicherlich zum Teil auf die Art der Kontaktaufnahmen, nämlich über das Internet, zurück zu führen ist. 37 Klienten haben Spiele im Internet (Internetcasinos, Sportwetten im Internet, Online-Poker) als sehr starkes oder starkes Problem angegeben. Bei Geldspielautomaten waren es 69 Klienten und bei Glücksspielautomaten in Spielbanken 23 Klienten. Der Anteil der pathologischen Spieler im Internet betrug somit etwa 30 %. Der Anteil von pathologischen Internet-Spielern liegt zwischen 3 % und 30 % und eher in Richtung 3 %, wenn die Art der Kontaktaufnahme in dem Beratungsprogramm der BZgA berücksichtigt wird.

Wenn von einem Anteil von 10 % ausgegangen wird, so ist zu berücksichtigen, dass diese pathologischen Internetspieler nicht alle auch einen Arbeitsplatz mit Internetzugang haben. Wäre dies für die Hälfte der Spieler der Fall, wären Verluste an Arbeitsproduktivität durch das Spielen am Arbeitsplatz bei 5 % der pathologischen Spieler oder 11.915 Spielern denkbar. Wenn die Arbeitszeitverluste, die hierdurch entstehen könnten, auf eine Woche im Jahr für jeden pathologischen Internetspieler mit Internetzugang am Arbeitsplatz geschätzt werden, ergeben sich Verluste an Arbeitsproduktivität am Arbeitsplatz (bei 50 Arbeitswochen im Jahr) in der Höhe von 238 Arbeitsjahren. Mit einer Bruttowertschöpfung pro Erwerbstätigen von 57.223 Euro entspricht dies 13.619.100 Euro.

Insgesamt ergeben sich somit krankheitsbedingte Produktivitätsverluste in der Höhe von 3.034 Arbeitsjahren durch Erwerbslosigkeit (1.482 Arbeitsjahre), Fehlzeiten (1.314 Arbeitsjahre) und geringerer Produktivität (238 Arbeitsjahre). Die indirekten Kosten ergeben sich, wenn dieser Wert mit der durchschnittlichen Bruttowertschöpfung eines Erwerbstätigen bewertet wird. Bei einem

---

36 Vgl. Bühringer, G.; Kraus, L.; Höhne, B.; Küfner, H.; Künzel, J. (2010): Abschlussbericht: Untersuchung zur Evaluierung der Fünften Novelle der Spielverordnung vom 17.12.2005. München, 9. September 2010, S. 116.

Bruttoinlandsprodukt von 2.481 Milliarden Euro im Jahr 2008 und 43,36 Millionen Erwerbstätigen liegt die Bruttowertschöpfung pro Erwerbstätigen bei 57.223 Euro pro Jahr. Insgesamt ergeben sich indirekte Kosten in der Summe von 173,615 Millionen Euro.

Diese indirekten Kosten hängen entscheidend von den getroffenen Annahmen ab. Besonders sensibel reagiert das Ergebnis auf Änderungen in den Annahmen zu den krankheitsbedingten Fehlzeiten. Wenn von der sehr unwahrscheinlichen Annahme ausgegangen wird, dass die nicht in Behandlung befindlichen pathologischen Spieler in der Bevölkerung an vier Tagen statt einem Tag krankheitsbedingt fehlen, so steigen die indirekten Kosten durch krankheitsbedingte Fehlzeiten auf 4.074 Arbeitsjahre, d. h. auf 233.126.500 Euro, und die indirekten Kosten in der Summe auf 331.550.100 Euro.

Tab. 2: Indirekte Kosten[37]

Kosten durch Verlust des Arbeitsplatzes	84.804.500 €
Kosten durch krankheitsbedingte Fehlzeiten	75.191.000 €
Kosten durch verringerte Arbeitsproduktivität	13.619.100 €
Indirekte Kosten insgesamt	**173.614.600 €**

Die direkten und die indirekten Kosten zusammen betragen nach den hier vorgetragenen Berechnungen in der Summe 326 Millionen Euro bzw. im Extremfall 484 Millionen Euro.

6 Soziale Kosten im Vergleich

Rauchen ist in den entwickelten Ländern der wichtigste Risikofaktor für Krankheitsbelastungen mit 19,2 Millionen DALY (Disability Adjusted Life Years Lost), als Summe aus verlorenen Lebensjahren YPLL (Years of Potential Life Lost) und behinderten Jahren YLD (Years Lived with Disability). Es folgt der hohe Blutdruck mit 13,8 Millionen DALY, Übergewicht mit 10,7 Millionen DALY, hohes Cholesterin mit 9,431 Millionen Daly, Alkoholkonsum mit 6,6 Millionen DALY,

37 Quelle: Becker, T. (2011): Soziale Kosten des Glücksspiels in Deutschland. Frankfurt: Peter Lang Verlag, S. 46.

Bewegungsmangel mit 4,7 Millionen DALY und wenig Obst- und Gemüseaufnahme mit 4,0 Millionen DALY.[38] Diese Zahlen für Länder mit hohem Einkommen machen deutlich, welche Bedeutung Tabak und Alkohol für die Krankheitskosten insgesamt in unserer Gesellschaft haben.

Nach Hanke und John waren von allen stationären Behandlungsfällen im Jahr 1997 etwa 1,27 Millionen auf Tabak oder Alkohol zurück zu führen (tabak- oder alkoholattributable Fälle).[39] Im Jahr 2008 haben sich zum Vergleich 1.131 pathologische Spieler in stationäre Behandlung begeben.

Von Rehm und anderen wurden die Kosten des Substanzmissbrauchs für Kanada und das Jahr 2002 sehr detailliert berechnet.[40] Die Autoren kommen zu den folgenden Ergebnissen: Die Kosten für den Substanzmissbrauch bei Tabak betragen, umgerechnet auf die Einwohner Kanadas, pro Einwohner 362 Euro (541 kanadische Dollar), bei Alkohol 310 Euro (463 kanadische Dollar) und bei illegalen Drogen 176 Euro (262 kanadische Dollar).[41] Von diesen Kosten von insgesamt 849 Euro (1.267 kanadische Dollar) pro Einwohner machen die direkten Kosten, d. h. die Kosten für das Gesundheitssystem, 22 %, die indirekten Kosten, d. h. die Kosten, die durch Produktivitätsverlust entstehen, 61 %, die direkten Kosten der Rechtsdurchsetzung 14 % und andere direkte Kosten 3 % aus.

Die Deutsche Hauptstelle für Suchtgefahren geht, basierend auf der Suchthilfestatistik, von alkoholbezogenen Störungen nach den Diagnosekriterien DSM-IV bei 1,3 Millionen Abhängigen und 2,0 Millionen missbräuchlich Konsumierenden aus. Bei Tabak sind es 3,8 Millionen Abhängige Konsumenten.[42] Bei

---

38 Vgl. Ezzatti, M. (2010): Chapter 4. In: WHO (ed.): Global burden of disease and risk factors. Oxford University and The World Bank, S. 241-397, zitiert nach Küfner, H., Epidemiologie des Substanzkonsums und der Suchterkrankungen in Deutschland. In: Bundesgesundheitsblatt 2010, 53: S. 271-283.

39 Vgl. Hanke, M.; John, U. (2003): Tabak- oder alkohol-attributable stationäre Behandlungen. In: Deutsche Medizinische Wochenschrift, 128: S. 1387-1390.

40 Rehm, J.; Baliunas, D.: Brochu, S.; Fischer, B.; Gnam, W.; Patra, K.; Popova, S.; Sarnocinska-Hart, A.; Taylor, B. in Zusammenarbeit mit Adlaf, E.; Recel, M.; Single, E. (2006): The Costs of Substance Abuse in Canada 2002. http://www.ccsa.ca/Eng/Priorities/Research/CostStudy/Pages/default.aspx

41 Umrechnung von kanadischen Dollar in Euro erfolgt hier mit dem Wechselkurs vom 1. Juli 2002: 1 kanadischer Dollar = 0,67 Euro.

42 Vgl. Deutsche Hauptstelle für Suchtgefahren (DHS): Tabak und Alkohol. http://www.dhs.de/datenfakten/tabak.html und http://www.dhs.de/datenfakten/alkohol.html

Glücksspiel sind es nach den vorliegenden epidemiologischen Studien zwischen 100.000 und vielleicht 300.000 Personen.[43]

Ein Standard für die Messung von sozialen Kosten ist zur Vergleichbarkeit der Ergebnisse wichtig. Nur wenn derselbe oder ein ähnlicher Ansatz gewählt wird, lassen sich die Ergebnisse empirischer Studien miteinander vergleichen. Nur dann sind die sozialen Kosten des Tabak-, Alkohol- oder auch Drogenkonsums miteinander vergleichbar und auch mit den Kosten des pathologischen Glücksspielkonsums.

Tab. 3: Soziale Kosten im Vergleich[44]

	Tabak	**Alkohol**	**Glücksspiel**
Direkte Kosten	4,7 bis 16,6 Mrd. €	8,1 bis 8,4 Mrd. €	0,152 Mrd. €
Indirekte Kosten	4,3 bis 13,5 Mrd. €	10,3 bis 11,9 Mrd. €	0,174 bis 0, 331Mrd. €
Soziale Kosten insges.	**Etwa 20 Mrd. €**	**Etwa 20 Mrd. €**	**Etwa 0,4 Mrd. €**

Um allen pathologischen Spielern in der Bevölkerung Rechnung zu tragen, wurden drei Gruppen in die Berechnungen der sozialen Kosten einbezogen. Dies sind die pathologischen Spieler in stationärer Therapie, in ambulanter Therapie und in der restlichen Bevölkerung. Die Einbeziehung aller drei Gruppen pathologischen Spieler in der Bevölkerung in die Berechnungen führt im Vergleich zu den sozialen Kosten bei Tabak und Alkohol zu höheren Werten. Die hier präsentierten Berechnungen sind in dieser Beziehung genauer, als die bereits vorliegenden Berechnungen zu den sozialen Kosten des Tabak- oder Alkoholkonsums. Bei den hier dargelegten Annahmen bei den Berechnungen ergeben sich soziale Kosten für das pathologische Spielverhalten von 326 Millionen Euro (direkte Kosten 152,45 Millionen Euro und indirekte Kosten 173,61 Millionen Euro). Selbst in einem wohl eher unrealistischen Szenario steigen diese Kosten auf nicht mehr als 484 Millionen Euro (direkte Kosten 152,45 Millionen Euro und indirekte Kosten 331,55 Millionen Euro). Damit liegen die sozialen Kosten des Tabak- oder des Alkoholkonsums ohne jeden Zweifel um jeweils etwa das 50-fache über den sozialen Kosten des pathologischen Spielverhaltens.

43 Becker, T. (2011): Soziale Kosten des Glücksspiels in Deutschland. Frankfurt: Peter Lang Verlag, S. 74 ff.

44 Quelle: Eigene Zusammenstellung.

Literaturverzeichnis

ADAMS, M.: Rauchen muss noch teurer werden. In: Die Zeit, 5. Juni 2003, Nr. 24. http://www.zeit.de/2003/24/Forum_Tabaksteuer

ADAMS, M. (2010): Tabak-, Alkohol- und Glücksspielabhängigkeit: Soziale Kosten und wirksame Vorschläge zur Verhältnisprävention. Vortragsfolien auf dem Deutschen Suchtkongress in Tübingen, 23.09.2010.

ÄRZTLICHER ARBEITSKREIS RAUCHEN UND GESUNDHEIT E. V., NICHTRAUCHER-INITIATIVE DEUTSCHLAND: Informationen zum Welt-Nichtraucher-Tag am 31. Mai 1995. http://www.raucherportal.de/kosten/pics/kosten.pdf

ALBRECHT, M.; HEINRICH, S.; SCHULZE, H. (2009): Suchtmittel im Straßenverkehr – Zahlen und Fakten. In: Deutsche Hauptstelle für Suchtfragen (Hrsg.): Jahrbuch Sucht 2009. Geesthacht: Neuland, S. 159-172.

BAUMEISTER, S. E., KRAUS, L.; STONNER T. K.; METZ, K. (2008): Tabakkonsum, Nikotinabhängigkeit und Trends. Ergebnisse des Epidemiologischen Suchtsurveys 2006. In: Sucht 2008 (54) Sonderheft 1, S. 26-35.

BECKER, T. (2011): Soziale Kosten des Glücksspiels in Deutschland, Frankfurt a. M.: Peter Lang Verlag.

BERGMANN, E., HORCH, K. (2002): Kosten alkoholassoziierter Krankheiten. Schätzungen für Deutschland. Beiträge zur Gesundheitsberichterstattung des Bundes, Robert-Koch-Institut, Berlin.

BÜHRINGER, G.; AUGUSTIN, R.; BERGMANN, E.; BLOOMFIELD, K.; FUNK, W.; JUNGE, B.; KRAUS, L.; MERFERT-DIETE, C.; RUMPF, H.-J.; SIMON, R.; TÖPPICH, J. (2000): Alkoholkonsum und alkoholbezogene Störungen in Deutschland. Band 128 der Schriftenreihe des Bundesministeriums für Gesundheit. Baden-Baden, Nomos Verlagsgesellschaft.

BÜHRINGER, G., KRAUS, L.; HÖHNE, B.; KÜFNER, H.; KÜNZEL, J. (2010): Abschlussbericht: Untersuchung zur Evaluierung der Fünften Novelle der Spielverordnung vom 17.12.2005, München.

BUNDESZENTRALE FÜR GESUNDHEITLICHE AUFKLÄRUNG (2010): Glücksspielverhalten in Deutschland 2007 und 2009. Ergebnisse aus zwei repräsentativen Bevölkerungsbefragungen. Ergebnisbericht Januar 2010.

BURGER, M.; MENSINK, G. (2003): Bundes-Gesundheitssurvey: Alkohol – Konsumverhalten in Deutschland. Beiträge zur Gesundheitsberichterstattung des Bundes. Berlin: Robert Koch-Institut.

DEUTSCHE HAUPTSTELLE FÜR SUCHTFRAGEN (DHS): Tabak- und Alkohol. http://www.dhs.de/datenfakten/tabak.html und http://www.dhs.de/datenfakten/alkohol.html

EZZATTI, M. (2010): Chapter 4. In: WHO (ed.): Global burden of disease and risk factors. Oxford University and The World Bank, S. 241-397, zitiert nach KÜFNER, H.: Epidemiologie des Substanzkonsums und der Suchterkrankungen in Deutschland. In: Bundesgesundheitsblatt 2010, 53: S. 271-283.

HANKE, M.; JOHN, U. (2003): Tabak- oder alkohol-attributable stationäre Behandlungen. In: Deutsche Medizinische Wochenschrift 2003, 128: S. 1387-1390.

KÖBERL, J.; PRETTENTHALER, F. (2009): Kleines Glücksspiel – Großes Leid? Empirische Untersuchungen zu den sozialen Kosten des Glückspiels in der Steiermark. Graz: Leykam Verlag.

KOEPPE, A. (2009): Glücksspieler in der Schuldenfalle. Vortrag auf der Jahrestagung der Bundesarbeitsgemeinschaft Schuldnerberatung e.V. (BAG-SB) am 6. Mai 2009 in Bonn.

KONNOPKA, A.; KÖNIG, H.H. (2007): Direct and indirect costs attributable to alcohol consumption in Germany. Pharmacoeconomics 2007: 25 (7), S. 606-618.

KÜNZI, K.; FRITSCHI, T.; OESCH, T.; GEHRIG, M.; JULIEN, N. (2009): Soziale Kosten des Glücksspiels in Casinos. Studie zur Erfassung der durch die Schweizer Casinos verursachten sozialen Kosten. Büro für Arbeits- und Sozialpolitische Studien AG (BASS) im Auftrag der Eidgenössischen Spielbankenkommission, Bern.

MEYER, G. (2010): Glücksspiel – Zahlen und Fakten. In: Deutsche Hauptstelle für Suchtfragen (DHS) e. V. (Hrsg.): Jahrbuch Sucht 2010, Geesthacht: Neuland Verlag, S. 127 ff.

NEUBAUER, S.; WELTE, R.; BEICHE, A.; KOENIG, H.-H.; BUESCH, K.; LEIDL, R. (2006): Mortality, morbidity and costs attributable to smoking in Germany; update and a 10-year comparison. In: Tobacco Control, 2006 (15), S. 464-471.

REHM, J.,; BALIUNAS, D.; BROCHU, S.; FISCHER, B.; GNAM, W.; PATRA, J.; POPOVA, S.; SARNOCINSKA-HART, A.; TAYLOR, B. (2006): The Costs of Substance Abuse in Canada 2002.
http://www.ccsa.ca/Eng/Priorities/Research/CostStudy/Pages/default.aspx

RUFF, L. K.; VOLLMER, T.; NOWAK, D.; MEYER, A. (2000): The economic impact of smoking. In: European Respiratory Journal Vol. 16, S. 385-390.

STATISTISCHES BUNDESAMT DEUTSCHLAND (2009): Eckzahlen zum Arbeitsmarkt Deutschland 2008.
http://www.destatis.de/jetspeed/portal/cms/Sites/destatis/Internet/DE/Content/Statistiken/Arbeitsmarkt/content75/Eckwertetabelle,templateId=renderPrint.psml

STEPPAN, M.; KÜNZEL, J.; PFEIFFER-GERSCHELL, T. (2010): Suchtkrankenhilfe in Deutschland 2009: Jahresbericht der deutschen Suchthilfestatistik (DSHS). IFT Institut für Therapieforschung, München.
http://www.suchthilfestatistik.de/Downloads/Jahresbericht_DSHS.pdf

WEGNER, C.; GUTSCH, A.; HESSEL, F.; WASEM, J. (2005): Volkswirtschaftliche Produktivitätsverluste infolge des Rauchens – eine Analyse unter Berücksichtigung des Friktionskostenmethode. In: Gesundheitsökonomisches Qualitätsmanagement, Vol. 10, S. 356-363.

WELTE, R.; KÖNIG, H.-H.; LEIDL, R. (2000): The costs of health damage and productivity loss attributable to cigarette smoking in Germany. In: European Journal of Public Health, Vol. 10 (1), S. 31-38.

WEST, R. (2006): Tobacco Control: present and future. In British Medical Bulletin (Vol. 77 und 78), S. 123-136.

WORLD HEALTH ORGANIZATION (2003): International guidelines for estimating the cost of substance abuse. World Health Organization.

Der deutsche Markt für Onlinepoker: Umfang und Spielverhalten[1]

Ingo Fiedler und Ann-Christin Wilcke[2]

1 Einleitung

Onlinepoker war im Jahr 2003 noch fast nicht existent und ist inzwischen zu einem Milliardenmarkt herangewachsen. Pro Jahr erwirtschaften die Anbieter von Onlinepoker 3,6 Mrd. US-Dollar Umsatz.[3]

In Deutschland ist Onlinepoker als Glücksspiel verboten. Dies gilt unbeschadet des Geschicklichkeitsanteils beim Pokerspiel. Zwar eröffnet die heutzutage beliebteste Pokervariante Texas Holdem Raum für strategische Unterscheidungen, so dass die Geschicklichkeit der Spieler einen Einfluss auf das Spielergebnis hat.[4] Dieser Geschicklichkeitseinfluss ist jedoch nur für den professionellen Spieler überwiegend und nicht für den durchschnittlichen Spieler[5], auf den der Gesetzgeber abzielt.[6] Jedoch mangelt es in Deutschland an der Durchsetzung des Verbots von Onlinepoker. Die Anbieter sitzen in Steuer- und Rechtsoasen, in denen das Onlinepokerspiel legal ist. Von der Möglichkeit der Unterbindung der Finanzströme zwischen den Spielern und den Anbietern als Fall strafbarer Geldwäsche[7] wird derzeit ebenfalls kein Gebrauch gemacht. Hier scheinen die

---

1 Dieser Beitrag ist erschienen in der Zeitschrift für Wett- und Glücksspielrecht (ZfWG) 04/11, S. 243 ff. Wir danken dem Deutschen Sportverlag GmbH für die freundliche Genehmigung zum Abdruck.

2 Ingo Fiedler und Ann-Christin Wilcke arbeiten als Wissenschaftliche Mitarbeiter am Institut für Recht der Wirtschaft der Universität Hamburg.

3 Vgl. Fiedler, I./Wilcke, A.-C., Der Markt für Onlinepoker: Spielerherkunft und Spielerverhalten, Norderstedt: BOD Verlag 2011.

4 Vgl. Rock, J.-P./Fiedler, I., Die Empirie des Online-Pokers – Bestimmung des Geschicklichkeitsanteils anhand der kritischen Wiederholungshäufigkeit, Zeitschrift für Wett- und Glücksspielrecht (ZfWG) 2008, S. 412-422.

5 Unstrittig ist, dass im Rahmen des § 284 StGB unter „Teilnehmer" der durchschnittliche Spieler verstanden wird: Vgl. für viele RGSt 41, 333; BGHSt 274, 276; für das Verwaltungsrecht z. B. BVerwG, GewArch 1985, S. 59 ff.; für viele Tettinger, in Tettinger/Wank, GewO, 7. Auflage, München 2004, § 33d Rn. 6.

6 Vgl. Fiedler, I./Wilcke, A.-C., Der Markt für Onlinepoker: Spielerherkunft und Spielerverhalten, Norderstedt: BOD Verlag 2011, S. 87 f.

7 Vgl. Rock, J.-P./Seifert, M., Abwicklung von Kreditkartenzahlungen für unerlaubtes Glücksspiel – ein Fall strafbarer Geldwäsche?, in: Zeitschrift für Bankrecht und Bankwirt-

Haftungsrisiken für die handelnden Behörden angesichts der noch nicht gefestigten Rechtsprechung als zu hoch eingeschätzt zu werden. Entsprechend bestehen für den deutschen Bundesbürger kaum Hürden, bei einem Onlinepokeranbieter ein Konto zu eröffnen, über seine Kreditkarte, einen E-Walletanbieter oder per Lastschrift Geld einzuzahlen und sich an die virtuellen Pokertische zu setzen. Die Folge ist, dass der deutsche Markt für Onlinepoker entgegen der Absicht des Gesetzgebers im Ergebnis ein freier Markt ist.

Für eine Regulierung des Marktes oder für die Durchsetzung des Verbots von Onlinepoker ist es hilfreich, die Struktur und Größe des Onlinepokermarktes in Deutschland zu kennen. Dieser Artikel widmet sich dieser Aufgabe. Hierzu wird auf die Onlinepokerdatenbank der Universität Hamburg (OPD-UHH) vom Institut für Recht der Wirtschaft zurückgegriffen. Diese enthält Daten zu der Herkunft und dem Spielerverhalten von 4.591.298 Spieleridentitäten. Anhand dieser umfangreichen Datenbank werden Angaben zu der Anzahl deutscher Onlinepokerspieler, ihrem Spielverhalten sowie ihren jährlichen Verlusten an ausländische Anbieter gemacht.

Im Folgenden werden die Datengrundlage der OPD-UHH sowie die Limitationen dieser Daten näher erläutert. Darauf folgt ein Abschnitt über die Anzahl deutscher Onlinepokerspieler und eine Aufgliederung nach Bundesländern. Anschließend wird auf das Spielverhalten eingegangen und Fragen wie oft, wie lange und wie intensiv deutsche Onlinepokerspieler spielen, beantwortet. Hierbei wird zunächst das Spielverhalten in messbare Variablen operationalisiert, dann die Ergebnisse für alle deutschen Spieler vorgestellt und außerdem die Gruppe der Vielspieler gesondert analysiert. Der fünfte Abschnitt geht sodann auf die Größe des deutschen Onlinepokermarktes auch im Verhältnis zum weltweiten Markt ein. Abschließend folgt eine Zusammenfassung der Ergebnisse.

2 Datengrundlage und Limitationen der Daten

Das Institut für Recht der Wirtschaft der Universität Hamburg hat in einer sechsmonatigen Aufzeichnungsphase bei fünf Anbietern von Onlinepoker Daten über die Herkunft und das Spielerverhalten von 4.591.298 verschiedenen Pokeridentitäten gesammelt. Unter Einbezug der Marktanteile der einzelnen Anbieter in der

---

schaft (ZBB) 2009, S. 377-387.

Zeit der Datenaufzeichnung ergibt sich, dass 64,72% aller weltweiten aktiven Onlinepokerspieler beobachtet wurden.

Die Aufzeichnung der Daten fand bei fünf verschiedenen Anbietern von Onlinepoker in der Zeit zwischen dem 27.07.2009 und dem 02.07.2010 statt.[8] Den Kern der Aufzeichnungsphase bilden die Monate September 2009 bis März 2010. Tabelle 1 zeigt die exakten Start- und Endtermine für die Datenaufzeichnung auf.[9]

Tab. 1: Start- und Endzeitpunkte der Datenaufzeichnung

Anbieter	Start	Ende
PokerStars	10.09.2009	11.03.2010
Full Tilt Poker	06.09.2009	11.03.2010
Everest Poker	13.08.2009	11.03.2010
IPN (Boss Media)	27.07.2009	02.02.2010
Cake Poker	01.11.2009	02.07.2010

Die Anbieter Full Tilt Poker, Everest Poker und IPN (Boss Media) geben jeweils das Herkunftsland eines Spielers an. Die Anbieter Pokerstars und Cake Poker weisen stattdessen den Herkunftsort der Spieler auf. Die Daten über den Herkunftsort wurden mit einer Städtedatenbank von MaxMind[10] verknüpft, so dass die Herkunftsorte einzelnen Regionen und Ländern zugeordnet werden konnten. Auf diese Weise können nicht nur Unterschiede zwischen einzelnen Ländern, sondern auch innerhalb von Ländern analysiert werden.

Neben der Herkunft eines Spielers wurde zudem aufgezeichnet, welche Pokervariante(n) er gespielt hat. Die Aufzeichnung von Uhrzeit und Datum erlaubt darüber hinaus eine Auswertung der Spieldauer und Spielhäufigkeit der Spieleridentitäten. Außerdem kann angegeben werden, an wie vielen Tischen ein Spieler zur selben Zeit gespielt hat.

---

8 Aufgrund des hohen Aufwandes der Datenerhebung konnten nicht alle Anbieter simultan aufgezeichnet werden.

9 Es sei an dieser Stelle darauf hingewiesen, dass die Aufzeichnungsphase aufgrund von technischen Problemen wie Serverabstürzen, Softwareupdates und Verbindungsabbrüchen bei den Anbietern teilweise verlängert werden musste.

10 Es handelt sich um die Datenbank „World Cities" von MaxMind, http://www.maxmind.com/app/worldcities.

Die Daten aus der OPD-UHH eröffnen eine Vielzahl bisher nicht möglicher Analysen. Dennoch ist auf einige Begrenzungen der Daten hinzuweisen. Zunächst ist festzustellen, dass nur Daten von Echtgeldspielen (so genannte „cash games") aufgezeichnet wurden und keine Daten von Pokerturnieren. Nach Schätzungen von PokerScout erwirtschaften die Pokeranbieter etwa 70 % ihrer Einnahmen mit Echtgeldspielen und 30 % mit Turnieren mit Geldeinsatz. Dies wirkt sich auf das beobachtete Spielerverhalten aus, jedoch nur geringfügig auf die Anzahl der beobachteten Spieler, da davon ausgegangen werden kann, dass es nur sehr wenige Spieler gibt, die ausschließlich Pokerturniere spielen und daher von dieser Studie nicht erfasst wurden.

Vermutlich haben nicht alle Spieler ihre korrekte Herkunft angegeben. Allerdings besteht ein großer Anreiz dies zu tun, denn der Anbieter überprüft die Angaben der Spieler stichprobenartig sowie bei größeren Ein- und Auszahlungen. Wurden falsche Angaben gemacht, so wird beispielsweise die Auszahlung verweigert. Bei dem Anbieter Titan Poker können Spieler zu ihrer Spieleridentität eine andere Angabe machen als zu ihrem Spielkonto. Hier fehlt der Anreiz zur korrekten Angabe der Herkunft der Spieleridentität. Daten zu den Spielern dieses Anbieters wurden infolgedessen nicht erhoben. Bei den beobachteten Anbietern ist die Angabe zu der Herkunft des Accounts sowie der Spieleridentität identisch und es kann gemäß der obigen Gründe davon ausgegangen werden, dass Falschangaben bei diesen Anbietern äußerst selten sind.

Eine aufgezeichnete Pokeridentität entspricht nicht zwangsläufig einer individuellen Person, denn eine reale Person kann mehrere Pokeridentitäten haben. Es ist nicht unüblich für Spieler, sich bei mehreren Anbietern zu registrieren und auszuprobieren, wo ihnen das Spielen am besten gefällt. Gleichzeitig kann es möglich sein, dass ein einzelner Spieler sich unter mehreren Namen (z. B. von Familienangehörigen) bei ein und demselben Anbieter registriert. Folglich ist die Anzahl der realen Pokerspieler geringer als die Anzahl der aufgezeichneten 4.591.298 Pokeridentitäten.

Eine Abschätzung der exakten Spielerzahl fällt schwer. Damit von einer realen Person mehrere Spieleridentitäten aufgezeichnet wurden, muss ein Spieler innerhalb der sechsmonatigen Aufzeichnungsphase nicht nur mehrere Accounts bei verschiedenen Anbietern besessen haben, sondern auch mit diesen gespielt haben. Es wird für diese Studie davon ausgegangen, dass pro 100 Spieleridentitäten 85 reale Personen beobachtet wurden. Es sei jedoch darauf hingewiesen, dass es sich hierbei nicht um eine empirische Größe, sondern lediglich um eine subjektive Abschätzung handelt, die dazu dient, einen Richtwert anzugeben. Ein anderer Wert – z. B. 80 oder 90 – ließe sich ebenfalls vertreten.

Bei der Verknüpfung von Herkunftsort und Herkunftsland einer Spieleridentität mit Hilfe der Städtedatenbank „World Cities“ von MaxMind bestehen zwei grundsätzliche Probleme bei der Zuordnung von Städten zu Regionen und Ländern: 1) Viele Städtenamen existieren auf der Welt mehrfach und 2) die Städtedatenbank von MaxMind führt nur die Bevölkerungszahlen von Städten mit mehr als 50.000 Einwohnern auf. Für diese Studie wurde daher ein Algorithmus entwickelt, der diese Probleme so weit wie möglich behebt.[11] Im Ergebnis konnten 92 % der Spieler mit Angabe zu einer Herkunftsstadt auch einem Herkunftsland zugeordnet werden; 8 % verbleiben jedoch als nicht zuordenbar. Hinzu kommen 3,38 % an Spielern, die keinerlei Herkunft angegeben haben. Insgesamt ergeben sich damit 11,38 % „nicht identifizierte“ Spieler. Diese wurden den einzelnen Ländern entsprechend ihrer Spieleranteile zugeordnet.

3 Anzahl der Onlinepokerspieler in Deutschland

Insgesamt wurden in der sechsmonatigen Periode Daten von 347.908 deutschen Spieleridentitäten aufgezeichnet. Diese Zahl kann auf eine Anzahl von 581.350 aktiven deutschen Pokerspielern hochgerechnet werden.[12] Die absolute Spielerzahl pro Land gibt an, wie groß der deutsche Markt für Onlinepoker gemessen an der Anzahl an Spielern ist. Demnach bildet Deutschland hinter den USA mit 1.429.943 aktiven Onlinepokerspielern den weltweit zweitgrößten Markt für Onlinepoker.

Jedoch wird bei dieser Angabe die Größe der Bevölkerung außer Acht gelassen, so dass sie keine Aussage über die Prävalenz von Onlinepoker in Deutschland erlaubt. Von besonderem Interesse sind daher die relativen Spielerzahlen im Verhältnis zur Bevölkerung und den Internetnutzern. Wird die Anzahl der aktiven Onlinepokerspieler in Deutschland auf die Bevölkerung bezogen, so ergibt sich eine Teilnahmeprävalenz von 0,71 % der Bevölkerung. Da jedoch nicht jeder Bundesbürger das Internet nutzt, erscheint es sinnvoller, die Anzahl der Spieler

11 Auf Anfrage kann die Vorgehensweise des Algorithmus zugänglich gemacht werden.

12 Die beobachteten Anbieter weisen einen Anteil von 57,4 % des gesamten deutschen Pokermarktes auf. Außerdem wurde die Annahme getroffen, dass auf 100 Pokeridentitäten 85 reale Personen kommen.

auf die Zahl der Internetnutzer in Deutschland zu beziehen. Von den 64,1 Millionen Internetnutzern[13] in Deutschland spielen 0,91 %, bzw. jeder 110te Onlinepoker mit Geldeinsatz.

Bei den Anbietern Full Tilt Poker, IPN (Boss Media) und Everest Poker wird für die Herkunft der Spieler das Land angegeben. Bei den Anbietern Pokerstars und Cake Poker wird hingegen die Herkunftsstadt einer Spieleridentität angegeben. Dies erlaubt nicht nur die Zuordnung der Spieler zu einzelnen Ländern, sondern auch zu einzelnen Regionen innerhalb der Länder.

Tabelle 2 führt die Anzahl der Spieler, den Spieleranteil eines Bundeslandes an allen deutschen Pokerspielern, sowie den Spieleranteil in der Bevölkerung jedes Bundeslandes auf. Die Stadtstaaten Hamburg, Bremen und Berlin weisen die höchsten Spieleranteile an der Bevölkerung auf: 1,17 %, 1,03 % und 0,95 %. Es ist demnach 1,87mal wahrscheinlicher, dass ein Hamburger ein aktiver Onlinepokerspieler ist als ein durchschnittlicher Bundesbürger. Die ostdeutschen Bundesländer insgesamt weisen einen unterdurchschnittlichen Spieleranteil auf. Die niedrigsten Spieleranteile liegen in Thüringen mit 0,41 % und Sachsen-Anhalt mit 0,39 % aktiven Onlinepokerspielern an der Gesamtbevölkerung vor.

13 Vgl. Internet World Stats, Juni 2010, http://www.internetworldstats.com/list2.htm.

Tab. 2: Anzahl und Anteil an Pokerspielern in den deutschen Bundesländern

Bundesland	Anzahl Spieler	Spieleranteil Bundesland	Spieleranteil in Bevölkerung	Verhältnis Spieleranteil Land zu Bund
gesamt	**581.350**	**100,00 %**	**0,71 %**	**1,00**
HH	23.459	4,04 %	1,32 %	1,87
HB	7.684	1,32 %	1,16 %	1,64
BER	36.967	6,36 %	1,08 %	1,52
NRW	156.298	26,89 %	0,87 %	1,23
SH	23.163	3,98 %	0,82 %	1,15
SL	7.875	1,35 %	0,76 %	1,08
NDS	56.801	9,77 %	0,71 %	1,01
MV	11.116	1,91 %	0,67 %	0,94
HE	39.700	6,83 %	0,65 %	0,92
RP	25.142	4,32 %	0,62 %	0,88
BY	75.466	12,98 %	0,60 %	0,85
BW	62.254	10,71 %	0,58 %	0,82
SA	21.431	3,69 %	0,51 %	0,72
BB	12.874	2,21 %	0,51 %	0,72
TH	10.598	1,82 %	0,47 %	0,66
SN	10.522	1,81 %	0,44 %	0,62

Quelle Bevölkerungsdaten: Statistisches Bundesamt, 2010.[14]

4 Spielverhalten

4.1 Operationalisierung

Das Spielverhalten setzt sich aus sieben Variablen zusammen:

1) die Anzahl an gespielten Sessions,
2) der durchschnittlichen Dauer einer Session,
3) der durchschnittlichen Anzahl der simultan gespielten Tische,

14 Statistisches Bundesamt: Statistisches Jahrbuch 2010.

4) der gespielten Spielart (z. B. Texas Holdem oder Omaha),
5) der Setzstruktur (z. B. No Limit oder Fixed Limit),
6) der Spieleranzahl pro Tisch und
7) der Höhe des Big Blinds[15] als Angabe der Spieleinsätze.

Für eine aussagekräftige Analyse des Spielverhaltens müssen diese Variablen zusammen betrachtet werden. Die Variablen 1) bis 3) sowie 7) sind quantitative Größen und können daher zueinander in Bezug gesetzt werden. So ergibt beispielsweise die Anzahl an gespielten Sessions multipliziert mit der durchschnittlichen Sessiondauer eines Spielers die gesamte Spieldauer über sechs Monate eines Spielers. Die Variablen 4) bis 6) sind hingegen qualitative Größen. Damit diese mit den anderen Variablen gemeinsam analysiert werden können, werden sie als der durchschnittlich gezahlte Rake[16] in $ pro Stunde pro Tisch der jeweiligen Pokervariante operationalisiert und damit messbar gemacht. Diese Größe wird als Spielintensität bezeichnet.

Die operationalisierten Variablen des Spielverhaltens können zu der „Spitzenkennzahl" des Spielvolumens aggregiert werden. Das Spielvolumen wird operationalisiert als das Produkt aus der Spieldauer über sechs Monate, der Anzahl simultan gespielter Tische und der durchschnittlichen Spielintensität eines Spielers. Es sagt aus, wie viel $ ein Spieler in dem sechsmonatigen Beobachtungszeitraum an den Anbieter verloren hat.[17]

Abbildung 1 verdeutlicht den Zusammenhang zwischen den einzelnen Variablen des Spielverhaltens und des Spielvolumens. Entsprechend hängt das Spielvolumen eines Spielers über die Beobachtungsperiode von drei Variablen ab:

---

15 Beim Poker müssen von den Spielern in der Regel ein Small Blind und ein Big Blind gezahlt werden (in Ausnahmefällen nur ein Big Blind oder zwei Small Blinds und ein Big Blind). Diese stellen den Mindesteinsatz dar, den die Spieler erbringen müssen, bevor die Karten ausgeteilt werden. Dabei muss nicht jeder Spieler diesen Einsatz leisten sondern lediglich zwei. Wer das ist, bestimmt sich durch den so genannten Button, der nach jeder Hand im Uhrzeigersinn einen Spieler weiter wandert.

16 Rake bezeichnet den Anteil, den ein Anbieter von den Spielern als Gebühr einbehält.

17 Die Gewinne und Verluste zwischen den Spielern können nicht angegeben werden.

Abb. 1: Der Zusammenhang zwischen Spielerverhalten und Spielvolumen

*Spielvolumen = Spieldauer über 6 Monate in Stunden * Ø Anzahl Tische * Ø $ Rake pro Stunde*

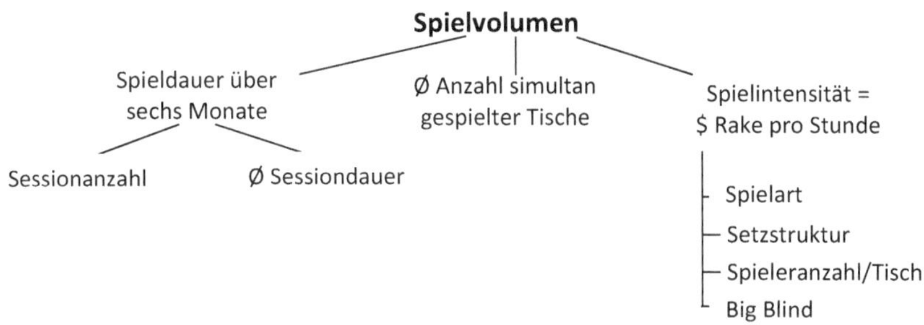

Abbildung 1: Der Zusammenhang zwischen Spielerverhalten und Spielvolumen

4.2 Ergebnisse

Die Auswertung der Daten der OPD-UHH zeigt, dass die deutschen Onlinepokerspieler im Durchschnitt 50,9 Minuten an den virtuellen Pokertischen pro Spielsession verbringen (vgl. Tabelle 3). Über den Beobachtungszeitraum von sechs Monaten haben sie dabei durchschnittlich 27,4 Sessions pro Spieler gespielt. Die durchschnittliche gesamte Spieldauer über das halbe Jahr beträgt 29,2 Stunden.

Diese Werte unterscheiden sich zum Teil maßgeblich von den Medianwerten: Der Medianspieler[18] weist lediglich eine Sessionanzahl von neun und eine Spieldauer von 6,4 Stunden über sechs Monate auf. In Bezug auf die Spieldauer pro Session unterscheiden sich Median- und Durchschnittswert hingegen nur leicht (50,9 Minuten im Vergleich zu 43 Minuten). Es kann daher gefolgert werden, dass die Durchschnittswerte für die Anzahl gespielter Sessions sowie die gesamte Spieldauer über sechs Monate stark von Extremwerten beeinflusst sind. Der geringe Unterschied zwischen Median- und Durchschnittswert der Sessionlänge zeigt hingegen, dass besonders lange Spielsessions selten sind. Sowohl die Durchschnitts- als auch die Medianwerte liegen hier über dem des Gesamtsamples aller weltweiten Onlinepokerspieler.

---

18 Der Medianspieler ist der Spieler, bei dem 50 % aller Spieler eine schwächere Ausprägung der untersuchten Variable des Spielverhaltens aufweisen und 50 % eine stärkere.

Multitabling – das simultane Spielen an mehreren Tischen – ist relativ selten. Der Medianwert liegt in Deutschland bei 1,07 zur gleichen Zeit gespielten Tischen. Der Durchschnittswert liegt bei 1,47 Tischen. Beide Werte liegen über dem des Gesamtsamples. Dennoch zeigt sich, dass der Großteil der Spieler nicht die sich speziell beim Onlinepoker bietende Möglichkeit des Multitabling wahrnimmt.

Die Spielintensität der Deutschen ist im weltweiten Vergleich weniger stark ausgeprägt. Der Durchschnittswert liegt bei 2,68 $ gezahltem Rake pro Tisch und Stunde an den Anbieter und der Medianwert bei 1,08 $. Im Vergleich dazu beträgt der Durchschnittswert des Gesamtsamples aller Pokerspieler weltweit 3,2 $ und der Median 1,25 $. Gegeben, dass Deutschland ein überdurchschnittlich hohes BIP pro Kopf aufweist, überrascht die unterdurchschnittliche Spielintensität der Deutschen. Offensichtlich sind diese risikoscheuer als Onlinepokerspieler anderer Nationen.

Tab. 3: Das Spielverhalten der deutschen Onlinepokerspieler

	Deutschland		Gesamt	
	Ø	Median	Ø	Median
Sessiondauer in Min.	50,9	43	49,9	41,5
Sessionanzahl	27,4	9	23,3	7
Spieldauer in Std.	29,2	6,4	24,2	4,9
Anzahl Tische	1,47	1,07	1,32	1,04
$ Rake pro Stunde	2,68	1,08	3,20	1,25
$ Rake 6 Monate	226	8,1	188	6,7

Die geringe Spielintensität der Deutschen wird jedoch durch die längere Spieldauer sowie die höhere Anzahl simultan gespielter Tische überkompensiert, wie ein Blick auf das Spielvolumen über sechs Monate zeigt. Demnach haben die Deutschen Spieler im Beobachtungszeitraum von sechs Monaten im Durchschnitt 226 $ Rake an die Anbieter gezahlt. Das sind 38 $ mehr als der weltweite Durchschnitt, der bei 188 $ liegt Überraschend ist, dass der Medianwert lediglich 8,1 $ beträgt. Das bedeutet, dass 50 % der deutschen Spieler 8,1 $ Rake oder weniger in den beobachteten sechs Monaten gezahlt haben. Der große Unterschied zu dem Durchschnittswert lässt darauf schließen, dass sich das Spielvolumen auf eine kleine Gruppe an Vielspielern konzentriert. Diese Gruppe wird im Folgenden näher betrachtet.

4.3 Die Gruppe der Vielspieler

Das Spielverhalten der Vielspieler unterscheidet sich deutlich von dem des Durchschnittsspielers. Tabelle 4 führt die Ausprägungen der einzelnen Variablen des Spielverhaltens für den Top 10 %-, Top 5 %- und Top 1 %-Spieler auf. So weisen beispielsweise 90 % der Spieler eine geringere und 10 % eine stärkere Ausprägung des Spielverhaltens als der Top 10 %-Spieler auf.

Bei der Sessiondauer ergibt sich nur eine verhältnismäßig geringe Steigerung im Vergleich zu dem Medianwert (43 Minuten). Der Top 10 %-Spieler hat im Durchschnitt 95,7 Minuten pro Session gespielt, der Top 5 %-Spieler 119 Minuten und der Top 1 %-Spieler 180 Minuten. Bei der Sessionanzahl ist die Steigerung deutlich ausgeprägter. Während der Medianspieler lediglich neun Sessions gespielt hat, sind es 74 beim Top 10 %-Spieler und 119 bzw. 251 beim Top 5 %- und Top 1 %-Spieler. Entsprechend lässt sich folgern, dass der große Unterschied in der gesamten Spieldauer über sechs Monate bei den Vielspielern vor allem auf eine erhöhte Anzahl gespielter Sessions zurückzuführen ist. Sie beträgt für den Medianspieler 4,9 Stunden, für den Top 10 %-Spieler hingegen bereits 76,37 Stunden. Der Top 5 %-Spieler hat 136,62 Stunden an den virtuellen Pokertischen verbracht. Und 1 % der Deutschen hat in den sechs Monaten des Beobachtungszeitraums 337,35 Stunden online Poker mit Geldeinsatz gespielt.

Tab. 4: Das Spielverhalten der deutschen Vielspieler

	Top 10 %	Top 5 %	Top 1 %
Sessiondauer in Min.	95,7	119	180
Sessionanzahl	74	119	251
Spieldauer in Std.	76,37	136,62	337,35
Anzahl Tische	2,17	3,50	7,42
$ Rake pro Stunde	6,42	10,38	23,49
$ Rake 6 Monate	264	698	4.049

Während das Multitabling bei dem Großteil der Spieler kaum ausgeprägt ist (im Schnitt spielt der Medianspieler 1,07 Tische simultan), ist es bei einer kleinen Gruppe der Spieler üblich. Der Top 10 %-Spieler beim Multitabling spielt 2,14 Tische zur selben Zeit, der Top 5 %-Spieler 3,5 und der Top 1 %-Spieler sogar an durchschnittlich 7,42 Tischen.

Das Verhältnis der Vielspieler zu dem Medianspieler ist bei der Spielintensität besonders stark ausgeprägt. Der Medianspieler zahlt pro Stunde und Tisch im Durchschnitt 1,08 $ Rake an den Anbieter. Der Top 10 %-Spieler weist hingegen bereits eine Spielintensität von 6,42 $ auf. Bei dem Top 5 %-Spieler beträgt sie 10,38 $ und bei dem Top 1 % Spieler sogar 23,49 $ Rake pro Stunde.

Entsprechend deutlich sind die Unterschiede zwischen den Spielern bei dem Spielvolumen, gemessen in gezahlten $ Rake an die Anbieter in der sechsmonatigen Beobachtungsperiode. Der Medianspieler weist hier lediglich ein Spielvolumen von 8,1 $ auf. Der Top 10 %-Spieler zahlt hingegen 264 $. Der Top 5 %-Spieler weist ein Spielvolumen von 698 $ auf und der Top 1 %-Spieler von 4.049 $. Hieraus lässt sich folgern, dass die Anbieter den Großteil ihrer Einnahmen mit den Vielspielern generieren. Dies bestätigt ein Blick auf das aggregierte Spielvolumen der Gruppe der Vielspieler (vgl. Tabelle 5). Insgesamt weisen die Deutschen in dem beobachteten Zeitraum von sechs Monaten ein Spielvolumen in Höhe von knapp 79 Mio. $ auf. 10 % der Spieler sind dabei für fast 91 % aller Spielerverluste verantwortlich. Die Top 5 % aller deutschen Spieler machen noch etwa 83 % und die Top 1 % der Deutschen 57 % des Marktvolumens aus. Über die Hälfte des Spielvolumens stammt demnach von nur 1 % der Spieler.

Tab. 5: Das Spielvolumen der deutschen Vielspieler

Gruppe Vielspieler	Spielvolumen	Anteil an Spielvolumen
Top 1 %	44.935.363	57,07 %
Top 5 %	65.262.817	82,88 %
Top 10 %	71.611.298	90,95 %

5 Die Größe des deutschen Onlinepokermarktes

Die Ergebnisse aus dem Untersuchungszeitraum können auf ein ganzes Jahr und den gesamten Markt hochgerechnet werden. Für die Größe des Gesamtmarktes muss dafür der beobachtete Wert mit 2 multipliziert (Hochrechnung sechs Monate auf ein Jahr) und durch den beobachteten Marktanteil (57,4 %) geteilt werden. Um die beobachteten Turnierspiele mit in die Angabe einzuschließen, muss der Wert ferner durch 0,7 geteilt werden, da die Anbieter etwa 70 % ihrer Einnahmen mit dem Cash Games und 30 % mit Turnierspielen generieren.[19]

Die Hochrechnung ergibt, dass die Deutschen pro Jahr 34 Mio. Stunden an den virtuellen Onlinepokertischen verbringen (vgl. Tabelle 6).[20] Dies entspricht etwa 3.900 Jahren und macht einen Anteil am Gesamtmarkt von 9,97 % aus. Das deutsche Marktvolumen von Onlinepoker beträgt 378 Mio. $ pro Jahr, was 10,5 % des weltweiten Marktes in Höhe von 3.596 Mio. $ entspricht. Diese Angaben sind dabei Bruttoangaben. Die Anbieter zahlen hiervon etwa 30 % in Form von Promotions, Bonus- und Rakebackangeboten an die Spieler zurück. Gemessen an den Spielern weist Deutschland mit etwa 581.000 Spielern einen Anteil von 9,64 % des Marktes auf.

Tab. 6: Absolute und relative Größe des deutschen Marktes für Onlinepoker

	GER	Gesamt	Anteil GER
Anzahl Spieler in tausend	581	6.030	9,64 %
Spieldauer p. a. in Mio. Std.	34	341	9,97 %
Marktvolumen p. a. in Mio. $	378	3.596	10,5 %

19 Vgl. www.pokerscout.com. Exakte Angaben liegen leider nicht vor.
20 Diese Zahl beinhaltet nur die Spieldauer bei Cash Games und nicht von Turnierspielen.

6 Zusammenfassung und Ausblick

Das deutsche Verbot von Onlinepoker wird derzeit nicht durchgesetzt und der Markt ist entgegen der Absicht des Gesetzgebers praktisch unreguliert. Aufgrund der rechtlichen Grauzone, in der die Anbieter handeln, fehlte es bislang an detaillierten und verlässlichen Daten über Größe und Struktur des deutschen Marktes für Onlinepoker. Diese Arbeit hat die bestehende Lücke geschlossen. Hierfür wurde auf die Onlinepokerdatenbank der Universität Hamburg (OPD-UHH) zurückgegriffen, die Informationen zu Herkunft und Spielerverhalten von knapp 4,6 Millionen Pokeridentitäten enthält.

Deutschland bildet mit 581.350 aktiven Onlinepokerspielern den zweitgrößten Markt hinter den USA (9,64 % aller weltweiten Pokerspieler). Dies entspricht einer Teilnahmeprävalenz von 0,71 % gemessen an der Bevölkerung oder 0,91 % gemessen an der Zahl der Internetnutzer in Deutschland. Es wurde die regionale Aufteilung der Spieler untersucht und festgestellt, dass die Stadtstaaten Hamburg, Bremen und Berlin die höchsten Spieleranteile an der Bevölkerung aufweisen: 1,17 %, 1,03 % und 0,95 %. Es ist demnach 1,87mal wahrscheinlicher, dass ein Hamburger ein aktiver Onlinepokerspieler ist als ein durchschnittlicher Bundesbürger.

Beim Spielverhalten konnte festgestellt werden, dass dieses sehr stark von der Gruppe der Vielspieler beeinflusst ist. Der Großteil der Spieler spielt nur selten (Medianwert: neun Sessions in sechs Monaten) und um geringe Summen (Medianwert: 8,1 $ gezahlter Rake an die Anbieter in sechs Monaten). Eine kleine Gruppe an Vielspielern spielt jedoch deutlich häufiger, länger und intensiver. Insgesamt werden 91 % des Spielvolumens von 10 % der Spieler generiert und 57 % des gesamten deutschen Spielvolumens von nur 1 % der Spieler.

Die Gesamtgröße des deutschen Marktes für Onlinepoker beträgt vor Gebührenrabatten der Anbieter in Form von Boni und so genanntem „Rackeback" 378 Millionen $ pro Jahr. Dies entspricht einem Anteil von 10,5 % am Weltmarkt. Insgesamt verbringen die deutschen jährlich 34 Mio. Stunden (etwa 3.900 Jahre) an den virtuellen Pokertischen.

Literaturverzeichnis

FIEDLER, I.; WILCKE, A.-C. (2011): Der Markt für Onlinepoker – Spielerherkunft und Spielerverhalten, Norderstedt: BOD Verlag.

ROCK, J.-P.; FIEDLER, I. (2008): Die Empirie des Online-Pokers – Bestimmung des Geschicklichkeitsanteils anhand der kritischen Wiederholungshäufigkeit, Zeitschrift für Wett- und Glücksspielrecht (ZfWG), S. 412-422.

ROCK, J.-P.; SEIFERT, M. (2009): Abwicklung von Kreditkartenzahlungen für unerlaubtes Glücksspiel – ein Fall strafbarer Geldwäsche?, in: Zeitschrift für Bankrecht und Bankwirtschaft (ZBB), S. 377-387.

SYMPOSIUM GLÜCKSSPIEL 2011

Universität Hohenheim, 24. und 25. März 2011

NEUESTE ENTWICKLUNGEN ZUM GLÜCKSSPIELSTAATSVERTRAG

Donnerstag, 24. März 2011

10:30 Uhr **Eröffnung**

Prof. Dr. Holger Kahle, Fakultätsvorstand Wirtschafts- und Sozialwissenschaften, Universität Hohenheim

Dr. Wolfgang G. Crusen, Vorsitzender des Beirats der Forschungsstelle Glücksspiel, Universität Hohenheim

Prof. Dr. Tilman Becker, Geschäftsführender Leiter der Forschungsstelle Glücksspiel, Universität Hohenheim

11:00 Uhr **Auf dem Weg zum Glücksspielstaatsvertrag: ein Etappenbericht**
Dr. Salvatore Barbaro, Staatssekretär, Ministerium der Finanzen Rheinland-Pfalz

Diskussionsleitung: *Barbara Cremer,* Ministerialrätin, Innenministerium Baden-Württemberg

12:00 Uhr **Kohärenz aus europarechtlicher Sicht**
Prof. Siegbert Alber, Generalanwalt am EuGH a.D.

Kohärenz aus verfassungsrechtlicher Sicht
Ass. jur. Joachim Brückner, Institut für Rechts- und Sozialwissenschaften, Universität Hohenheim

Diskussionsleitung: *Prof. Dr. Armin Dittmann*, Institut für Rechts- und Sozialwissenschaften, Universität Hohenheim

13:00 Uhr **** Mittagsbüffet ****

14:00 Uhr **Rechtliche Rahmenbedingungen für die Besteuerung von Online-Glücksspielen**
Prof. Dr. Joachim Englisch, Lehrstuhl für Öffentliches Recht und Steuerrecht, Universität Münster

Probleme bei der Besteuerung von Sportwetten
Prof. Dr. Holger Kahle, Lehrstuhl für Betriebswirtschaftslehre, insbesondere betriebswirtschaftliche Steuerlehre und Prüfungswesen, Universität Hohenheim

Grundzüge der Besteuerung von Sportwetten aus Sicht der Praxis
Dr. Norman Albers, Vorstandssprecher des Deutschen Buchmacher Verbands e. V.

Diskussionsleitung: ***Theo Goßner***, Geschäftsführer der Westdeutschen Lotterie GmbH & Co. OHG

15:30 Uhr ** **Kaffeepause** **

16:00 Uhr **Darstellung des Glücksspiels in der Medienberichterstattung**
Prof. Dr. Michael Schenk, Dipl. rer. com. Frank Mangold, Institut für Kommunikationswissenschaft, Universität Hohenheim

Diskussionsleitung: *Prof. Dr. Thorsten Quandt*, Institut für Kommunikationswissenschaft, Universität Hohenheim

16:30 Uhr **Podiumsdiskussion mit**
Thomas Deissenberger, Sprecher des Arbeitskreises Wetten des Verbands Privater Rundfunk und Telemedien (VPRT)

Erwin Horak, Präsident der Staatlichen Lotterieverwaltung in Bayern und Federführer im Deutschen Lotto- und Totoblock

Martin Reeckmann, Vorstandsvorsitzender des Bundesverbands privater Spielbanken in Deutschland e. V. (BupriS)

Ulrich Schmidt, Vorsitzender im FORUM für Automatenunternehmer in Europa e. V.

Norbert Teufelberger, Chairman der European Gaming and Betting Association (EGBA)

Günther Zeltner, Fachstelle Glücksspiel – Evangelische Gesellschaft Stuttgart e. V.

Magnus von Zitzewitz, Geschäftsführer der Tipp24 Deutschland GmbH

Leitung: *Prof. Dr. Armin Dittmann*, Institut für Rechts- und Sozialwissenschaften, Universität Hohenheim

18:30 Uhr **Empfang in der Mensa der Universität Hohenheim mit anschließendem Abendessen**

Freitag, 25. März 2011

09:00 Uhr **Das Projekt PAGE: Pathologisches Glücksspiel und Epidemiologie**
Dipl.-Soz. Nadin Kastirke, Institut für Epidemiologie und Sozialmedizin, Universität Greifswald

Individualisierter Schutz als Grundlage einer spielerzentrierten Regulierung des Glücksspielsektors
Prof. Jörg Häfeli, Hochschule Luzern – Soziale Arbeit

Diskussionsleitung: *Günther Zeltner*, Fachstelle Glücksspiel – Evangelische Gesellschaft Stuttgart e. V.

10:00 Uhr **** Kaffeepause ****

10:30 Uhr **Untersuchung zur Evaluierung der Fünften Novelle der Spielverordnung vom 17.12.2005**
Prof. Dr. Gerhard Bühringer, Ludwig Kraus, Birgit Höhne, Heinrich Küfner, Jutta Künzel, Institut für Therapieforschung München

Ermächtigungsgrundlage der Spielverordnung und Zulassungspraxis durch die Physikalisch-Technische Bundesanstalt (PTB)
Prof. Dr. Frank Peters, Richter OLG i. R. Hamburg

Wie sind Online-Spielhallen rechtlich einzuordnen?
Prof. Dr. Jörg Ennuschat, Lehrstuhl für Öffentliches Recht und Europarecht, Universität Konstanz

Diskussionsleitung: *Dipl.-Psych. Chantal Mörsen,* Klinik für Psychiatrie und Psychotherapie, Charité – Universitätsmedizin Berlin

12:30 Uhr **** Mittagsbüffet ****

13:30 Uhr **Soziale Kosten der verschiedenen Formen des Glücksspiels**
Prof. Dr. Tilman Becker, Forschungsstelle Glücksspiel, Universität Hohenheim

Online-Poker in Deutschland
Dipl.-Kfm. Ingo Fiedler, Institut für Recht der Wirtschaft, Universität Hamburg

Zur Effizienz von Wettquoten
Mag. Dietmar Barth, Forschungsstelle Glücksspiel, Universität Hohenheim

Diskussionsleitung: *Prof. Dr. Ihno Gebhardt*, Leiter a. D. der für das Glücksspielwesen zuständigen Stabstelle im brandenburgischen Innenministerium

15:00 Uhr **Schlusswort von *Prof. Dr. Tilman Becker***, Forschungsstelle Glücksspiel, Universität Hohenheim

Zeittafel: Die wichtigsten Ereignisse 2011

1. Juni
Bundesverwaltungsgericht (BVerwG): Der Vertrieb von Sportwetten über das Internet ist unzulässig.
(*BVerwG 8 C 5.10*)

30. Juni
Europäischer Gerichtshof (EuGH): Im Zusammenhang mit einer Ausschließlichkeitsregelung für Pferdewetten geht es vor allem um Rechtfertigungsgründe für das Monopol; zugleich aber auch um die kohärente und systematische Verfolgung der Rechtfertigungsziele. Weiter wurde der Vertrieb der Pferdewetten über das Internet mit denen über traditionelle Kanäle verglichen.
(*Zeturf, AZ C-212/08*)

11. Juli
Bundesverwaltungsgericht (BVerwG): Werbung für das staatliche Sportwettenmonopol, die in stimulierender Weise auf herausragende Sportereignisse Bezug nimmt, ist unzulässig. Gleiches gilt für die Verknüpfung – auch rein informativer – Hinweise auf bestimmte Sportereignisse mit der Ankündigung höherer oder zusätzlicher Gewinnchancen. Unzulässig ist auch eine Aufmachung, die dem Empfänger Entscheidungsdruck suggeriert.
(*BVerwG 8 C 14.09*)

15. September
Europäischer Gerichtshof (EuGH): Bestätigung früherer Urteile bzgl. Gesellschaftsform des Spielanbieters, gefordertes Mindestkapital, Sitz im Inland usw. sowie Bestätigung des Internetverbots aufgrund der größeren Gefahren des Internets (Anonymität, jederzeitige Verfügbarkeit usw.).
(*Dickinger/Ömer, AZ C-347/09*)

28. September
Bundesgerichtshof (BGH): Verbot des Angebots privater Sportwetten und anderer Glücksspiele im Internet ist wirksam.
(*I ZR 92/09, I ZR 189/08, I ZR 30/10, I ZR 43/10* und *I ZR 93/10*)

31. Dezember
Ablauf Glücksspielstaatsvertrag. Es zeichnet sich ab, dass es künftig zwei Modelle geben wird: den „Ersten Staatsvertrag zur Änderung des Staatsvertrags zum Glücksspielwesen in Deutschland“ (GlüÄndStV) für 15 Bundesländer und das „Gesetz zur Neuordnung des Glücksspiels“ für Schleswig-Holstein.

Schriftenreihe zur Glücksspielforschung

Herausgegeben von Tilman Becker

Band 1 Tilman Becker / Christine Baumann (Hrsg.): Gesellschaft und Glücksspiel: Staatliche Regulierung und Suchtprävention. Beiträge zum Symposium 2005 der Forschungsstelle Glücksspiel. 2006.

Band 2 Tilman Becker / Christine Baumann (Hrsg.): Glücksspiel im Umbruch. Beiträge zum Symposium 2006 der Forschungsstelle Glücksspiel. 2007.

Band 3 Tilman Becker (Hrsg.): Der Staatsvertrag zum Glücksspielwesen und dessen Umsetzung. Beiträge zum Symposium 2007 und 2008 der Forschungsstelle Glücksspiel. 2009.

Band 4 Tilman Becker: Glücksspielsucht in Deutschland. Prävalenz bei verschiedenen Glücksspielformen. 2009.

Band 5 Tilman Becker: Werbung für Produkte mit einem Suchtgefährdungspotential. Tabak-, Alkohol- und Glücksspielwerbung aus rechtlicher, ökonomischer und psychologischer Sicht. 2010.

Band 6 Tilman Becker (Hrsg.): Glücksspiel im Internet. Beiträge zum Symposium 2009 der Forschungsstelle Glücksspiel. 2011.

Band 7 Tilman Becker: Soziale Kosten des Glücksspiels in Deutschland. 2011.

Band 8 Tilman Becker (Hrsg.): Zwischenbilanz zum Glücksspielstaatsvertrag für Lotterien und Sportwetten. Beiträge zum Symposium 2010 der Forschungsstelle Glücksspiel. 2011.

Band 9 Tobias Hayer: Jugendliche und glücksspielbezogene Probleme. Risikobedingungen, Entwicklungsmodelle und Implikationen für präventive Handlungsstrategien. 2012.

Band 10 Tilman Becker (Hrsg.): Neueste Entwicklungen zum Glücksspielstaatsvertrag. Beiträge zum Symposium 2011 der Forschungsstelle Glücksspiel. 2012.

www.peterlang.de

www.ingramcontent.com/pod-product-compliance
Ingram Content Group UK Ltd.
Pitfield, Milton Keynes, MK11 3LW, UK
UKHW022100051026
15623UKWH00003B/592

9 783631 634462